नागपाश में स्त्री

नागपाश में स्त्री

सम्पादक

गीताश्री

राजकमल प्रकाशन

ISBN : 978-81-267-1900-6

मूल्य : ₹495

पहला संस्करण : 2010
दूसरा संस्करण : 2019

प्रकाशक : राजकमल प्रकाशन प्रा. लि.
1-बी, नेताजी सुभाष मार्ग, दरियागंज
नई दिल्ली-110 002

शाखाएँ : अशोक राजपथ, साइंस कॉलेज के सामने, पटना-800 006
पहली मंजिल, दरबारी बिल्डिंग, महात्मा गांधी मार्ग, इलाहाबाद-211 001
36 ए, शेक्सपियर सरणी, कोलकाता-700 017

वेबसाइट : www.rajkamalprakashan.com
ई-मेल : info@rajkamalprakashan.com

मुद्रक : बी.के. ऑफसेट
नवीन शाहदरा, दिल्ली-110 032

NAGPASH MEIN STREE
Edited by Gitashree

स्त्री-विमर्श के प्रथम-पुरुष
हमारे राजेन्द्र यादव के लिए

स्त्री और नैतिकता का ठेका

धर्म और नैतिकता दो अलग-अलग अवधारणाएं हैं, परंतु इन्हें आपस में इतना गड्डमड्ड कर दिया गया है कि आज जो भी नैतिकता के बारे में बात करना चाहे, समझा यही जाता है कि वह धर्म के पक्ष या विपक्ष में बात कर रहा या कर रही है। मुश्किल यह भी है कि इस तथ्य से इनकार करना लगभग असंभव है कि प्रत्येक धर्म अपने आरंभ में एक नई नैतिकता का दावेदार बनकर ही दावा ठोंकता है। अजब बात यह है कि यह नई (और समय विशेष में क्रांतिकारी) विचारधारा या नैतिकता भी अपने पौरोहित्य या कठमुल्लेपन के कारण ना केवल कुंद होती चली जाती है, बल्कि एक नए कारागार का कारण बनती है।

यह कारागार किसके लिए है? इस पर लगे ताले की चाबी किसके पास रहती है? और कौन हैं वे लोग जो इस नए कारागार के नियम तय करते हैं और जिसे वे लोग बहुत आदर और पवित्रता से नैतिकता कहते हुए उसकी प्राणपण से रक्षा करते हैं? सवाल कई हो सकते हैं। पर इन सवालों के जवाब ढूंढ़ने में बहुत माथापच्ची नहीं करनी पड़ती...और एक स्त्री को तो बिल्कुल नहीं, क्योंकि वह होश संभालते ही जिस पहले आग्नेय ऐर अमोघ अस्त्र का वार सहती है वह है–पुरुष दृष्टि। कहना ना होगा कि कारागार में बंद इन स्त्रियों और मासूम बच्चियों पर नजर रखने के काम को पुरुष सत्ता किसी पावन कर्म की तरह अंजाम देती है। बेशक सारे धर्मों के सारे धर्म ग्रंथ पुरुषों के इस पुनीत कर्म के पक्ष में गवाहियां ही नहीं देते, बल्कि उनको पापबोध तक के पास नहीं फटकने देते। इसके उलट वे इस हतकर्म में प्रवृत्त पावन पुरुषों को धर्म और मजहब के सच्चे सपूत करार देते हैं और मरणोपरांत जन्नत की हूरें बख्शते हैं।

एक मुल्लाजी हैं, सब्जी बेचते हैं। उनके कई बच्चे हैं बड़े-बड़े। उनकी बीवी बच्चों की परवरिश में खुद को गर्क किए है और कोई शिकायत नहीं। उल्टे मुल्लाजी के ताने सुनती है कि पड़े-पड़े रोटियां तोड़ती है।

मुल्लाजी चाहते हैं कि वह उन्हीं कोठियों में मैडमों की मालिश भी करे और बच्चे भी पाले। वह अपने आका का हुक्म टाल नहीं सकती और उसे एक दिन इस यात्रा पर भी निकलना पड़ता है। अब दूसरी अग्निपरीक्षा सतत चलती है। घर से कोठी तक की दूरी तय करने तक मुल्लाजी और उनके जासूस नजर रखते हैं कि सड़क पर बीवी कहीं नजर ऊपर करके तो नहीं चलती, सिर से पल्लू तो नहीं गिर गया। चौराहे पर पान वाले ने रिपोर्ट दी, 'तेरी बीवी बहुत संस्कार वाली है। देख, नजर नीचे करके चलती है। सिर से पल्लू तक नहीं गिरता।' मुल्लाजी खुश। मुल्लाजी सब्जी बेचें तो ठीक। बीवी मालिश करने जाए तो बवाल। इज्जत को कहीं बट्टा न लग जाए।

दूसरा मुल्ला—मध्यवर्गीय परिवार का प्रगतिशील माने जाने वाले क्षेत्र में उच्च पद कार्यरत पुरुष। बीवी भी कामकाजी। उन्हें भी कुछ ऐसी ही समस्या है। बीवी अक्सर विशेषज्ञ के तौर पर टीवी पर जाती है। एक दिन पति ने देखा—थोड़ी टाइट ड्रेस में थी बीवी। घर लौटी बीवी, तो पति खार खाए बैठा था। बोला, 'तुझे जरा भी शर्म नहीं आई। इतना 'ऑड' लग रहा था। हेवी ब्रेस्ट... दुनिया देख रही थी...।' पराई स्त्रियों के भारी वक्ष को हसरत से देखने और अंदर तक भीग जाने वाले पुरुष का यह कैसा मुखौटा है? कितने मुखौटे हैं?

भारतीय स्त्री की यही त्रासदी है। वह दो मुल्लाओं के बीच फंसी मुक्ति के लिए छटपटा रही है। आमतौर पर उदार और प्रगतिशील माना जाने वाला पुरुष भी अपनी बीवी को लेकर किसी कठमुल्ला से कम खूंखार नहीं होता। बातें वह बड़ी-बड़ी कर ले, मगर उसके व्यवहार में मध्ययुगीन संकीर्णता ही हावी रहती है।

यह एक ऐसा विडम्बनापूर्ण समय है जब स्त्रियां अपने को सबसे अधिक त्रासद और भयावह स्थितियों में पाती हैं। यह सोचना शायद अतिवाद नहीं होगा कि नैतिकता का ऐसा चौराहा भारतीय स्त्री को अपने सामने शायद पहली बार दिखा है। अभी कुछ पचास वर्ष पूर्व तक भी यह स्थिति नहीं थी। अधिकांशतः पुरुष चाहते ही नहीं थे कि उनकी औरतें आर्थिक इकाई के रूप में परिवर्तित होकर एक प्रतियोगी के रूप में उपस्थित हों। लेकिन समय के बदलते दबावों में यह अति निम्न वर्ग से अति उच्च वर्ग तक के लिए एक अनिवार्य स्थिति बन चुकी है। औरत जब तक घर में थी, तब तक नैतिकता के वैसे संकट नहीं थे क्योंकि वहां

पुरुष तंत्र की चाक-चौबंद व्यवस्था थी। परंतु इस नई स्थिति में पुरुष की नई समस्याएं हैं और नए प्रावधानों की लगातार खोज और स्थापना के द्वंद्व हैं।

समय और समाज की इसी द्वंद्वात्मकता के मध्य से पुरुषों के लिए एक अनिच्छित परंतु अनिवार्य और भविष्योन्मुखी नैतिकता का प्रसव हो रहा है। इसमें दो राय नहीं कि पितृसत्ता द्वारा स्त्री के लिए अब तक की निर्धारित नैतिकता के प्रचलित पैमानों को ध्वस्त करने से ही स्त्री की आजादी का आरंभ होगा। बेशक यहां यह स्पष्ट करना जरूरी है कि धर्म भी इस अभियान में पितृसत्ता का सहयोगी है इसीलिए एक समानांतर मुहिम या छापामार युद्ध उसके विरुद्ध भी उतना ही जरूरी है।

ऐसा इसलिए भी है कि आमतौर पढ़ी-लिखी कामकाजी औरतें भी व्यवहार में परंपरावादी होती हैं। आर्थिक आत्मनिर्भरता भी उन्हें पितृसत्ता के चंगुल से मुक्त नहीं कर पाती। वह पति या प्रेमी को पटाने और उन पर अपना दावा बरकरार रखने के लिए तरह-तरह के शृंगार, व्रत और करवाचौथ करती रहती हैं। पति द्वारा शासित होना या पति के हाथों पिटना उन्हें कहीं भी अस्वाभाविक नहीं लगता, क्योंकि परंपरा ने उन्हें यही सिखाया है। सदियों से वे पीढ़ी-दर-पीढ़ी यही सब देखती-सुनती-सहती आई हैं। वे झुंझलाकर, बड़बड़ाकर अपनी कुंठाओं और तकलीफों का क्षणिक शमन जरूर कर लें, मगर कोई ठोस निर्णय कभी-कभार ही ले पाती हैं। आमतौर पर घर-परिवार को टूटने से बचाते रहना, परंपराओं का बोझ ढोते रहना ही उनकी प्राथमिकता होती है। ये कैसे भूला जा सकता है कि ये छोटे-छोटे दिखने वाले प्राणहर व्रत-अनुष्ठान धर्म द्वारा अनुमोदित हैं।

कामकाजी औरतों के लिए कॅरिअर पनघट का कठिन डगर साबित होती है। मेरी एक पारिवारिक मित्र हैं। वे और उनके पति दोनों मीडिया में अच्छे पदों पर काम करते हैं। जाहिर है, अपने प्रोफेशन की जरूरत के अनुरूप पत्नी का सैकड़ों लोगों से मिलना-जुलना है जिसमें पुरुषों की भी अच्छी-खासी तादाद है। दफ्तर में कई पुरुष सहकर्मी भी हैं। अब शक्की पति की एकमात्र चिंता यही कि मेरी बीवी किसी से फंसी तो नहीं? बीवी के मोबाइल कॉलों और संदेशों पर मियां की पैनी निगाह है। एक दिन बीवी के दफ्तर के किसी सहकर्मी से अनबन हो गई। दूसरे दिन सुबह-सुबह सहकर्मी ने बीवी को मनाने के अंदाज में मैसेज भेजा–'हाय ब्यूटीफुल लेडी! कैसे मिजाज हैं आपके?' जासूस मियां ने बीवी के सोकर उठने से

पहले मोबाइल उठाकर यह मैसेज पढ़ लिया। मियां ने फिर बीवी की जो खबर ली सो ली ही, साथ ही बीवी के उस सहकर्मी से भी भिड़ गया, 'आपको कैसे पता कि मेरी बीवी ब्यूटीफुल है, मैं पति हूं, सो मैं तय करूंगा कि मेरी बीवी ब्यूटीफुल है या नहीं।'

स्त्री का ऐसा संपत्तिकरण, लोकतंत्र और आधुनिक समय से मेल नहीं खाता। ऐसा आभास ही नहीं होता कि यह 21वीं सदी का भारत है। दम यूं घुटता है कि हम भी 16वीं सदी के भारत में सांस ले रहे हैं। यह है आधुनिक पुरुष की चौकस और भेदती दृष्टि। अब दफ्तर में इस पर बीवी की जो किरकिरी हो तो हो, उससे मियां को क्या मतलब? यह घर-घर की कहानी है। जहां बीवी बरदाश्त करती है वहां खींचतान कर घर चलते रहते हैं, जहां नहीं करती, घर टूट जाते हैं। कैसा बिडम्बना है कि भारत के लगभग सारे घर स्त्रियों के कंधे पर चल रहे हैं। स्त्री कंधा हटा भर देती है तो घर भरभरा कर ढह जाता है...और उसी घर में स्त्री की स्थिति? बाद में प्रगतिशील माने जाने वाले एक धुरंधर बुद्धिजीवी मित्र, जो सार्वजनिक मंचों से स्त्री-पुरुष की बराबरी की जोरदार हिमायत करते नजर आते हैं, ने उनको समझाया, 'यार, शुरू में मैं अपनी बीवी के मोबाइल पर आने-वाले मैसेज पढ़ता था और हमेशा टेंशन में रहता था। अब मैंने मैसेज पढ़ने छोड़ दिए हैं और सुखी हूं। तुम भी सुखी होना चाहते हो तो बीवी के मैसेज पढ़ना छोड़ दो।' यह है पितृसत्ता का असली चेहरा जो विचार के स्तर पर माडर्न मगर व्यवहार के स्तर पर धुर सामंती है।

आज बाजार के दबाव और सूचना-संचार माध्यमों के फैलाव ने राजनीति, समाज और परिवार का चरित्र पूरी तरह बदल डाला है, मगर पितृसत्ता का पूर्वाग्रह और स्त्री को देखने का उसका नजरिया नहीं बदला है, जो एक तरफ स्त्री की देह को ललचायी नजरों से घूरता है, तो दूसरी तरफ उससे कठोर यौन-शुचिता की अपेक्षा भी रखता है। पितृसत्ता का चरित्र वही है। हां, समाज में बड़े पैमाने पर सक्रिय और आत्मनिर्भर होती स्त्री की स्वतंत्र चेतना पर अंकुश लगाने के उसके हथकंडे जरूर बदले हैं। मगर खुशी की बात यह है कि इसके बरक्स बड़े पैमाने पर आत्मनिर्भर होती स्त्रियों ने अब इस व्यवस्था से निबटने की रणनीति अपने-अपने स्तर पर तय करनी शुरू कर दी है।

मेरी एक मित्र ने बड़े पद पर होने और एक के बाद दूसरी नौकरी में मोटी तनख्वाह पाते रहने के बावजूद 38 साल की उम्र तक शादी नहीं की,

न ही किसी पुरुष को अपना स्थायी पार्टनर बनाया। वह 'परफेक्ट मैन' की तलाश में थी जो आखिरकार उसे मिल ही गया। वह बताती है, 'मैं ऐसा पुरुष चाहती थी जो मेरे घर में उसी तरह एडजस्ट हो जाए, जिस तरह फ्रिज, टीवी और एसी, ये अपनी-अपनी जगह पर एडजस्ट हो गए। मेरा घर हो और मेरा पार्टनर मेरे स्पेस का तनिक भी अतिक्रमण न करे। आखिरकार मुझे ऐसा पार्टनर मिल ही गया, जबकि आमतौर पर पति या पार्टनर घर को अपनी मिल्कियत समझते हैं और चाहते हैं कि घर में औरत को बस उसकी चाकरी के लिए खड़े रहने का स्पेस मिले और जरूरत-बेजरूरत यह स्पेस भी पुरुष औरत से छीनकर उसे बाहर का रास्ता दिखा देता है।'

आखिर कब तक स्त्रियां ऐसे समय और नैतिकता की बाट जोहती रहेंगी जब उन्हें स्वतंत्र और सम्मानित इकाई के रूप में स्वीकार किया जाएगा? क्या यह वाकई जरूरी है कि स्त्रियां पुरुषों के साहचर्य को तलाशती रहें? क्यों स्त्री की प्राथमिकताओं में नई नैतिकता को जगह नहीं मिलनी चाहिए?

इस पुस्तक में साहित्य, पत्रकारिता, थिएटर, समाज-सेवा और कला-जगत की ऐसी ही कुछ प्रबुद्ध स्त्रियों ने पितृसत्ता द्वारा रची गई छद्म नैतिकता पर गहराई और गंभीरता से चिंतन किया है और स्त्री मुक्ति के रास्तों की तलाश की है। प्रभा खेतान कहती हैं, 'नारीवाद, राजनीति से संबंधित नैतिक सिद्धांतों को पहचानना होगा, ताकि सेवा जैसा नैतिक गुण राजनीतिक रूपांतरण का आधार बन सके।'

ठीक इसी तरह का विद्रोह मैत्रेयी पुष्पा अपने लेख में करती हैं, 'औरत करती वही है जो उसका दिल करता है, दिखावा चाहे वह जो करे। समाज के लिए स्त्री के प्रेम संबंध अनैतिक हो सकते हैं, मगर स्त्री के लिए 'नैतिकता की पराकाष्ठा' है!' रमणिका गुप्ता स्त्री की मुक्ति धर्म और धार्मिक पाखंडों से मुक्ति में देखती हैं और कुसुम मेघवाल मानती हैं कि धर्मशास्त्रों की पाखंडी शिक्षा को नकारना आज जरूरी है।

लेखिका रंजना श्रीवास्तव मानती हैं कि देह शुचिता की वर्चस्ववादी राजनीति स्त्री के खिलाफ पितृसत्ता का षड्यंत्र है। इस पुस्तक में जयंती, रोहिणी अग्रवाल, विजया भारती, मनीषा, जया जादवानी के भी विचारोत्तेजक और सारगर्भित और कहना चाहिए कि पुरुष सत्ता के अहम को चोटिल करने वाले आलेख शामिल हैं। यह ऐसी आवाजें हैं, जिन्हें सुनने के लिए

पितृसत्ता को नए कानों की जरूरत है। और अंत में धन्यवाद देने की थोड़ी औपचारिकता।

वरिष्ठ साहित्यकार, 'हंस' के संपादक राजेन्द्र यादवजी को आभार प्रकट किए बिना स्त्री पक्ष की सामाजिक मुक्ति मुश्किल है, वह हमारे सफर में हमसफर बनते हैं, इसलिए भी उनका आभार। यह विषय उन्हीं का सुझाया हुआ है। उन्होंने पुस्तक निर्माण के हर मोड़ पर मुझे सहयोग और मार्गदर्शन प्रदान किया। राजकमल के अशोक महेश्वरी को आभार प्रकट करना जरूरी है क्योंकि उनके सक्रिय सहयोग के बगैर इस पुस्तक का इतनी जल्दी इस रूप में प्रकाशित होना सम्भव नहीं था। जिन सभी वरिष्ठों और दोस्तों की लगन और सक्रिय भागीदारी से इस किताब का होना संभव हो पाया, सबको धन्यवाद।

–गीताश्री

अनुक्रम

स्त्री की स्थिति और चरित्र

सीमोन द बोउवार

स्त्रियों के ऊपर यूनियनों द्वारा लगाए गए और आज के समाज में लगाए जा रहे आरोपों की कुछ मान्यताएँ सहज एवं बोधगम्य हैं। स्त्री की दशा सामयिक परिवर्तनों के बावजूद प्रायः एक जैसी ही बनी रही। इस स्थिति के द्वारा ही स्त्री चरित्र का निर्धारण होता रहा है। स्त्रियां अपनी विश्वव्यापी स्थिति में खुश हैं, वे विरोधाभासों में जीती हैं। वे हीन और मूर्ख हैं, वास्तविकता से अपरिचित हैं। उनमें नैतिकता का अभाव है, वे उपयोगितावादी हैं। वे मिथ्याचारिणी हैं, वे नाटकीय हैं, उनमें नैतिकता का अभाव है, वे आत्म-केन्द्रित हैं—आदि बातें आरोपों के रूप में कही जाती हैं। आरोपों में कुछ-न-कुछ वास्तविकता है। स्त्री "हारमोन" के कारण न तो स्त्री-चरित्र एक विशेष प्रकार का होता है और न इसका कारण उसके मस्तिष्क की खास बनावट होती है। इस तरह-तरह के व्यवहार के लिए स्त्री की परिस्थिति ही जिम्मेवार होती है। इसी दृष्टि से हमें स्त्री की स्थिति का अध्ययन करना है। इस कार्य में दोहराव की संभावना है किन्तु शाश्वत नारीत्व की सही समझदारी के लिए हमें आर्थिक, सामाजिक और ऐतिहासिक परिस्थिति को पूरा समझना होगा।

कभी-कभी "स्त्री जगत" की "पुरुष जगत" के साथ असमानता प्रदर्शित की जाती है किन्तु इस बात पर ध्यान देना चाहिए कि स्त्री वर्ग कभी भी स्वतन्त्र समाज का निर्माण नहीं करता बल्कि वह एक ऐसे समूह का अंतरंग अंश है जो कि पुरुष द्वारा शासित है और जिसमें स्त्री की स्थिति पुरुष पर अवलंबित है। समानता के आधार पर स्त्री समुदाय को एकता और पारस्परिक संलग्नता के धागे में गूंथा जा सकता है। यह एकात्मकता मानो यन्त्रवत होती है। इसमें आंगिक और पारस्परिक एकता का अभाव रहता है। मानो उन्हें आपस में गूंथकर एकात्मता स्थापित की जाती है। ऐसा आज के क्लबों, सैलूनों और सामाजिक सेवा संस्थाओं में देखा जाता है किन्तु ये सारी संस्थाएँ "पुरुष जगत" के ही अन्तर्गत रहती हैं। इन एक प्रकार से "काउण्टर सर्विस" का रहता है। इसीलिए स्त्रियों की

स्थिति हमेशा विरोधाभासी रहती है। वे एक प्रकार से "पुरुष जगत" के ही अन्तर्गत आती हैं किन्तु साथ ही एक ऐसे क्षेत्र में भी आती हैं जो पुरुष जगत को चुनौती देता है। वे मानो अपने ही जगत में बन्द रहकर भी पुरुष जगत से घिरी रहती हैं और कहीं भी शान्ति नहीं पातीं। उनमें विनम्रता के साथ ही अवज्ञा के साथ ग्रहण करने के भाव बने रहते हैं। इस दशा में स्त्री का रुख बहुत कुछ किशोरी कन्या की तरह रहता है। यह रुख बनाए रखना स्त्री के लिए कठिन हो जाता है क्योंकि केवल प्रतीकों के सहारे वह स्वप्न नहीं देख सकती, पर उसे वास्तव में जीवन की वास्तविकता देखनी पड़ती है।

स्त्री यह मानती है कि विश्व उन पुरुषों का है जिन्होंने इसे बनाया, इस पर आधिपत्य स्थापित किया और जो आज भी शासन करते हैं। स्त्री अपने को विश्व के निर्माण की जिम्मेदार नहीं समझती। वह पुरुष की आश्रित और उससे निम्न स्तर पर रहती है। उसने हिंसा और विद्रोह के पाठ नहीं पढ़े हैं। समूह के अन्य सदस्यों के सम्मुख वह कभी कर्त्ता के रूप में नहीं आती। वह अपने ही शरीर तक सीमित रहती है। वह घर की सीमा में बँधी रहती है। वह पुरुष के मुखड़ों वाले देवताओं के सम्मुख हमेशा शान्त रहती है। ये ही नर-देव उसके जीवन के लक्ष्य और मान्यताओं के निर्धारक होते हैं। स्त्री को "चिर-शिशु" मानने वाली कहावत सही है। मजदूर वर्ग, गुलाम हब्शी और कॉलोनी के बाशिन्दे वयप्राप्त बालक कहलाते हैं। जब तक कि लोगों को उनसे भय नहीं था, जब तक अन्य व्यक्तियों द्वारा निर्मित कानून और नियम वे मानते रहे, तब तक उनकी दशा अपरिवर्तित रही। स्त्री को सम्मानपूर्वक पुरुष की आज्ञा माननी चाहिए, यही उसका भाग्य है। न व्यवहार में और न विचारों में यथार्थ पर स्त्री का आधिपत्य होता है। इन स्थितियों से वह अलग रहती है।

यह सत्य है कि स्त्री में उस यांत्रिक शिक्षा का अभाव है जिसके द्वारा वस्तु पर आधिपत्य स्थापित किया जाए। वह किसी भौतिक पदार्थ को पकड़ना नहीं चाहती। वह जीवन पर शासन चाहती है लेकिन किसी भी यन्त्र द्वारा जीवन पर आधिपत्य स्थापित नहीं किया जा सकता। इसके लिए जीवन के रहस्यपूर्ण नियमों और कानूनों को स्वीकार करना पड़ता है। विश्व स्त्री के लिए उसके उद्देश्य और इच्छा के बीच स्थित चर्चा का समूह नहीं बल्कि दृढ़ता से प्रतिरोध करनेवाली अजेय शक्ति है। विश्व नियति द्वारा शासित है। किसी रहस्यात्मक सनक द्वारा इसकी व्याख्या नहीं की जा सकती। स्त्री के गर्भ में स्थित छोटा-सा बीज किस प्रकार मानव रूप धारण कर लेता है, इसे कोई गणितज्ञ किसी समीकरण के जरिए नहीं व्यक्त कर सकता। इसे किसी भी मशीन द्वारा शीघ्र ही आगे नहीं बढ़ाया

जा सकता और न इसकी गति ही शिथिल की जा सकती है। स्त्री एक ऐसी निरंतरता की शक्ति का अनुभव करती है जिसे न तो अच्छे-से-अच्छे यन्त्र विभाजित कर सकते हैं और न गणितज्ञ जिसकी वृद्धि कर सकते हैं। उसका अस्तित्व उसके शरीर के भीतर है जो कि चन्द्रमा के बढ़ने-घटने के नियमों द्वारा मानो शासित होता है। प्रतिदिन रसोईघर में स्त्री को धैर्य और शान्ति का पाठ सीखना पड़ता है। उसे अग्नि का आदेश माना पड़ता है, जल का महत्त्व स्वीकार करना पड़ता है। उसे चीनी के घुलने की प्रतीक्षा करनी पड़ती है। सने आटे में "खमीर" उठाया जाता है, गीले वस्त्र सूखते हैं और फल पकते हैं। घरेलू कार्य यन्त्रवत क्रियाओं की तरह होते हैं किन्तु वे बड़े नीरस और प्राथमिक महत्त्व के होते हैं। वे मशीनी ढंग से होते रहते हैं। यह नियम स्त्री समझ नहीं सकती। इस पदार्थों का रूप बड़ा सनकी होता है। कुछ को धोना आवश्यक होता है जबकि कुछ चीजों की धुलाई नहीं हो सकती। कुछ दाग छूट जाते हैं और कुछ नहीं छूटते। कुछ चीजें टूटकर छिन्न-भिन्न हो जाती हैं और कुछ पौधों की भाँति विकसित होती रहती हैं।

स्त्री के मस्तिष्क में कृषि-सभ्यता की स्मृति रहती है। वह धरती की जादुई शक्ति की आराधना करती है। वह जादू में विश्वास करती है। चूँकि उसकी काम-इच्छा निष्क्रिय होती है, इसलिए वह इस इच्छा को कामना का रूप नहीं मानती। स्त्री अधिकांशतः अन्धविश्वासी होती है। उसे ऐसा अनुभव होता है मानो वह लहरों, प्रकाश और कुछ रहस्यमय तरल पदार्थों से घिरी है। उसे सम्मोहन विद्या, हस्तविद्या, दूर सम्पर्क विद्या, खगोल विद्या और अतीन्द्रियतादर्शी विद्या में विश्वास रहता है। वह साधु-सन्तों पर भी आस्था रखती है। उसके धर्म का रूप प्राचीन अन्ध-विश्वासों पर आधारित होता है। वह प्रकृति में आत्मा की उपस्थिति मानती है। साधु-सन्त ईश्वर के अवतार होते हैं। कुछ आत्माएँ पथिकों की रक्षा करती हैं। कुछ आत्माएँ स्त्री की प्रसव-पीड़ा के समय रक्षा करती हैं। कुछ आत्माएँ खोई हुई वस्तुओं को पुनः प्राप्त करा देती हैं। कोई चमत्कार स्त्री को आश्चर्यचकित कर सकता है। वह प्रार्थना करती है और परम्परा तथा संस्कारों को मान्यता देती है।

स्त्री नियमबद्धता पसन्द करती है। वह समय में नयापन नहीं देखती। उसके लिए नएपन में सृजनात्मक बहाव नहीं होता क्योंकि उसके भाग्य में तो दुहराव ही बदा है। भविष्य में उसे अतीत का प्रतिरूप दिखाई पड़ता है। शब्द और फारमूलों का ज्ञान न होने पर भी उर्वरा शक्ति स्वयं उसके साथ सम्मिलित हो जाती है। वह महीनों और ऋतुओं के अधीन है। प्रत्येक गर्भावस्था, प्रत्येक फूल

का प्रस्फुटन और ऋतुओं का आना-जाना तथा फलों का पकना-गिरना कालक्रम से सम्भव होता रहता है। घटने का क्रम शनैः-शनैः चलता रहता है। जिस प्रकार समय के फलस्वरूप फर्नीचर और कपड़े नष्ट होते हैं, उसी प्रकार प्रजनन शक्ति उम्र के साथ नष्ट हो जाती है। स्त्री इस विनाश-शक्ति की अनिवार्यता पर विश्वास नहीं करती।

स्त्री विश्व को बदलने की अपनी क्षमता और स्थिति की वास्तविकता से अनभिज्ञ रहती है। वह विश्व में इस प्रकार खोई रहती है मानो वह एक अस्पष्ट विशाल नीहारिका के मध्य हो। वह पुरुष के तर्कों से अपरिचित है। स्तांदाल ने कहा है कि जरूरत होने पर स्त्री भी विश्व को पुरुष जैसी कुशलता से ही संचालित कर सकती है किन्तु वास्तव में वह ऐसी मशीन हो गई है जिसका प्रयोग करने की ज़रूरत कठिनाई से पड़ती है। जिस प्रकार तर्क से "सलाद का मसाला" नहीं बन सकता और न रोते बच्चे को पुरुष का कोई तर्क चुप करा सकता है, उसी प्रकार स्त्री भी अपनी शक्ति और सम्भावना समझ पाने में असमर्थ है। पुरुषों के जगत में स्त्री के विचार दिवा-स्वप्नों की तरह हैं क्योंकि वे योजनाबद्ध नहीं हैं। स्त्री को वस्तु-सत्य का वास्तविक ज्ञान नहीं है। शब्दों और मानसिक चित्रों के सिवाय वह अन्य चीजों को ग्रहण नहीं कर सकती, इसीलिए बहुत विरोधी स्थितियों से भी वह न तो चिंतित होती है न व्याकुल। अपनी पहुँच से परे के क्षेत्रों के रहस्यों को जानने की वह जरा भी कोशिश नहीं करती। उसे सहज ही अस्पष्ट विचारों, विचित्र पार्टियों, स्थानों और घटनाओं से सन्तोष हो जाता है। वह जिज्ञासा नहीं करती। एक विचित्र अव्यवस्था मानो उसके मस्तिष्क को घेरे रखती है।

वास्तव में वस्तुओं को स्पष्ट रूप में देखना स्त्री का क्षेत्र नहीं है क्योंकि उसे प्रारम्भ से ही पुरुष की सत्ता स्वीकार करने की शिक्षा दी गई है। इसीलिए किसी बात की आलोचना, जाँच-पड़ताल और उसका निष्कर्ष स्त्री स्वयं नहीं निकालती। सबकुछ वह पुरुष पर छोड़ देती है। वह वस्तुतः जगत को पूर्ण और सर्वोपरि रूप में देखती है। फ्रोजन का कथन है कि पुरुष देवताओं की सृष्टि करता है और स्त्री उनकी आराधना। मूर्त्तियों के सम्मुख पुरुष पूर्णतः घुटने नहीं टेकता क्योंकि ये मूर्त्तियाँ उसी द्वारा निर्मित हैं। स्त्री ऐसी मूर्त्तियाँ देखकर यह नहीं सोचती कि वे हाथों द्वारा निर्मित हैं। वह अनायास उसके सम्मुख नतमस्तक हो जाती है। विशेषकर वह देवता में औचित्य और व्यवस्था देखना चाहती है। स्त्री के लिए प्रत्येक पुरुष में एक महान देवता स्थित है। किसी आदर्श देव में पुरुष रहस्यमय तत्व की तरह स्थापित है और पिता, पति तथा प्रेमी उसकी धुँधली छाया मात्र

हैं। यह कहना व्यंग्यात्मक प्रतीत होता है कि इस महान प्रतीक की आराधना में काम-भाव छिप रहता है किन्तु बाल्यावस्था में जिस प्रकार घुटनों के बल बैठकर पूर्ण समर्पण के भाव से पूजा की जाती है, स्त्री आगे चलकर शायद उसी भाव को तुष्ट करती है। फ्रांस में पेटेन और देगाल जैसे नायकों को हमेशा स्त्रियों का समर्थन मिला। यह तो सर्वविदित है कि किस प्रकार स्त्री पत्रकारों ने टीटो और उसके शानदार लिबास की प्रशंसा की। गम्भीर चिन्तन करने वाले सभी व्यक्ति नायक, आदेशक और ज्ञानी को ऐसा देव-पिता मानते हैं जो सभी मान्यताओं की रक्षा करता है। स्त्री अज्ञानी और प्रभावहीन होने के कारण नायकों, वीरों और पुरुष जगत के कानूनों को सम्मान देती है। वह तर्क-वितर्क करके विश्वास के वशीभूत होकर श्रद्धा अर्पित करती है। ज्ञान के अभाव में उसके विश्वास में उन्मत्तता आ जाती है। उसका यह विश्वास अन्धा, मूढ़ और भावना के वशीभूत रहता है। वह जो कुछ भी स्वीकार करती है, वह सारा विवेक और इतिहास के विरुद्ध होता है।

परिस्थितियों के अनुसार इस प्रकार के आदर और श्रद्धा के दो रूप होते हैं। या तो यह कानूनी रूप हो सकता है या ऐसे कानून का नाम मात्र, जिसका स्त्री बड़ी इच्छा से पालन करती है। विशेष सुविधा प्राप्त वर्ग की व्यवस्था से लाभान्वित स्त्री यथास्थिति की पक्षधर होती है। पुरुष अच्छी तरह जानता है कि वह भिन्न-भिन्न संस्थाओं का निर्माण और विकास तथा नए नैतिक शास्त्र तथा संविधान की सृष्टि कर सकता है। वह जानता है कि वह सर्वोपरि उठ सकता है। अतः वह इतिहास को विशेष महत्त्व नहीं देता। अत्यन्त रूढ़िवादी पुरुष भी जानता है कि किसी-न-किसी रूप में विकास अवश्यम्भावी है अतः वह अपने कामों और विचारों को परिवर्तन के अनुरूप बनाना चाहता है किन्तु स्त्री इतिहास में कोई भूमिका नहीं निभाती, इसलिए वह उसकी आवश्यकताएँ भी नहीं समझती। उसे भविष्य के बारे में हमेशा शंका बनी रहती है। वह मानो समय की गति को अवरुद्ध कर देना चाहती है। यदि उसके पिता, भाई और पति द्वारा स्थापित मूर्त्तियों को कोई तोड़ दे तो वह असमंजस में पड़ जाती है। वह नए देवता की स्थापना नहीं कर सकती। वह पुराने देवताओं की रक्षा के लिए व्यग्र रहती है।

अमेरिका में गृहयुद्ध के समय स्त्रियों ने ही दास-प्रथा का सबसे अधिक समर्थन किया था। इंग्लैंड में बोअर युद्ध और फ्रांस में कम्यून के समय स्त्रियाँ ही सबसे अधिक भड़की थीं। उन्होंने अपनी भावना की तीव्रता द्वारा अपनी निष्क्रियता छिपाई। विजय प्राप्त हो जाने पर वे शत्रुओं पर चीलों की तरह झपट पड़ीं। परास्त होने पर वे किसी भी समझौते के लिए प्रस्तुत नहीं थीं। प्रगतिशील

विचारों के अभाव के कारण वे पुराने तर्कों का समर्थन करती थीं। 1914 में वे वैधतावादी थीं तो 1951 में जारवादी। कभी-कभी पुरुष उन्हें मुस्कराते हुए प्रोत्साहन देता है क्योंकि उनकी उन्मत्तता उसका विनोद करती है, पर कभी-कभी उनकी जिद व मूर्खता पर खीझ भी होती है।

इस प्रकार का अड़ियल और जिद्दी रुख स्त्री पूर्ण संगठित सामाजिक व्यवस्था तथा विकसित सभ्यता में ही ग्रहण करती है। आमतौर पर वह कानून का सम्मान इसलिए करती है कि कानून है। कानून बदल जाने पर भी कानून का प्रभाव स्त्री पर बना रहता है। स्त्री की दृष्टि में शक्ति ही अधिकारों का स्रोत होती है। उसका विश्वास है कि पुरुषों के अधिकार भी उनकी शक्ति पर निर्भर हैं। इसीलिए किसी भी सामाजिक संस्था के नष्ट हो जाने पर स्त्रियाँ ही विजेताओं के चरणों में पहले झुकती हैं। वे जो कुछ हैं, उसे सहज में स्वीकार कर लेती हैं। त्याग और समर्पण स्त्री की चारित्रिक विशेषताएँ हैं। पौम्पाई के खण्डहरों में देखा गया कि पुरुषों की मृत देहों के मुख पर विद्रोह के भाव थे जबकि स्त्रियों के मुख पृथ्वी की ओर झुके हुए थे। पुरुष मानो अलौकिक शक्ति की भी अवहेलना करते प्रतीत होते थे या माँगने की चेष्टा में थे। स्त्री अपने को शक्तिहीन पाती है। ज्वालामुखी, पुलिस, पुरुष और संरक्षक—सबसे सम्मुख स्त्री लाचार होती है। उसका ख्याल रहता है कि वेदना सहन करने के लिए ही उसका जन्म होता है। पीड़ा उसका जीवन है। इस दिशा में कुछ भी करना असम्भव है।

त्याग की भावनाएँ स्त्री को सहिष्णु बनाती हैं। इस विशेष गुण के लिए स्त्री की प्रशंसा सदा की जाती रही है। वह पुरुष से अधिक शारीरिक पीड़ा बर्दाश्त कर सकती है। उसमें सहनशक्ति, संयम और साहस की मात्रा अपेक्षाकृत अधिक होती है। पुरुष की तरह वह उद्धत और आक्रामक नहीं होती। स्त्री के शान्त प्रतिरोध में उसकी दृढ़ता और धीरता का परिचय मिलता है। वह पुरुषों से अधिक साहस के साथ गरीबी, दुर्भाग्य और जटिलताओं का मुकाबला करती है। चाहे आपत्ति का समय कितना ही लम्बा क्यों न हो, स्त्री का संयम नहीं टूटता। कार्य के लिए शान्त भाव से उद्यमशील स्त्री को अन्ततः सफलता प्राप्त होती ही है। कभी भी स्त्री की शक्ति का अपमान नहीं करना चाहिए। उदार प्रकृति की स्त्री का त्यागभाव उसकी सहनशक्ति में परिणत हो जाता है। स्त्री किसी की सहज ही अवहेलना नहीं करती क्योंकि उसका विश्वास है कि वस्तु और व्यक्ति अपनी प्रकृति सहसा बदल नहीं सकती। एक गर्वीली स्त्री में त्याग का गुण अवश्य रहता है। दिक्कत यह है कि स्त्री की बुद्धिमत्ता विकासशील नहीं होती। उसे हमेशा सोचते रहने की आदत होती है। वह सँवरना चाहती है और अनुकूल ढलना चाहती

है। पुनर्निर्माण और विध्वंस उसका सहज स्वभाव नहीं। वह विद्रोह की अपेक्षा समझौता अधिक पसन्द करती है।

15वीं शताब्दी में स्त्रियों ने मजदूरों के स्वातंत्र्य-आन्दोलन का विशेष विरोध किया। अनेक डरपोक स्त्रियों ने अपने पतियों से अनुरोध किया कि वे किसी भी तरह किसी नए प्रयोग की चेष्टा न करें। उन्हें केवल हड़ताल, बेकारी और गरीबी का भय नहीं था बल्कि वे विद्रोह को एक भूल समझती थीं। वे कष्ट सहने के लिए प्रस्तुत रहती थीं क्योंकि उन्हें किसी भी नई दिशा में कदम उठाना स्वीकार नहीं था। उनका ख्याल था कि शायद वे घर में बाहर से अधिक सुरक्षा और सुविधा प्राप्त कर सकती हैं।

स्त्रियों का भाग्य नाशवान वस्तुओं के साथ बँधा रहता है। वे समझती हैं कि वस्तुओं के विनाश के साथ उनका सब कुछ नष्ट हो जाएगा। अपनी सत्ता स्थापित कर सकने और वस्तुओं की अवहेलना में समर्थ व्यक्ति ही विनाश भी रोक सकता है। यह क्षमता स्त्री में नहीं होती। वह मुक्ति और स्वतन्त्रता में विश्वास नहीं करती क्योंकि उसने कभी स्वतन्त्रता की शक्ति की परीक्षा नहीं की। उसकी दृष्टि में विश्व एक ऐसी अदृश्य नियति द्वारा शासित है जिसका विरोध असम्भव है। स्त्री ने उन भयंकर रास्तों को स्वयं नहीं देखा है जिन पर चलने का उसे आदेश दिया जाता है। इसलिए उत्साहपूर्वक उन रास्तों पर चल पाना उसके लिए स्वाभाविक नहीं होता। उसके लिए भविष्य के द्वार खोल दिए जाने पर ही वह अतीत को त्याग सकती है। उद्देश्य का पूर्ण आभास हो जाने पर ही स्त्री सक्रिय हो पाती है। ऐसी अवस्था में उसमें पुरुष से कम साहस नहीं रहता।

स्त्री पर अनेक आरोप लगाए जाते हैं। उसे आलसी, दासी और लड़कपन से भरी हुई तथा तमाम विशेषताओं से शून्य कहा जाता है। उसकी इन कमियों का एकमात्र कारण उसके सम्मुख किसी स्वतन्त्र रास्ते का न होना ही है। ऐसा कहा जाता है कि स्त्री विषयी होने के कारण अपनी अन्तर्व्यापिता में ही मगन रहती है। हरम में रहने वाली स्त्री के हृदय में गुलाब की सुवास और इत्र की गन्ध की स्वाभाविकता नहीं होती। उसे तो किसी तरह अपना समय बिताते रहना पड़ता है।

वह चटखोरी के लिए चटनी और अचार पसन्द करती है। मखमल का कोमल स्पर्श उसे जल और सूर्य की किरणों की तरह रोमांचित करता है। वह अन्य स्त्री मित्रों और युवा प्रेमी के साथ समय बिताना पसन्द करती है क्योंकि पुरुष ने हमेशा उसके शारीरिक रूप को ही महत्त्व दिया है इसीलिए स्त्री भी अपने पशु स्वभाव को ही विशेष महत्त्वपूर्ण समझती है। पुरुष और स्त्री में काम-भावना की

तीव्रता प्रायः बराबर ही होती है किन्तु स्त्री ने उन अल्पक्षणों के आनन्द और वेदना को अपनी अपूर्ण विजय का प्रतीक माना है। क्षणों की तात्कालिकता के सम्मुख वह भविष्य और बाह्य जगत, दोनों से वंचित रह जाती है। उसकी यह दैहिक लौ केवल धुआँ होकर रह जाती है।

स्त्री अपनी अतिरिक्त भौतिक लिप्साओं के कारण ही किसी महान लक्ष्य तक नहीं पहुँच पाती। वह अपने जीवन का सारा समय छोटी-छोटी बातों में गँवा देती है। उसके लिए तुच्छतम वस्तु भी अधिक कीमती हो जाती है। स्त्री की आकर्षकता बहुत सीमा तक उसकी पोशाक और अन्य सौन्दर्य प्रसाधनों पर निर्भर रहती है। सौंपे हुए कार्यों की नगण्यता के कारण वह आलसी और निष्क्रियता को ढकने के लिए शब्दों का प्रयोग करती है। किसी सम्मानित कार्य में लगी हुई स्त्री अपने को कर्मठ, योग्य और अल्पभाषी प्रमाणित करती है। ऐसी स्थिति में उसका तपस्वी रूप भी सामने आता है।

स्त्री पर दासीत्व का अभियोग लगाया जाता है। ऐसा कहा जाता है कि वह हमेशा अपने स्वामी के चरणों में लेटने के लिए तैयार रहती है। वह अपने पर प्रहार करनेवाले हाथों को ही चूमती है। यह तो मानना ही पड़ेगा कि स्त्री में स्वभावगत अभिमान कम रहता है। परित्यक्ता पत्नियों, प्रेम में लीन स्त्रियों और प्रेमियों से बिछड़ी स्त्रियों को पत्रिकाओं द्वारा सीख दी जाती है। उन्हें रोटी के टुकड़ों के लिए पुरुष पर निर्भर रहना पड़ता है। पुरुष के सहारे बिना बेचारी स्त्री कर ही क्या सकती है? वह प्रत्येक अपमान सहने को बाध्य होती है। एक दास में मानवीय प्रतिष्ठा के भाव होते ही नहीं।

स्त्री की साधारणता, सांसारिकता और स्वार्थपरता का कारण उसके जीवन का चरम उद्देश्य रसोई बनाने और वस्त्र धोने को बना देना है। महानता की ओर बढ़ने का उसके पास कोई साधन नहीं होता। एक दोहराव-भरा नीरस जीवन ही स्त्री की नियति बन जाता है। थोपी गई स्थितियों के बीच स्त्री किसी आविष्कार की बात सोच ही नहीं सकती। उसे तो बिना किसी मकसद के ही कार्य में रत दिखती रहना है। वह पुरुष पर ही निर्भर न रहकर वस्तुओं पर भी निर्भर रहती है। वह मितव्ययी और लोभी बन जाती है। पुरुष-जगत में स्त्री की भूमिका साधन मात्र होने के कारण उसका जीवन गौण घरेलू कार्यों तक ही सीमित रह जाता है। व्यावहारिक जीवन की इस उपयोगितावादी स्थिति में वह पूर्णतया परिचित रहती है।

कोई भी प्राणी जीवन में अनावश्यक और गौण नहीं रह सकता। इसीलिए स्त्री अपनी तात्कालिक उपयोगिता में ही सारे विश्व की झलक देखती है। तब

भला उससे साहस, उत्साह और सर्वोपरिता की आशा कैसे की जा सकती है? वर्तमान का अतिक्रमण करते हुए जब एक स्वतन्त्र व्यक्ति उन्मुक्त भविष्य का ओर अग्रसर होता है, तभी उसमें ये विशेषताएँ उत्पन्न हो सकती हैं। यह तमाशा माना जाएगा कि चहारदीवारी में कैद स्त्री के लिए कहा जाता है कि उसका क्षेत्र सीमित है। परकटी स्त्री से उड़ पाने की कैसी उम्मीद? यदि वाकई स्त्री के लिए भविष्य के द्वार खोल दिए जाएँ तो वह कभी भी अपनी अन्तवर्तिता में ही सीमित नहीं रहेगी।

स्त्री को प्रायः घमण्डी, प्रतिक्रियात्मक और ईर्ष्यालु कहा जाता है। उस पर पारस्परिकता को महत्त्व न देने का आरोप लगाया जाता है। प्रश्न यह है कि एक परिवार तक ही सीमित रहने को विवश स्त्री संलग्नता का वास्तविक बोध कहाँ से हासिल कर पाएगी? ऐसी स्थिति में लोकमंगल की किसी चेष्टा की ओर वह नहीं बढ़ सकती। इसीलिए स्त्री अपनी यथास्थिति में डटी रहती है क्योंकि वह इसमें ही एक विचित्र स्वतन्त्रता का अनुभव करती है।

बन्द खिड़कियों-दरवाजों के भीतर स्त्री स्वयं को कभी सुरक्षित नहीं समझती क्योंकि उसका यह घर पुरुष की अपरिचित दुनिया से घिरा है जिसमें प्रवेश करने का वह साहस नहीं जुटा पाती। स्त्री में दुनिया को अपनी पकड़ में हासिल कर लेने की क्षमता नहीं होती और न तो उसके पास पुष्ट तर्क होते हैं, न अपेक्षित ज्ञान। उसकी अवस्था तो एक बच्चे या आदिम मानव की तरह है जो रहस्यों से घिरा रहता है। इसीलिए घटनाक्रम की अवश्यम्भाविता समझती हुई वह सम्भव तथा असम्भव को पहचान नहीं सकती और हर कुछ पर विश्वास कर लेने को तैयार रहती है। वह अकारण चिन्ता करती है, निद्राहीन रातें बिताती है और विश्राम के क्षणों में भी यथार्थ के भयावह रूपों का अनुभव करती है। स्वभावतः स्त्री निराशावादिनी हो जाती है। उसे ऐसा आभास होता है मानो भविष्य में किसी भी पल विद्रोह, दुर्भिक्ष और दारिद्र्य, कुछ भी घट सकता है। अन्धकार और असमंजस में भटकती हुई स्त्री किसी भी आकस्मिक स्थिति में कोई भी कार्य सुसम्पादित कर पाने में असमर्थ रहती है। चलती हुई रेलगाड़ी पटरी से उतर सकती है। कोई भी सफल होती हुई परियोजना असफल हो सकती है। एक समृद्ध और चालू व्यापार अचानक दिवालिया हो सकता है। स्त्री की दृष्टि में सब कुछ का एक ही रूप अपनी असमर्थता का कंकाल दिखाई देता है।

स्त्री इसलिए सदा दुश्चिन्तित रहती है कि उसे लगता है कि गोल घूमती हुई धरती लड़खड़ाकर गिर जाएगी। वह स्वयं से असन्तुष्ट रहने के कारण सारी दुनिया से असन्तुष्ट रहती है। वह समर्पण तो करती है पर अपनी इच्छा के विरुद्ध,

इसीलिए वह दुखी भी रहती है। वह चूँकि स्त्री है इसलिए उससे किसी विषय में राय नहीं ली जाती, परिणामतः उसका रुख शिकायती बना रहता है। पुरोहित और समाज भी स्त्री के शिकायती स्वभाव से परिचित रहते हैं। वह अपनी सखियों के बीच भी अपने कष्टों के लिए कराहती है ओर वे सब एक स्वर से भाग्य को दोषी ठहराती हैं जबकि एक स्वतन्त्र व्यक्ति अपनी असफलता के लिए स्वयं को जिम्मेदार समझता है। स्थिति में परिवर्तन के किसी सुझाव का स्त्री घोर विरोध करती है क्योंकि वह सोचती है कि उसके कष्ट बड़े गहरे हैं, उनको शब्दों में व्यक्त नहीं किया जा सकता। अपनी पीड़ा के लिए वह सम्पूर्ण विश्व को उत्तरदायी समझती है क्योंकि इस जगत का निर्माण करते समय उससे राय नहीं ली गई, उसे पृथक् रखा गया। वह तो हमेशा ही अपनी स्थितियों का विरोध करती आई। उसने तो विरोध बचपन में भी किया था और किशोरावस्था में भी। उसे क्षतिपूर्ति का आश्वासन जरूर मिला था कि यदि वह अपना सर्वस्व पुरुष को सौंप दे तो उसे सौगुन वापस मिलेगा, पर वह ठगी गई। दुनिया ने उसे धोखा दिया। निर्माता का अन्तर्निहित स्वर हमेशा नाराजगी का होता है। जिसने अपना सर्वस्व दिया, बदले में वह कुछ भी पाने पर सन्तुष्ट नहीं हो सकता।

नैतिक समस्याओं के बारे में स्त्री का सोच प्रायः निरपेक्ष होता है। भला है तो भला है, बुरा है तो बिल्कुल बुरा। सापेक्षिक रूप से इन मूल्यों के प्रति एक कर्मठ व्यक्ति की तरह वह कभी नहीं सोचती कि कार्य-प्रक्रिया के दौरान थोड़े भले से अधिक भले की ओर जाया जा सकता है। स्त्री तो जीवन में गेहूँ के दाने चुनती है जो कूड़े से नितान्त भिन्न होते हैं। उसके अनुसार स्वच्छता में धूल बिल्कुल नहीं होनी चाहिए। घर की सफाई में लगी किसी भी स्त्री के लिए धूल और गन्दगी जय-पराजय की कहानी बन जाती है। स्त्रियाँ सरकार से भी आशा करती हैं कि वह उन्हीं की तरह तमाम कूड़े को उठाकर फेंक दे। चूँकि स्त्री अपना कोई वश दुनिया के मामलों पर नहीं दिखा सकती इसलिए वह अपना आक्रोश और घृणा व्यक्त करने के लिए किसी-न-किसी की तलाश में रहती है। उसके इस आक्रोश का सहज शिकार बेचारा पति बन जाता है। यह पति ही तो है जो पुरुष जगत का मूर्त रूप है और जिसके माध्यम से पुरुष समाज ने स्त्री पर अपनी सत्ता जमाई है तथा उसे छला है। पुरुष के ऊपर चूँकि संसार का भार है अतः किसी भी अव्यवस्था के लिए स्त्री की निगाह में वही उत्तरदायी होता है। रात को थके-माँदे रूप में घर लौटने पर उसे स्त्री द्वारा बच्चों की शिकायत, दुकानदारों और महँगाई की बातें सुननी पड़ती हैं। पत्नी पुरुष के सम्मुख मौसम और अपने गठिया के दर्द की भी शिकयत करती है। वह चाहती है कि पुरुष बन इन बातों पर पूरा

ध्यान दे। पति पर तो वह विशेष रूप से इसलिए नाराज रहती है कि उसने पुरुष होने का अपराध किया है। पुरुष की अपनी चिन्ताएँ और बीमारियाँ हो सकती हैं, पर वह तो सुविधा-प्राप्त वर्ग का है, अतः अपनी कमजोर स्थिति के प्रति स्त्री अधिक सहानुभूति की आशा करती है। इन मामलों में पुरुष से प्राप्त उपेक्षा उसे बेहद पीड़ित करती है। विशेष बात तो यह है कि इन शिकायतों के बावजूद पति और प्रेमी के प्रति विद्रोह स्त्री को उनसे दूर नहीं करता बल्कि उनके और नजदीक लाता है। पत्नी से घृणा होने पर पति उससे दूर रहना चाहता है, पत्नी घृणा करती हुई भी पति के समीप ही रहना चाहती है। परेशानियों से मुक्त होने के बदले वह शहीद हो जाने में ज्यादा विश्वास करती है।

औरत इसलिए अर्थहीन आँसू बहाती है कि उसका निर्माण एक अर्थहीन विद्रोह के आधार पर हुआ है। शारीरिक बनावट में भी उसमें पुरुष की अपेक्षा कम स्नायविक नियन्त्रण की शक्ति है और उसकी शिक्षा भी उसे तुरन्त पिघल जाने को प्रेरित करती है। इस रोने-धोने पर शिक्षा-दीक्षा तथा रीति-रिवाज का प्रभाव तो बिल्कुल स्पष्ट है। एक समय पुरुष भी आँसू बहाते थे। बेंजामिन कान्स्टेंट और दिदेरो ने तो आँसुओं की बाढ़ ही बहा दी। जब पुरुषों के लिए रोना अशोभनीय माना जाने लगा तब उन्होंने रोना बन्द कर दिया। पुरुष अपने दुर्भाग्य का बदला संसार से ले लेता है जब कि स्त्री अपनी ओर मुड़ जाती है। लाल सूजी हुई आँखें यह कहना चाहती हैं कि स्थिति असह्य है। थरथराते होंठों पर सारी शिकायतें केन्द्रीभूत हो जाती हैं किन्तु स्थितियाँ नहीं बदलतीं। वास्तव में यह प्रतिक्रियात्मक और नकारात्मक शक्तियों का तूफान है। आँसू जब स्त्री के विद्रोह को व्यक्त करने में असफल होते हैं तब वह असंगत हिंसा और उन्माद का सहारा लेती है। यह सच है कि पुरुष बहुधा प्रेयसी को मार बैठता है किन्तु वह अपनी इस ताकत का प्रयोग एक प्रभावी अस्त्र के रूप में करता है जबकि स्त्री का विस्फोट एक शिशु की भाँति प्रतीकात्मक होता है। वह पुरुष को नोच-खसोट सकती है, थप्पड़ मार सकती है किन्तु यह सब कुछ एक सांसारिक कृत्य मात्र होता है। स्त्री की यह संक्रान्ति मात्र एक मूक अभिनय बनकर रह जाती है। स्थिति में इससे कोई बदलाव नहीं आता। स्त्री की जिस शक्ति को सर्जनात्मक कार्यों में लगना चाहिए था, उसके दमित होने के कारण ही यह नकारात्मक स्थिति आती है। टालस्टाय की पत्नी की उन्मादग्रस्तता उनके ऊपरी चरित्र से स्पष्ट होती है। पता चलता है, वे अनुदार, असहिष्णु और क्रूर थीं। चाहे वे सही हों या गलत, किन्तु उनकी स्थिति दयनीय थी। जीवन भर वे कष्ट सहती रहीं और उन्होंने सारी यातनाएँ प्रणय और मातृत्व के दायित्व निभाते हुए अकेले सहीं। टालस्टाय से उन्हें

कोई सहयोग नहीं मिला। टाल्स्टाय के नए आदर्शों के आग्रहों से बड़े तनावों की स्थिति में वे पति की अटल इच्छा का अपनी शक्तिहीन इच्छा द्वारा विरोध करती थीं। वे नाटकीय ढंग से अपनी अस्वीकृति व्यक्त करती थीं। वे आत्महत्या की धमकी देती थीं। वे भाग जाने का ढोंग रचती थीं और झूठी बीमारियाँ भी बतलाती थीं। उनके ऐसे क्रिया-कलाप आसपास लोगों को अप्रिय लगते थे। वे स्वयं थककर शिथिल पड़ जाती थीं। वस्तुतः उनके पास इनके अलावा दूसरा कोई साधन भी नहीं था। वे किसी भी रूप में अपने विद्रोह की भावनाओं को छिपा नहीं सकती थीं। उनके पास व्यक्त करने का कोई प्रभावपूर्ण साधन भी नहीं था।

विरोध करते-करते थक चुकी स्त्री के पास आत्महत्या ही एकमात्र साधन बचता है। सचाई यह है कि पुरुष स्त्रियों से अधिक संख्या में आत्महत्या करते हैं। स्त्रियाँ आत्महत्या का प्रयत्न भर करती हैं लेकिन पुरुष वास्तव में आत्महत्या कर लेता है। इसका कारण है कि स्त्री नाटक अधिक करती है। वह वास्तव में आत्महत्या चाहती नहीं। उसके गालों पर बहते आँसू उसकी शोक संतप्त आत्मा के प्रतीक होते हैं। आँसू मानो उसके शरीर को शीतल लगते हैं। जीभ को वे नमकीन लगते ही नहीं, वे तो मानो चुम्बक होते हैं। आँसुओं की धारा से उसका मुख लाल हो उठता है। आँसू मानो उसे सांत्वना देते और विनम्र बनाते हैं। वे तृप्त भी करते हैं, शीतलता भी प्रदान करते हैं। आँसू मानो उसका सबसे उत्तम बहाना होते हैं, आँधी और बरसात की तरह वे अचानक ढलने लगते हैं। वे बड़े अनियमित रहते हैं। अप्रैल महीने की बरसात और तूफान की तरह बहते आँसू मानो स्त्री को विषाद का एक झरना और एक तूफानी आकाश बना देते हैं। आँसुओं के भर जाने से उसकी दृष्टि धूमिल पड़ जाती है। मानो वह दृष्टिहीन होकर प्राकृतिक वस्तुओं की निष्क्रियता और शान्ति की ओर बढ़ती है। कोई उसे विजयी देखना चाहता है पर वह अपनी पराजय में ही लीन रहती है। वह पत्थर की तरह गिरकर डूबने लगती है। अपने बारे में चिन्तित पुरुष से वह भागती है। पुरुष को उसका यह आचरण अनुचित लगता है किन्तु उसे तो शुरू से ही संघर्ष अनुचित लगता है क्योंकि स्त्री के हाथों में कोई भी प्रभावपूर्ण शस्त्र नहीं रहता। वह फिर निवेदन का सहारा लेती है।

उसकी सिसकियाँ से पुरुष को क्रोध आता है, इसलिए वह और सुबकती है। यहाँ स्त्री स्वभाव की द्वयर्थकता दिखाई पड़ती है। स्त्री जिस वस्तु से घृणा करती है, वास्तव में उसे छोड़ना नहीं चाहती। जो पुरुष उसके दुःख का कारण होता है उससे सम्बन्ध विच्छेद का वह अभिनय करती है पर अन्त में उसी के साथ रहती है। वह अपने जीवन को विषाद का कारण समझती है, उसे नष्ट करना चाहती

ही नहीं, वह जीवन, पुरुष और अपनी स्थिति का विरोध करती है पर वह उनसे वास्तव में पृथक् भी नहीं होती, भागती भी नहीं।

एक अर्थ में स्त्री का सम्पूर्ण जीवन प्रतीक्षा का है। वह तात्कालिक अन्तर्वर्ती स्थिति में बँधी रहती है। उसका अस्तित्व हमेशा दूसरे के हाथों में रहता है। वह हमेशा पुरुष की स्वीकृति और श्रद्धा की प्रतीक्षा करती है। वह प्रेम की प्रतीक्षा करती है। वह अपने प्रेमी और पति द्वारा प्रशंसा और कृतज्ञता की प्रतीक्षा करती है। उसे अपने सहारे के लिए किसी की प्रतीक्षा करनी पड़ती है। यह सहारा उसे पुरुष प्रदान करता है। आर्थिक रूप से चूँकि स्त्री पुरुष पर आश्रित रहती है इसलिए पुरुष ही उसका सम्पूर्ण अस्तित्व बन जाता है। वह केवल प्रतीक्षा करती है जबकि पुरुष को दुनिया के दूसरे तमाम कार्य भी सँभालने होते हैं। अत्यधिक प्रेम करनेवाले प्रेमी को भी अपने दायित्वों की व्यवस्ताओं के कारण प्रेमिका से मिलने और बिछुड़ने का समय निश्चित करना ही पड़ता है जबकि स्त्री को यह अच्छा नहीं लगता। प्रेमी अभिसार-स्थल तय कर लेता है। स्त्री शायद ही कभी समय पर वहाँ पहुँचती है। वह पति द्वारा नियत समय तैयार नहीं होती। इस प्रकार वह अपना महत्त्व जताना चाहती है और अपनी स्वतन्त्रता पर जोर देती है। ये सारे कार्य प्रतिरोध के कायरतापूर्ण साधन हैं क्योंकि अन्त में प्रतीक्षा पुरुष को नहीं, स्त्री को ही करनी पड़ती है।

तमाम विरोधाभास-पूर्ण संघर्षों के बावजूद पुरुष के शासन को मानने और उसकी महानता को स्वीकार करने के लिए स्त्री बाध्य है। अपनी स्वतन्त्र मान्यताओं और विकल्पों के अभाव के कारण स्त्री पुरुष के सम्मुख समर्पण के लिए बाध्य है। वह पुरुष द्वारा स्थापित सत्यों और मान्यताओं को अस्वीकार कर सकती है, पर अपनी मान्यताओं और सत्यों के सहारे वह पुरुष की मान्यताओं का विरोध नहीं कर सकती। स्त्री पुरुष के नियमों के दोषों को अच्छी तरह जानती है और उनका भण्डाफोड़ करने में उसे कोई संकोच भी नहीं होता।

पुरुष जगत में स्त्री प्रवेश नहीं कर सकती क्योंकि उसके अनुभव उसे ऐसे तर्क और ज्ञान नहीं सिखाते जिनके सहारे वह अग्रसर हो। साथ ही स्त्री-क्षेत्र की सीमा पर पुरुष के शस्त्र भी शक्तिहीन हो जाते हैं। मानव अनुभव का एक ऐसा भी क्षेत्र है, जिसकी पुरुष अवहेलना करता है। इसके बारे में वह सोचता भी नहीं, पर स्त्री को इस अनुभव को प्राप्त करना ही पड़ता है। एक “इंजीनियर” अपने नक्शे बनाते समय बहुत सतर्क रहता है पर घर में उसकी स्थिति एक छोटे देवता जैसी रहती है। उसके मुख से निकलते ही उसे भोजन दिया जाता है, उसकी कमीज पर “आयरन” किया जाता है, उसकी सन्तान को चुप रखा जाता है।

प्रजनन-क्रिया बड़ी आश्चर्यजनक है पर पुरुष को इस "चमत्कार" से आश्चर्य नहीं होता। नवजात शिशु पिता के लिए एक "चमत्कार" है पर माँ के लिए जादू। उसने अपने गर्भाशय में उस शिशु के विकास का अनुभव किया है। पुरुष के अनुभव को समझा जा सकता है पर बीच-बीच में इसमें रिक्तता आ जाती है, किन्तु स्त्री के अनुभव सीमाबद्ध होते हुए भी रहस्यमय पर पूर्ण होते हैं। यह रहस्यमयता पुरुष की अपेक्षा स्त्री के पलड़े को भारी बना देती है। तमाम संहिताओं और सिद्धान्तों के नियामक पुरुष अन्ततः अनुभव के इन क्षेत्रों में स्त्री के सामने हीन सिद्ध होते हैं। इसलिए पत्नी हल्के से सिर झटककर कह देती है—"पुरुष जिन्दगी के बारे में क्या जानेंगे?"

उपरोक्त परिप्रेक्ष्य से स्पष्ट है कि स्त्री पुरुष के तर्कों को नहीं समझ सकती। तर्क उसके अनुभव के अनुकूल नहीं होते, बल्कि वह सोचती है कि पुरुष के तर्क एक प्रकार के उस पर बल-प्रयोग के साधन हैं। वे उसको असमंजस में डालने वाले सिद्धान्त हैं। या तो तुम इन पर स्वीकृति दो या एतराज करो। स्वीकृत नियमों की व्यवस्था के अनुकूल उसे अपनी स्वीकृति देनी पड़ती है। उन्हें अस्वीकार करना मानो पूर्ण व्यवस्था के विरुद्ध जाना है। वह इतना आगे बढ़ने का साहस नहीं करती क्योंकि उसके पास ऐसे साधन नहीं होते जिनके द्वारा वह एक वैकल्पिक समाज का निर्माण कर सके। फिर भी वह कभी-कभी उन्हें स्वीकार नहीं करती। वह दासता और विद्रोह की परस्पर विरोधी भावनाओं के बीच पिसती रहती है। अन्त में अनिच्छा से ही वह पुरुष ही सत्ता मान लेती है। हर बार पुरुष उसे अच्छी तरह समझा देता है कि अनिच्छा से समर्पण और स्वीकृति देने के क्या परिणाम होते हैं। पुरुष की कल्पना के अनुसार स्त्री अंशतः स्वतन्त्र है और अंशतः स्वतन्त्र है और अंशतः गुलाम। पुरुष अपने तर्कों को स्वीकार करने के लिए स्त्री को बाध्य करता है। पुरुष स्वयं आधार-भित्ति का निर्माण भी करता है और स्वयं ही निष्कर्ष भी निकालता है। स्त्री जब तक पुरुष से प्रश्न नहीं करती तब तक उसे चुप रखने की चेष्टा होती है। पुरुष उसे विश्वास दिलाने का प्रयत्न नहीं करता क्योंकि स्त्री उसकी स्वेच्छाचारिता को समझ जाती है। पुरुष खीझकर उस पर जिद्दी और अविवेकी होने का अभियोग लगाता है। वह इस खेल में बढ़ना नहीं चाहती।

पुरुष के बनाए सत्यों पर स्त्री विश्वास नहीं करती। वह तो विश्वास करती है कि कोई निश्चित सत्य नहीं होता। जीवन के परिवर्तित रूप को देखकर ही वह "एकात्मकता" पर सन्देह नहीं करती और न उसके सन्देह का कारण वे जादूमयी घटनाएँ हैं जिनसे वह घिरी रहती है। पुरुष जगत का अवलोकन कर और यह

समझते हुए कि वह उसी जगत में निहित है—वह हर सिद्धान्त, हर मान्यता और हर अस्तित्व को द्वयर्थक समझती है। वह जानती है कि पुरुष की नैतिकता एक पाखण्ड है। पुरुष चिल्ला-चिल्लाकर सम्मान और सद्‌गुणों की व्याख्या करता है पर गुप्त रूप से वह स्त्री को उन मान्यताओं की अवज्ञा करने की प्रेरणा देता है। वह इस अवज्ञा को महत्त्व भी देता है। यदि वह ऐसा न करे तो उसका मुखौटा खिसक जाएगा।

पुरुष सहर्ष हिंगेल के उस सिद्धान्त को स्वीकार कर लेता है, जिसके अनुसार नागरिक को नैतिक प्रतिष्ठा विश्व में सर्वोपरि उठने की चेष्टा करने पर ही मिलती है, पर एक साधारण व्यक्ति के रूप में व्यक्ति को "इच्छा और आनन्द" का अधिकार तो है ही। स्त्री के साथ पुरुष के सम्बन्ध मानो प्रासंगिक ही होते हैं। उस खास क्षेत्र में आचरण का विशेष महत्त्व नहीं होता। जब पुरुषों के सम्पर्क में आने पर पुरुष हर मान्यता को स्वीकार कर लेता है लेकिन स्त्री के सम्पर्क में मानो वह अपने उत्तरदायित्व भूल जाता है। वह निम्न स्तरीय आचरण पर उतर जाता है। वह क्रूर, पर-पीड़क, हिंसक, अल्हड़ और संशयी बन जाता है। वह अपनी धुन और इच्छाओं को पूरा करना चाहता है। वह विश्राम की अवस्था में रहता है और शिथिल हो जाता है।

पुरुष के आदर्शों और व्यवहार का फर्क उसकी पत्नी को आश्चर्य में डाल देता है। वह जनसंख्या घटाने का उपदेश देता है पर स्वयं उतनी सन्तानें उत्पन्न करना चाहता है जितनी उसकी सुविधा के अनुकूल हों। वह पवित्र व वफादार पत्नियों की प्रशंसा करता है पर स्वयं पड़ोसी की पत्नी से व्यभिचार करता है। वह गर्भपात को अपराध समझता है पर फ्रांस में ही प्रति वर्ष लाखों स्त्रियों को पुरुषों के कारण गर्भपात कराना पड़ता है। कभी-कभी तो प्रेमी और पति भी गर्भपात कराने की राय देते हैं। पुरुष ही समाज की नैतिकता बनाए रखने के लिए स्त्री को अनैतिक बनाता है। इस सन्दर्भ में पुरुष के आचरण आदर्श की कृत्रिमता स्पष्ट हो जाती है।

वेश्याओं के प्रति पुरुष के रुख में उसका दुहरा आचरण अभिव्यक्त होता है। पुरुष की जरूरतों की तुष्टि के लिए ही वेश्यावृत्ति पनपती है। वेश्याएँ भी जनता के सम्मुख पाप की निन्दा करने वाले लेकिन अपने व्यक्तिगत जीवन में उनका उपयोग करने वाले पुरुषों को घृणा की दृष्टि से देखती हैं। पुरुष अपने शरीर का सौदा करनेवाली स्त्री को अपराधी करता है, स्वयं को नहीं। एक उदाहरण से इन मानसिक स्थिति को व्यक्त किया जा सकता है। इसी शताब्दी में पुलिस ने दो लड़कियों को वेश्यालय में देखा। एक की उम्र बारह वर्ष और दूसरी

की तेरह वर्ष थी। उनसे पूछताछ की गई। लड़कियों के बयान में ज्ञात हुआ कि वे महत्त्वपूर्ण व्यक्तियों के चंगुल में फँसी थीं। जब उनमें एक अपने ग्राहक का नाम बताने लगी तो उसे रोक दिया गया। जज ने कहा कि किसी सम्माननीय व्यक्ति को कलंकित करना उचित नहीं। किसी बालिका का कौमार्य भंग करके भी एक व्यक्ति सम्माननीय रह सकता है। ऐसा पुरुष तो साधारण मानवीय कमजोरियों का शिकार माना जाता है। ऐसी कमजोरी तो प्रायः सभी व्यक्तियों में होती है, पर एक बालिका की, जो मजिस्ट्रेट, जनरल या प्रतिष्ठावान पुरुष नहीं है, उसकी नैतिकता को कभी भी नष्ट किया जा सकता है। उसे विकृत व्यभिचारिणी और घृणित विशेषणों से पुकारा जाता है। उसे मानसिक इलाज की आवश्यकता बताई जाती है।

अनेक घटनाओं में देखा गया है कि पुरुष अपने आदर्श रूप को ज्यों-का-त्यों बनाए रखता है, पर स्त्री से कुछ ऐसे कार्य करा लेता है जो उसके लिए अनुचित होते हैं। वह पुरुष की धूर्तता सही ढंग से नहीं समझ सकती। वह केवल इतना ही समझती है कि वह पुरुष अपने सिद्धान्तों के विरुद्ध आचरण कर रहा है और अपने सिद्धान्तों की स्त्री द्वारा अवज्ञा करा रहा है। वह वैसी इच्छा नहीं रखता जिसका वह प्रचार करता है। इसलिए वह पुरुष के साथ हार्दिकतापूर्ण व्यवहार नहीं करती, दिखावा भर करती है। उसे एक पवित्र और वफादार पत्नी के रूप में रहना पड़ता है। वह चुपचाप पुरुष की इच्छाओं के सम्मुख समर्पण कर देती है। वह एक प्रशंसनीय माता का रूप बन जाती है किन्तु वही स्त्री बड़ी सावधानी से गर्भ-निरोध के साधनों का प्रयोग करती है। आवश्यक होने पर वह गर्भपात भी करा लेती है। यद्यपि पुरुष इस कार्य का मुक्त समर्थन नहीं करता पर वह उसकी गर्भधारण न करने के निर्णय की मानो सराहना करता है।

स्त्री की स्थिति पराजित होने पर गोली के घाट उतार दिए जाने और विजयी होने पर पुरस्कारों से अलंकृत किए जाने वाले गुप्त एजेण्टों की होती है। पुरुष की अनैतिकता भी स्त्री को ही सँभालनी पड़ती है। यह स्थिति केवल वेश्याओं की ही नहीं, बल्कि पुरुष के चंगुल में पड़नेवाली तमाम स्त्रियों की होती है। ऐसी स्त्रियाँ मर्यादा, प्रतिष्ठा, वफादारी और उच्च नैतिक गुणों के बारे में बकनेवालों की बातें सुनना पसन्द नहीं करतीं। नैतिकता के दावेदार पुरुष के अन्यमनस्क रहने, मिथ्या भाषण करने अथवा काम-सम्बन्ध को खिलवाड़ का रूप देने के लिए कहे जाने पर स्त्रियाँ घृणा से हँस पड़ती हैं। वे अच्छी तरह जानती हैं कि पुरुष के पास केवल यही एक रास्ता है। धन और सफलता सम्बन्धी मामलों में पुरुष कभी भी अन्यमनस्क नहीं रहता, लेकिन स्त्री की भूमिका तो पराश्रयी प्राणी की

होती है। हर पराश्रित प्राणी शोषण करता है। मर्यादा-प्राप्ति, जीवन-धारण, सुख-प्राप्ति और जीव को जन्म देने के लिए स्त्री को पुरुष की आवश्यकता पड़ती है। पुरुष की कामुकता को तृप्त करके वह ये सुविधाएँ प्राप्त करती है। उसका कार्य इसी क्षेत्र तक सीमित है। वह शोषण का एक यन्त्र बन जाती है।

स्त्री को झूठ बोलना पड़ता है क्योंकि वेश्याओं के अतिरिक्त अन्य सभी स्त्रियाँ एक ही स्थिति में रहती हैं। उनके और उनके रक्षक के बीच मुक्त और स्वतन्त्र आचरण का कोई स्थान नहीं होता। पुरुष चाहता है कि स्त्री खिलवाड़ करे और "अपर" बन जाती है। जिस क्षण वह ऐसा करती है, उसी समय से मानो वह मुक्त रूप से भी कार्य करने लगती है। यहीं पर उसके छलपूर्ण व्यवहार का प्रारम्भ होता है। अत्यन्त विनम्र और अत्यन्त शान्त स्त्री भी एक चेतनाशील प्राणी होती है। कभी-कभी पुरुष के प्रति समर्पण करते सहमय वह पुरुष की ओर देखती है। उसके विषय में निर्णय करती है। उसकी इस क्रिया से ही पुरुष को ऐसा लगता है कि उसे मूर्ख बना दिया गया है। स्त्री की स्थिति किसी दे दी गई वस्तु और "शिकार" की हो जाती है। पुरुष अनुभव करता है कि स्त्री ने उसे स्वेच्छया समर्पण किया है। शय्या पर पुरुष उससे आनन्द अनुभव करने का अनुरोध करता है। घर में वह अपने गुणों और श्रेष्ठता को स्वीकार कराना चाहता है। स्त्री आज्ञा-पालन के समय सिर्फ स्वतन्त्र रहने का दिखावा करती है। अन्य अवसरों पर वह शान्त रहने का तमाशा दिखाती है। जीविका प्रदान करने वाले पुरुष को वश में रखने के लिए वह झूठ की शरण लेती है। जीवन में उसे अनेक अवसरों पर आँसू टपकाने पड़ते हैं। उसे तरह-तरह के दृश्य उपस्थित करने पड़ते हैं, उसे प्रेम का प्रदर्शन, मानसिक तनाव और शिथिलता प्रदर्शित करनी पड़ती है, किन्तु ये सभी आडम्बर मात्र होते हैं। जिस निरंकुशता के अत्याचार को वह स्वार्थ के वशीभूत होकर स्वीकार करती है, उससे छुटकारा पाने के लिए भी वह झूठ बोलती है। अपनी प्रभुता एवं दम्भ के भावों की सृष्टि के लिए पुरुष उसे छलपूर्ण व्यवहार के लिए प्रोत्साहित करता है। स्त्री भी उसके साथ अपनी छलपूर्ण शक्ति का प्रयोग करती है। इस प्रकार वह प्रतिशोध करता है। स्त्री भी उसके साथ छलपूर्ण शक्ति का प्रयोग करती है। इस प्रकार वह प्रतिशोध लेती है। पुरुष को छल कर वह अपनी इच्छाओं को तुष्ट करती है। पुरुष के साथ अपने घृणात्मक व्यवहार का अनुभव करके वह आनन्दित हो उठती है। पत्नी और वेश्या, दोनों ही झूठ बोलती हैं जबकि वे ऊपरी रूप से प्रेम-प्रदर्शन करती हैं। वास्तव में उन्हें वह अनुभूति नहीं होती जिसका वे प्रदर्शन करती हैं। बाद में वे अपने प्रेमी और अन्य सम्बन्धियों के सम्मुख पुरुष के मिथ्या दम्भ का उपहास करती हैं। वे विषादपूर्ण

शब्दों में कहती हैं, "पुरुष केवल घपलेबाजी ही नहीं करते, बल्कि यह भी चाहते हैं कि हम लोग भी उनकी तरह आनन्द का प्रदर्शन करें।"

इस प्रकार की बातचीत नौकर-चाकरों के बीच होती है। स्त्री भी इस प्रकार के दोष से मुक्त नहीं होती, क्योंकि वह पिता के शासन में भी उत्पीड़न का अनुभव करती रही है। उसके व्यवहार में भी वही कपट रहता है क्योंकि उसने पुरुष का अनुचर के स्वामी की तरह नख-शिख देखा है। यह स्पष्ट है कि स्त्री के चरित्र की कोई भी विशेषता ऐसी नहीं है जो उसके मौलिक विकृत रूप और इच्छा की सूचक हो। वे तो एक परिस्थिति को व्यक्त करती हैं। टूरियर के कथनानुसार–"एक हिंसात्मक राज्य में रहने के कारण ही स्त्री को हर समय कपटपूर्ण व्यवहार करना पड़ता है। जिस प्रकार व्यापार में निषेद्य और वर्जना अभिन्न होते हैं, उसी प्रकार प्रेम में भी वे अभिन्न होते हैं। पुरुष अच्छी तरह जानता है कि स्त्री जिन दोषों की शिकार है, वे परिस्थितिजन्य हैं। यौन सम्बन्धी मामलों में पुरुष स्त्री की उन्हीं विशेषताओं को प्रोत्साहित करता है जिनके कारण वह घृणित हो जाती है। निस्सन्देह पति और प्रेमी जिस स्त्री के सम्पर्क में आते हैं, उसके अवगुणों से खीझ उठते हैं। स्त्रीत्व के आकर्षण की प्रशंसा करते समय भी वे इस सत्य को भली-भाँति समझ जाते हैं कि उसके दोषों को उसके आकर्षण से पृथक् नहीं किया जा सकता। यदि स्त्री मिथ्यावादिनी, कायर और आलसी न जो, तो वह कभी भी पुरुष को मोहित नहीं कर सकेगी।

इब्सन के नाटक "गुड़ियाघर" (A Dool's House) में हेल्मर (Helmer) ने कहा, "किसी अबला स्त्री के लड़कपन के दोषों को क्षमा करते समय पुरुष अपने को बड़ा शक्तिवान, न्यायी और समझदार अनुभव करता है। इसी प्रकार बर्नस्टीन (Burnstin) के नाटकों में भी दिखाया गया है कि पति किस प्रकार अपनी दुराचारिणी, चोरी करनेवाली और बुरी पत्नी को क्षमा कर देता है। पत्नी की क्षमायाचना से पुरुष स्वयं द्रवित हो जाता है और उसके नेत्र सजल हो जाते हैं। इस प्रकार पुरुष अपनी शक्ति और अच्छाई का भी परिचय देते हैं। अमेरिकन नस्लवादी और फ्रांसीसी उपनिवेशवादी भी यही चाहते थे कि उनके काले गुलाम चोर, आलसी और मिथ्यावादी हों। शासितों की इस स्थिति से अत्याचारी शासकों को विशेष सुविधा होती है। स्त्री के दोषों को और बढ़ा-चढ़ाकर दिखाया जाता है, जिससे कि वह पुरुषों से संघर्ष न करे, बल्कि अपने दुर्गुणों को ही अपना आभूषण माने।

स्त्री विवेकशील सिद्धान्तों को नहीं मानती और न नैतिक आदेशों को स्वीकार करती है। वह प्राकृतिक नियमों के बारे में द्विधाग्रस्त रहती है। दरअसल वह सर्वोपरिता का महत्त्व समझ नहीं पाती। उसे जगत विशेष स्थितियों का एक

अव्यवस्थित समूह लगता है। इसीलिए स्त्री वैज्ञानिक विवेचना की अपेक्षा आस-पास के लोगों की बातों पर विशेष ध्यान देती है। वह पुस्तकों को सम्मान अवश्य देती है पर शब्दों का अर्थ समझे बिना पृष्ठ पलटती रहती है। इसलिए अनायास ही किसी अजनबी की बातों को सुनकर वह उसे विशेष महत्त्व देने लगती है। उसके क्षेत्र के भीतर सभी कुछ जादुई होता है और इससे परे सब-कुछ रहस्यमय। सत्य की वस्तुगत स्थिति से स्त्री अपरिचित रहती है। वह अपने और दूसरों के अनुभवों....उचित रूप से व्यक्त किए जाने पर ही स्वीकार करती है। अपने बारे में वह सोचती है कि उसकी एक विशेष स्थिति है क्योंकि अपने घर में वह पृथक् रूप में रहती है। वह अन्य स्त्रियों में नहीं आती। उसे हमेशा ही यह आशा रहती है कि पुरुष और भाग्य अवश्य ही उसके पक्ष में कुछ विशेष सुविधा देंगे। मान्यता-प्राप्त तर्कों की अपेक्षा स्त्री अपने ही अन्तर्ज्ञान को महत्त्व देती है। वह अपने हृदय में उठी भावनाओं को दैवी प्रेरणा या आत्मा के लोक का संकेत मानती है। किसी दुर्घटना और दुर्भाग्य को देखकर वह सोचती है कि उसके साथ ऐसा नहीं होगा। किसी लाभ और संयोग को देखकर वह सोचती है कि उसे भी ऐसा सुयोग अवश्य मिलेगा। वह हमेशा विशेष सुविधाओं की आशा लगाती है। दुकानदार उसे विशेष छूट देगा, बिना "पास" के पुलिसमैन उसे निकल जाने देगा क्योंकि उसे ऐसा ही सिखाया गया है कि उसकी मुस्कान की बहुत कीमत है। उससे यह नहीं कहा गया है कि सभी स्त्रियाँ मुस्कराती हैं। वह अन्य स्त्रियों से कभी भी अपनी तुलना नहीं करती। उसका अनुभव उसे यह नहीं बतलाता कि वह कितनी गलत है। एक के बाद दूसरी असफलता मिलने पर वह किसी सही निष्कर्ष पर नहीं पहुँचती।

उपरोक्त विश्लेषण से यह स्पष्ट हो जाता है कि स्त्री क्यों विश्व के प्रतिरूप का सृजन नहीं कर पाती और पुरुष वर्ग को क्यों चुनौती नहीं दे पाती। वस्तुतः पुरुष के प्रति यदा-कदा आक्रोश प्रकट करने के बावजूद उसका रुख द्वयर्थक और विरोधाभासी बना रहता है। वह पुरुष को एक बच्चे की तरह मासूम भी मानती है, शोषक और अत्याचारी भी, अहंवादी भी और मुक्तिवादी भी। पुरुष की काम-इच्छा एक भूख है किन्तु यही एक उत्तेजनापूर्ण दैवी शक्ति भी। स्त्री पुरुष की प्रशंसा करती हुई जब कहती है कि वह एक मर्द है, तब उसका अभिप्राय पुरुष की काम-शक्ति और सामाजिक श्रेष्ठता की सराहना होता है। पुरुष चाहे एक महान कलाकार हो या सफल व्यापारी, एक नेता हो या जनरल, पर स्त्री हमेशा उसके व्यक्तित्व में प्रेम करने की क्षमता ही देखती है। अतः पुरुष की सामाजिक सफलताओं में भी स्त्री को एक मौन आकर्षण दिखाई देता है।

यहाँ हमें फिर पुरुष सम्बन्धी दन्तकथाएँ दिखाई देती हैं। डी.एच. लारेंस ने ही नहीं, बल्कि अन्य व्यक्तियों ने भी पुरुष-लिंग में मानव श्रेष्ठता एवं जीवनी शक्ति देखी है। रहस्यात्मक रूप में पुरुष की पूजा करती हुई स्त्री खुद को खो बैठती है। वह इसी पूजा में अपने को पाती भी है। यह विरोधाभास बहुत सहजता से विभिन्न रूपों में पुरुषों की काम-शक्ति में व्यक्त होता है। एक स्त्री की आँखों में एक ही पुरुष कंजूस, ओछा और दम्भी होते हुए भी देवत्व प्राप्त कर सकता है क्योंकि देवताओं की भी अपनी कमजोरियाँ होती हैं। स्त्री पुरुष के व्यक्तित्व की व्यावहारिक वास्तविकताओं और भिन्नताओं को नहीं समझती। स्त्री के समर्पण में जुड़े हुए हाथ किसी एक पुरुष को नहीं, बल्कि सारतः सम्पूर्ण पौरुष के प्रति जुड़े होते हैं। स्त्री की नजरों में पुरुषत्व एक पवित्र आभा है, एक उच्च मूल्य, जिसका एक पुरुष अपने तमाम ओछेपन के बावजूद प्रतिनिधित्व कर सकता है। स्त्री पुरुष की विशिष्ट स्थिति के प्रति ईर्ष्यालु होने के बावजूद उसमें एक द्वेषपूर्ण श्रेष्ठता आरोपित करने में अजीब आनन्द पाती है।

स्वयं और जगत के प्रति द्वयर्थक दृष्टिकोण रखने के कारण स्त्री पुरुष के प्रति भी ऐसा ही रुख अपनाती है। वह जानती है कि यह दुनिया पुरुषों की है किन्तु कुछ रहस्यमय शक्तियों से समझौता कर लेने के बाद स्त्री पुरुषों पर विजय पा सकती है। इसलिए वह पार्थिव जीवन को शाश्वत आत्मा की अपेक्षा अधिक महत्त्व देती है। वह क्रान्ति की अपेक्षा बच्चे के जन्म को बड़ा सत्य मानती है। वह बार-बार पृथ्वी पर मातृत्व के पुनःस्थापना का प्रयास करती है। चूँकि वह स्वयं एक अस्तित्व है और अपने में सर्वोपरिता की ओर अतिक्रमण की सम्भावना रखती है इसलिए वह उन मूल्यों को शाश्वतता प्रदान करना चाहती है जिनकी वैचारिक अवधारणा पुरुषों के पास नहीं होती। स्त्री जादुई शक्ति की उपासक होती है जो विचार और चिन्तन की अवहेलना करते हैं। अपने अस्तित्व की सम्भावनाओं को समझने की अपेक्षा स्त्री कल्पनालोक में विचरण करती है तथा तर्क की अपेक्षा सपने देखना अधिक पसन्द करती है। अतः अपनी अस्तित्वगत मांसलता के बावजूद वह कृत्रिमता का एक आवरण ओढ़ लेती है। इस तरह स्त्री अपनी सारी सांसारिकता के बावजूद वायवीय हो जाती है। उसकी जिन्दगी बीत जाती है बर्तन धोते-धोते। वह यह जानती है कि पुरुष के सपनों की देवी होने के बावजूद वह अपनी दयनीयता और निरीहता-भरी जिन्दगी के लिए अभिशप्त है।

शरीर के सम्बन्ध में भी स्त्री के विचार ऐसे ही द्वयर्थक रहते हैं। शरीर को वह एक बोझ मानती है। मासिक धर्म तथा प्रजनन-क्रिया को शान्तिपूर्वक स्वीकार

करते हुए भी उसकी दृष्टि में शरीर जगत को अधीनस्थ करने का समर्थ साधन नहीं होता। अतः उसके लिए शरीर आनन्द का स्रोत न रहकर एक असीम यन्त्रणा का ऐसा माध्यम बन जाता है, जिससे नित्य नए संकट पैदा होते रहते हैं। स्त्री उन्मादित इसलिए होती है कि उसके शरीर के अन्तःस्रावों का स्नायविक व्यवस्था में घनिष्ठ सम्बन्ध होता है। अभिव्यक्त होनेवाली शारीरिक प्रतिक्रियाएँ, जैसे सिसकने, शरीर काँपने और मितली आने के लिए स्त्री स्वयं को उत्तरदायी नहीं समझती। ये प्रतिक्रियाएँ तो मानो उसके साथ विश्वासघात करती हैं। वह लज्जित होकर इन्हें छिपाना चाहती है लेकिन अन्ततः उसका शरीर तो मानो उसका गौरवपूर्ण दुहस रूप होता है। दर्पण में अपने प्रतिबिम्ब से वह स्वयं विस्मित हो जाती है, शरीर ही मानो सुख की प्रतिज्ञा करता है। उसका शरीर एक ऐसी कलाकृति और सजीव प्रतिमा लगता है, जिसे वह सँवारती रहती है। वह अपने शरीर का प्रदर्शन करती है। स्त्री अपने सौन्दर्य को दर्पण में देखकर मुस्कराती हुई अपने शारीरिक अस्तित्व को भूल-सी जाती है। उसका यह रूप प्रेमालिंगन और मातृत्व के द्वारा नष्ट हो जाता है। अपने बारे में सोचते समय वह यह सोचकर आश्चर्यचकित हो जाती है कि उसके दो रूप कितने भिन्न हैं—एक नायिका का और दूसरा केवल मांसल यथार्थ।

प्रकृति ने भी स्त्री को दो मुखड़े दिए हैं। उसका रसोईघर के प्रति उत्तरदायित्व होता है, साथ ही होते हैं उसके रहस्यमय उद्गार। गृहिणी और माता की भूमिका में वह खेतों और जंगलों में स्वतन्त्र रूप से विचरण का अपना स्वभाव त्याग देती है। वह शान्तिपूर्वक अपनी रसोई के बगीचे में खेती करना चाहती है। वह फूलों को सँवारकर गुलदस्ते में रखती है। वह चाँदनी रात और सूर्य में जगत का अलंकार देखती है। वह सृष्टि की महानता और रहस्यमयता पर मुग्ध होती है। वस्तुतः जीवन विश्वव्यापी मात्र नहीं होता। वह केवल पुनरावृत्ति भी नहीं होता। जीवन की जाज्वल्यमानता पुरुषों में पूर्ण वाटिका के सौन्दर्य में प्रकट होती है। चूँकि प्रकृति ने स्त्री को उर्वर गर्भाशय प्रदान किया है, अतः वह इसकी जीवनदायिनी आत्मारूपी वायु से प्रभावित होती है। जिस सीमा तक वह अतृप्त और एक बालिका की तरह असीमित तथा अपूर्ण रहती है, उसी सीमा तक उसकी आत्मा भी निरन्तर प्रशस्त और असीम क्षितिज की ओर बढ़ती राहों में भटकती रहती है। गृहस्वामी और सन्तानों के मध्य जकड़ी रहने के बावजूद उसे एकाकी दिव्यानन्द की भी अनुभूति होती है। लगता है जैसे पहाड़ी प्रदेश की वह एकछत्र शासिका होती है। इस स्थिति में वह माता, पत्नी, गृहिणी नहीं बल्कि एक देहधारी मानव होती है। शान्त जगत के बारे में चिन्तन करते समय उसे स्मरण

हो आता है कि वह एक चेतन प्राणी और एक स्वतन्त्र व्यक्ति है। उसके लिए जल के रहस्यों और पर्वतों की ऊँचाई के बीच पुरुष की श्रेष्ठता नष्ट हो जाती है। तट पर चलती हुई, झरने में हाथ भिगोती और डुबोती हुई वह अपने लिए जीती है, औरों के लिए नहीं। वह हर प्रकार की दासता के बीच अपनी स्वतन्त्रता से हार्दिक प्रेम करेगी। जो स्त्रियाँ उस तरह की नहीं होंगी, वे उस पवित्र आनन्द का साधन मात्र रह जाएँगी। उन्हें गोधूलि-बेला में भी ठंड लग जाने का भय होगा।

इस प्रकार यथार्थ जगत और "काव्य जगत" के प्रति स्त्री की वफादारी तत्वमीमांसा-शास्त्र का विवरण देती है। इस बुद्धिवाद का स्त्री बहुत सीमा तक आदर करती है। वह जीवन और सर्वोपरि के बीच सामंजस्य स्थापित करना चाहती है। यूँ कहा जा सकता है कि स्त्री कोरे तर्कशास्त्र और उससे सम्बन्धित सिद्धान्तों को मान्यता नहीं देती।

स्त्री एक जीवधारी होने के नाते अपने को समन्वयों के बीच पाती है। समन्वय के ये भाव एक जड़ीभूत पूर्णता के द्योतक होते हैं। पुरुष तूफान की तरह उठती स्वतन्त्रता को प्राप्त कर आनन्द का अनुभव करता है जबकि स्त्री मुस्कराते हुए बाहुल्य से ही परिचित रहती है। यह सहज ही बोधगम्य है कि स्त्री शान्ति-प्रिय वातावरण अधिक पसन्द करती है क्योंकि उसे अधिकांश समय विषाद, अवहेलना और थकान में बिताना पड़ता है। यदि वह ठंडी शाम और अच्छा तीसरा प्रहर व्यतीत करना चाहे तो उसे किसी प्रकार से दोषी नहीं समझना चाहिए, किन्तु संसार की आत्मा की खोज इस प्रसंग में भ्रम होगी। जगत में इतना अधिक समन्वय नहीं मिलता और न कोई व्यक्ति जगत के अस्तित्व के लिए अपरिहार्य होता है।

चूँकि स्त्री स्वयं अपने अस्तित्व का औचित्य प्रमाणित कर पाने में असमर्थ है इसलिए समाज स्त्री की क्षतिपूर्ति के लिए धर्म को झुनझुना थमा देता है, सामान्य लोगों को जैसे करताल पकड़ा दी जाती है। लगातार अपनी अन्तर्वर्तिता में ही रहने को विवश किए जाने वाले वर्ग की तरह स्त्री को भी सर्वोपरिता के भ्रम में बनाए रखने की जरूरत होती है। पुरुष को अपने देवता का आविष्कार करने की सुविधा प्राप्त है, जिसके नाम पर वह संहिताएँ रचे और दूसरों के ऊपर, चाहे वह स्त्री हो या गुलाम या काली नस्ल, अपनी सर्वोच्च सत्ता स्थापित कर सके, जिससे विद्रोह करनेवाला हमेशा ईश्वर से डरता रहे। कम-से-कम धर्म के मामले में स्त्री ने पुरुष को कभी धोखा नहीं दिया। वह ईश्वरनिर्मित उस पुरुष जगत के प्रति अगाध विश्वास में जीती है और ईश्वर के पास वैसे ही अपना अधिकार

माँगती है जैसे कोई अपना अधिकार एक कैबिनेट मिनिस्टर से माँगता है। अपनी आन्तरिक रिक्तता की पूर्ति की आशा में स्त्री बाँहें उठाकर धर्म की अवधारणा को अंगीकृत करती है।

स्त्री को स्वतन्त्रता की ओर प्रेरित करती आधुनिक सभ्यता में धर्म वस्तुतः धोखे का एक साधन है। ईश्वर को धन्यवाद कि कम-से-कम अपनी हीनता स्वीकार करने के लिए खुलकर नहीं कहा जाता, वह भी महान पुरुष के समान मानी जाती है। चूँकि आज अन्याय का रूप चालाकी से दबा दिया गया है और स्त्री की सर्वोपरिता की आकांक्षा को ईश्वर की ओर मोड़ दिया गया है तथा आत्माओं की महत्ता की माप केवल स्वर्ग में होती है, इसलिए पृथ्वी पर उनकी माँग उपेक्षित नहीं। स्त्री को यह विश्वास सहज ही उसकी हीन भावनाओं का दमन कर देता है। वह न तो स्त्री रह जाती है, न पुरुष। वह रह जाती है ईश्वर से अपने परित्राण की आकांक्षा करती हुई मात्र एक आत्मा। इसीलिए साध्वियों में हम पुरुषों की तरह दृढ़ता पाते हैं, किन्तु यहाँ भी चाहे वे जिस किसी ऊँचाई तक पहुँची हों, पुरुष के हाथों ही जोन आफ आर्क को राख बना दिया गया। इस तरह यहाँ भी ईश्वर का पुरुष होना ही अधिक महत्त्वपूर्ण सिद्ध होता है।

पुरुष के अनाचार से घबराई हुई स्त्री ईश्वर की ही शरण में जाती है। धर्म की नजर में पुरुष का दम्भ फिर भी पाप माना जाता है। ईश्वर की सृष्टि को पुनर्रचित करने की आवश्यकता ही क्या? इस तरह स्त्री की निष्क्रियता को दैवी समर्थन दे दिया जाता है। धूप जलाती और माला फेरती स्त्री अच्छी तरह समझती है कि सत्ता के राजनीतिज्ञ चारों ओर चक्कर लगाते रहते हैं। पति, पुरोहितों और पादरियों की अपेक्षा वह स्वयं को परमपिता के अधिक समीप महसूस करती है। अपने उद्धार के लिए उसे और कुछ करने की आवश्यकता नहीं। उसके लिए आज्ञा-पालन करते हुए जीवन बिता देना ही काफी है। इस तरह आत्मा और जीवन का सामंजस्य स्त्री के लिए स्थापित हो जाता है। माँ केवल एक शरीर को ही जन्म नहीं देती, बल्कि वह ईश्वर के लिए एक आत्मा की भी सृष्टि करती है। उसका यह काम अणु के रहस्यों को जानने से अधिक महत्त्वपूर्ण होता है। पुरुष की अवज्ञा करती हुई स्त्री स्त्रीत्व को गौरवान्वित मानती है क्योंकि स्वयं ईश्वर उसके दोषों को देखकर भी अनदेखा कर देता है।

स्पष्ट हुआ कि ईश्वर ही स्त्री को प्रतिष्ठा का स्थान देता है। प्रत्येक स्त्री को ईश्वर द्वारा विशेष संरक्षण प्राप्त होता है। एक प्राणी होने के नाते स्त्री का विशेष प्रभाव नहीं होता किन्तु जब वह ईश्वर से प्रेरित होकर कार्य करती है, तब उसकी इच्छाएँ पवित्र हो जाती हैं।

स्त्री सन्तान का पोषण करती हुई या किसी कॉन्वेंट में शासन करती हुई या किसी दातव्य संस्था का गठन करती हुई किसी दैवी शक्ति के हाथ में केवल एक यन्त्र मात्र रहती है। ऐसी अवस्था में ईश्वर को नाखुश किए बिना उसकी अवज्ञा नहीं हो सकती। पुरुष ईश्वर के इस सहारे की अवहेलना नहीं करते, किन्तु जब वे अन्य पुरुषों के सम्पर्क में रहते हैं, उस समद इस समर्थन को विशेष महत्त्व नहीं देते क्योंकि अन्य पुरुष भी ऐसे समर्थन का दावा कर सकते हैं। यह मतान्तर इस रूप में निर्मित होता है कि स्वयं मनुष्य ही इसे दूर कर लेता है। स्त्री अपने अधीनस्थ व्यक्ति पर अपनी सत्ता सिद्ध करने के लिए दैवी इच्छा का समर्थन चाहती है और अपनी दृष्टि में भी उसे न्याय-संगत मानती है। इस सहयोग को वह उचित और लाभकारी मानती है। इस तरह वह आत्मकेन्द्रित रहती है। वह यह चिन्ता नहीं करती कि इन सम्बन्धों का औरों पर क्या प्रभाव पड़ेगा। आन्तरिक तर्कों के मध्य उसकी चुप्पी में मानो कानूनी शक्ति निहित होती है।

अपनी इच्छाओं की पूर्ति के लिए स्त्री मानो धर्म को एक बहाना बना लेती है। स्त्री चाहे निरुत्साही हो या कामुकता की शिकार, देह का बहिष्कार करना वह अपना पवित्र कर्त्तव्य मानती है। वह स्वयं मानो शहीद होना चाहती है। इस उद्देश्य के लिए वह अपनी सभी इच्छाओं का दमन करती है। वह अपने को नष्ट करते हुए ऊँचे उठना चाहती है।

स्त्री चाहे वैरागी हो या संसारी, चाहे अभिमानी हो या विनम्र, वह सोचती है कि उसे अपने मोक्ष के लिए अपने में ही लीन रहना चाहिए। जिस प्रकार गर्भवती स्त्री गर्भ में स्थित सन्तान का आभास पाती है उसी प्रकार हर स्त्री अपने हृदय की धड़कनों को भी सुनती है। वह हृदय के उल्लास को समझती है और अपने हृदय में परमात्मा के निवास का अनुभव करती है। बड़ी सतर्कता से वह अपने कार्यों का निरीक्षण और विश्लेषण करती है। वह धर्मगुरु और पादरियों के सम्मुख अपने कार्यों का सच्चा ब्यौरा प्रस्तुत कर देती है। प्राचीन काल में तो वह आम ज़नता के सम्मुख अपने दोषों को स्वीकार करके सुख का अनुभव करती थी। ऐसा कहा जाता है कि कोर्टोना की मार्गरेट ने अभिमान किया था। अन्ततः अपने इस पाप की क्षमायाचना के लिए वह बरामदे में खड़ी होकर इस प्रकार चीखने लगी मानो प्रसव-पीड़ा से पीड़ित हो। वह कहने लगी—"कोर्टोना के लोगो! तुम लोग मोमबत्ती और लालटेन लेकर आ जाओ और पापिन के पाप की गाथा सुनो!" उसने अपने पाप-कार्यों का वर्णन किया और सितारों को अपने दुःख का साझी बनाया। इस प्रकार की विनम्रता द्वारा स्त्री अपनी प्रदर्शन की आवश्यकता पूरी करती है। ऐसे प्रदर्शन की रुचि आत्ममुग्धा स्त्री में पाई जाती है। स्त्री के

आत्म-प्रेम को धर्म मान्यता प्रदान करता है। इसका प्रदर्शन पिता, प्रेमी और अलौकिक संरक्षक के सम्मुख होता है। वह अतीत को बड़े चाव से याद करती है। यह आत्म-प्रेम उसके दिवास्वप्नों का पालता है। यह उसके खालीपन को दूर करता है। यह सामाजिक व्यवस्था के अनुकूल होता है। यह स्त्री के आत्म-त्याग को भी न्याय-संगत सिद्ध करता है और यौन-इच्छाओं से मुक्त स्वर्ग में अच्छे भविष्य की आशा प्रदान करता है। इसीलिए आज भी चर्च की सत्ता में स्त्री सर्वोत्तम साधन मानी जाती है। इसीलिए जिन साधनों से स्त्री को मोक्ष प्राप्त हो सकता है, उन सबका चर्च विरोध करता है। स्त्री के लिए धर्म अवश्य होना चाहिए और धर्म को कायम रखने के लिए सच्ची स्त्री भी होनी चाहिए।

यह स्पष्ट है कि स्त्री के स्वभाव, विश्वास, मान्यताएँ, बुद्धि, नैतिकता, रुचि और व्यवहार का विवेचन उसकी स्थिति द्वारा होता है। चूँकि वह जानती है कि वह सर्वोपरि स्थान नहीं प्राप्त कर सकती, इसलिए वह वीरता, विद्रोह, सृजन और कल्पना के ऊँचे आदर्शों से अलग रहती है। पुरुषों में भी ये आदर्श साधारणतः नहीं पाए जाते। स्त्रियों की तरह कई पुरुष भी ऐसे होते हैं जो अनावश्यक साधनों में ही जुटे रहते हैं। उनकी स्थिति मध्यस्थ की-सी होती है। मजदूर वर्ग इनसे मुक्त होने के लिए विद्रोह की इच्छा करता है, पर मध्यम वर्ग इसी क्षेत्र में पड़ा रहना चाहता है। कुछ श्रेणियों के पुरुषों का भाग्य भी स्त्री के भाग्य की ही तरह होता है। उन्हें रोज एक ही काम दोहराना पड़ता है। उन्हें जीवन में बहुत कम सुविधाएँ प्राप्त होती हैं। इस श्रेणी में मजदूर, सौदागर और आफिस में खटनेवाले आते हैं। अन्य पुरुषों के आदेशों के अनुसार काम करनेवाले पुरुषों से वे स्त्रियाँ बेहतर हैं जो रसोई बनाती हैं, क्योंकि उनके कार्य में स्वतन्त्रता प्राप्त करने की क्षमता है। सारा दिन पुरुष को अपने लिबास में रहना पड़ता है। उसे अपने से उच्च अधिकारियों की आज्ञा माननी पड़ती है और अपनी सामाजिक स्थिति बनाए रखनी पड़ती है, किन्तु स्त्री घर में किसी भी पोशाक में घूम सकती है। अपने पड़ोसियों के साथ वह हँस-गा सकती है। वह अपनी अच्छा के कार्य करती है। उसके इन कार्यों में संकट की सम्भावना नहीं रहती। वह अपने कामों द्वारा निश्चित परिणाम प्राप्त करने की चेष्टा करती है। वह ऐसे वातावरण में रहती है, जहाँ उसे पुरुष की तरह दिखावा नहीं करना पड़ता।

आफिस का जगत, जिसे काफ्का ने औपचारिकता का विश्व कहा है, जहाँ बेढब इंगितों पर कार्य होता है, जहाँ व्यवहार में उद्देश्यहीनता रहती है, वह पुरुष-जगत है, किन्तु स्त्री यथार्थ के अधिक निकट रहती है। उत्पादित वस्तुओं को क्रय के जरिए बदलकर आँकड़ों में बन्द कर देने के बाद आफिस के कर्मचारी

के पास मूर्त्त रूप में कुछ नहीं बचता। बालक को दूध पिलाना, उसके कपड़ों को सँभालना और रसोई बनाना बड़े ही सार्थक कार्य हैं। इस कार्यों को सम्पादित करने के लिए स्त्री इनके अस्तित्व को समझती है और साथ ही अपने अस्तित्व को भी। स्त्री अपने कार्यों में घुल नहीं जाती। छोटी-सी योजना के प्रति अति गम्भीर होकर वह स्वयं को अत्यन्त महत्त्वशील समझने लगता है। पुरुष के तर्कों और नैतिकताओं से मुक्त रहने के कारण स्त्री उन जालों में नहीं फँसती। अपनी स्थिति की अस्पष्टता से बचने के लिए वह अभिमान का आश्रय नहीं लेती। वह प्रतिष्ठा के झूठे मुखौटे के पीछे अपनी असलियत छिपाना नहीं चाहती। वह अपने अनुशासनहीन विचार, भावनाएँ और स्वाभाविक प्रतिक्रियाएँ बड़ी स्पष्टता से व्यक्त कर देती है। इसीलिए उसकी अपनी बातें उसके पति की बातों से अधिक रोचक होती हैं। वह पति की रोचक अर्द्धांगिनी होती है। जहाँ पुरुषों के शब्द और फार्मूले किताबी होते हैं, वहीं स्त्री के शब्द उसके सीमित अनुभवों की अभिव्यक्ति होते हैं।

स्त्री संवेदनशील होती है। वह पुरुष की अपेक्षा अपने और विश्व के प्रति अधिक सहज रहती है। स्त्री को पुरुष की कठोर वासना तृप्त करनी पड़ती है। सुन्दर वस्तुओं की प्रति स्त्री की रुचि स्वाभाविक रहती है। उसमें कृत्रिम सुकुमारता आ जाती है, पर कभी-कभी यह नजाकत वास्तविक भी होती है। स्त्री का क्षेत्र सीमित है, अतः वह जिन उद्देश्यों की प्राप्ति चाहती है, वे वास्तव में मूल्यवान होते हैं। वह अपने उद्देश्यों को अन्य योजनाओं के साथ बद्ध नहीं करती। वह उनकी शालीनता का प्रदर्शन करती है। स्त्री उत्सवों आदि में अपनी रुचि के प्रदर्शन के द्वारा यह दिखाती है कि वह किस प्रकार कठोरता से दूर रहना चाहती है। छोटी-छोटी बातें और वस्तुएँ स्त्री को मुग्ध कर लेती हैं। फूलों के गुच्छों की गन्ध उसे मोहित करती है। सजा हुआ टेबुल और बना हुआ “केक” उसे प्रसन्न करता है। अपने अवकाश के समय को वह बाहुल्य प्रदान करने में लगाती है। वह हँसी-मजाक, अलंकार, संगीत और नुमाइशी चीजों से स्नेह रखती है। वह आस-पास की सभी वस्तुओं को ग्रहण करने के लिए प्रस्तुत रहती है। सड़क के दृश्य, आकाश की छवि, निमन्त्रण-पत्र और एक सुनहली शाम उसके सम्मुख सौन्दर्य के नए क्षितिज खोलते हैं। पुरुष इन आंनन्दों में भाग नहीं लेता। इसीलिए घर में उसके प्रवेश के साथ किलकिलाते शब्द शान्त पड़ जाते हैं। स्त्री मनहूसियत ओढ़ लेती है, क्योंकि पुरुष ऐसा ही चाहता है।

अपने एकाकीपन के माध्यम से ही स्त्री अपने जीवन को अच्छी तरह समझ लेती है। अतीत, समय और मृत्यु का स्त्री को पुरुष की अपेक्षा अधिक अनुभव

होता है। वह अपने हृदय की उमंगों और तन तथा मन की चाहों को जानती है। वह जानती है कि इस पृथ्वी पर स्थित सबकुछ उसका अपना है। किसी कार्य और महत्त्वाकांक्षा में रत जीवन के यथार्थ को पुरुष उतना नहीं समझता, जितना एक शान्त स्त्री। उसके पास अवकाश के क्षण होते हैं। वह अपनी भावनाओं के वश में होती है। वह अपने अनुभवों का अध्ययन करती और उनका अर्थ व्यक्त करती है। जब उसकी कल्पना स्वप्न-लोक में विचरण नहीं करती तब वह जगत के प्रति सहानुभूतिपूर्ण बन जाती है। वह दूसरों को भी समझने की चेष्टा करती है और उनमें तथा अपने बीच एकीकरण स्थापित करती है। इसी प्रकार का एकीकरण वह अपने पति एवं प्रेमी के साथ भी करती है। वह पुरुष की भी योजनाओं को बनाती है। वह अपनी योजनाओं को इस रूप में रखती है कि पुरुष उनका अनुकरण नहीं कर सकता। वह समस्त विश्व की ओर ध्यान देती है। इसके लिए विश्व एक पहेली है। प्रत्येक वस्तु और प्रत्येक व्यक्ति उसका सहयोगी हो सकता है। अतः वह सभी से प्रश्न करती है। वृद्धा हो जाने पर उसकी निराशा व्यंग्य एवं कटुता का रूप ग्रहण कर लेती है। अब वह पुरुष की रहस्यात्मक बातों में नहीं आती क्योंकि उसने देख लिया है कि पुरुष द्वारा निर्मित ढाँचा कितना अर्थहीन है। पुरुष पर आश्रित होने के कारण वह उससे पृथक् नहीं होती किन्तु अक्सर "थोपा" गया आत्म-बलिदान उसे उदार बना देता है। वह पति, सन्तान और प्रेमी के सम्मुख स्वयं को भूल जाती है। अब वह अपने बारे में नहीं सोचती। वह एक पवित्र वरदान और एक पवित्र उपहार होती है। चूँकि पुरुष के समाज के अनुकूल वह अपने को ठीक से नहीं ढाल सकती, इसलिए उसे मौके के अनुकूल व्यवहार करना पड़ता है। वह बने-बनाए आकार नहीं स्वीकार करती। उनके बारे में उसको भ्रम रहता है। वह पति की तरह आश्वस्त नहीं रहती।

पुरुष के बहकावे में न आने पर ही स्त्री को कुछ सुविधाएँ प्राप्त हो सकती हैं। उच्च वर्गों की स्त्रियाँ अपने स्वामियों की सहायक होती हैं क्योंकि प्राप्त सुविधाओं का वे पूरा लाभ उठाती हैं। ऐसा देखा गया है कि उच्च मध्यम वर्ग और उच्च वर्ग की महिलाओं ने अपने वर्ग के स्वार्थों की रक्षा पतियों से अधिक की है और इसके लिए कभी-कभी उन्होंने अपनी स्वतन्त्रता भी बलि कर दी है। वे अपने सभी भावों, विचारों को वे आदर्श मान बैठती हैं। उनके हृदय और मुखमण्डल की सारी सच्चाई नष्टप्राय हो जाती है। कार्य में रत गृहिणी अपने कामों के जरिए कुछ स्वतन्त्रता हासिल कर लेती है। उसे कुछ लाभकारी अनुभव भी प्राप्त होते हैं–किन्तु जिस स्त्री के काम नौकरों द्वारा होते हैं, वह यथार्थ से दूर रहती है। वह स्वप्न और शून्यता में रमती रहती है। वह जिन विचारों को मानती

है, उनका अर्थ स्वयं नहीं जानती। उसके शब्द अर्थहीन बन जाते हैं। पूँजी लगाने वाला उद्योगपति और कभी-कभी सैनिक नेता भी कार्य की कठिनाई जानते हुए भी खतरा मोल लेकर अनुचित ढंग से सुविधाएँ प्राप्त करते हैं किन्तु इनकी उन्हें व्यक्तिगत कीमत भी चुकानी पड़ती है। उनकी पत्नियों को कुछ देना नहीं पड़ता। वे जो कुछ भी प्राप्त करती हैं, उसके बदले कुछ देती नहीं, इसलिए अन्ध-विश्वासों के साथ वे अनुचित अधिकारों पर भी विश्वास करती हैं। अज्ञानता, क्षमताहीनता और मिथ्याभिमान उन्हें एक निरर्थक अस्तित्व बना डालते हैं।

साधारणतः प्रत्येक स्त्री के लिए एक ही सिद्धान्त उसी तरह लागू नहीं होता, जिस तरह "चिर" मानव की चर्चा करना असंगत है। स्त्री भिन्न-भिन्न अवस्थाओं में रहती है। यह कहना कि स्त्री पुरुष से उत्तम, हीन या बराबर है, ठीक नहीं। यदि हम व्यक्तियों की नहीं बल्कि स्थितियों की तुलना करें तो देखेंगे कि पुरुष की स्थिति स्त्री की स्थिति से कहीं अधिक अच्छी है। उसे अनेक अवसर प्राप्त हैं। वह अपनी स्वतन्त्रता का स्त्री से अधिक प्रयोग कर सकता है। इसीलिए पुरुष के कार्य स्त्री के कार्यों से श्रेष्ठ होते हैं। स्त्री के लिए तो अनेक निषेध भी होते हैं। स्त्री और पुरुष अपनी सीमाओं के भीतर अपनी स्वतन्त्रता का जिस प्रकार प्रयोग करते हैं, उसकी तुलना व्यर्थ है। संक्षेप में कहा जा सकता है कि दोनों ही अपनी स्वतन्त्रता का स्वतन्त्र रूप से प्रयोग करते हैं। स्त्री और पुरुष आन्तरिक स्वतन्त्रता के बावजूद, दोनों में ही गलत विश्वासों की भावनाएँ मिलती हैं। स्त्री केवल विद्रोह करके अपनी स्वतन्त्रता प्रदर्शित कर सकती है। किसी प्रकार का सृजनात्मक कार्य नहीं कर सकने वालों के लिए यही एक खुला मार्ग होता है। उन्हें अपनी स्थिति की सीमाओं को तोड़कर भविष्य का मार्ग खोलना चाहिए।

मुक्ति की चेष्टा सामूहिक होनी चाहिए। इसके लिए सबसे पहले स्त्री की आर्थिक स्थिति का विकास आवश्यक है। अनेक ऐसी स्त्रियाँ हुई हैं और अब भी हैं, जो अपना उद्धार अपने ही प्रयत्नों से करती हैं। वे इस विश्व में अपना अस्तित्व सिद्ध करने की चेष्टा करती हैं या यह कहा जाए कि वे विश्वव्यापी स्थिति में सर्वोपरि उठना चाहती हैं। स्त्री की अन्तिम चेष्टा बन्दीगृह को स्वर्ग की गरिमा में बदलने की है। अब वह अपनी दासता को उच्च स्वतन्त्रता में परिणत करना चाहती है। यह स्थिति कभी हास्यास्पद बन जाती है, कभी विषादपूर्ण। आत्ममुग्धा स्त्री हो या प्रेम में रत स्त्री या रहस्यवादी स्त्री, सबकी स्थिति एक-सी है।

प्रतिष्ठा के महत्त्व के बारे में यौनिक अवधारणाओं से नैतिकता का महत्त्व हनन

मेरी वोल्सटन क्राफ्ट

यह सोच बहुत पहले से ही मेरे मन में थी कि व्यवहार-संबंधी व प्रतिष्ठा को संरक्षित करने की उन समस्त नानाविध रीतियों से संदर्भित परामर्श, जिन्हें अत्यंत कठोरता से स्त्रियों के मन-संसार में पैठा दिया गया है, मीठे जहर थे, जो नैतिकता को सख्त आवरण से ढंककर सारतत्व को ही नष्ट कर देते हैं। और यह कि परछाइयों का मापन एक भ्रांत आकलन को जन्म देता है क्योंकि उनकी लंबाई सूर्य की ऊंचाई तथा अन्य आनुषंगिक परिस्थितियों पर निर्भर करती है।

एक राजदरबारी का सहजतापूर्ण भ्रांतिजनक व्यवहार कहां से उत्पन्न होता है? निस्संदेह, उसकी स्थिति से, क्योंकि पराश्रय की आवश्यकता होने के कारण, वह बिना अप्रसन्न किए इनकार करने और गिरगिट सदृश बहुरूपिये के ढंग से कपटपूर्वक आशा पालने की कला सीखने को बाध्य होता है और इस प्रकार अतिशिष्टता सत्य के साथ क्रीड़ा करती है तथा मनुष्य के लिए नैसर्गिक सत्यनिष्ठा और मानवता का सर्वनाश करते हुए, अतिपरिष्कृत भद्रजन उत्पन्न करती है।

स्त्रियां इसी प्रकार, एक कल्पित आवश्यकता से, व्यवहार की वैसी ही कृत्रिम शैली अर्जित कर लेती हैं। फिर भी सत्य के साथ ऐसी कपट क्रीड़ा अदंडित तरह जाने के लिए नहीं होती, क्योंकि सधा हुआ पाखंडी अंततः अपने ही कौशल से छला जाता है, वह दूरदर्शिता खो देता है जिसे उचित ही सामान्यबोध कहा गया है। यथा, उन सामान्य सच्चाइयों का एक तत्क्षण बोध, जिसे अनुभवहीन मस्तिष्क द्वारा सतत ग्रहण किया जाता है, यद्यपि इसके पास उन्हें स्वयं ही उद्‌बोधित करने की, जब वे स्थानिक पूर्वग्रहों से दुरूह बन गई हो, यथेष्ट ऊर्जा भले ही न हो। अधिकांश लोग अपने मस्तिष्क के प्रयोग के कष्ट से बचने के लिए सहज विश्वास पर ही अपनी राय बनाते हैं। और ये अकर्मण्य प्राणी स्वाभाविक रूप से किसी

दैवीय अथवा मानवीय विधान की भावना को नहीं बल्कि उसके शब्दों को पकड़ते हैं। किसी लेखक ने, जिसका नाम मुझे स्मरण नहीं है, कहा है : स्त्रियां स्वर्ग भी देखने की चिंता नहीं करतीं, वे भला क्यों करें? यह पुरुष की दृष्टि है, जिससे भयभीत होने की शिक्षा उन्होंने पाई है—और यदि वे अपने आरगस (यूनानी शताक्ष देवता—अनु.) को आने के लिए बहका सकें तो बिरले ही वे स्वर्ग अथवा स्वयं अपने बारे में चिंता करती हैं क्योंकि उनकी प्रतिष्ठा सुरक्षित रहती है और वे शील तथा इससे जुड़ी अन्य चीजों को नहीं बल्कि प्रतिष्ठा को निष्कलंक रखने में लगी रहती हैं, पर प्रतिष्ठा की फिक्र उन्हें सद्गुण के रूप में नहीं बल्कि दुनिया में अपना स्थान सुरक्षित रखने के लिए होती है।

इस टिप्पणी की सत्यता प्रमाणित करने के लिए मुझे विवाहित स्त्रियों, विशेषकर अभिजात वर्ग की, और ऐसे देशों में जहां स्त्रियां अपने सापेक्षिक पद-प्रतिष्ठा के अनुरूप, अपने माता-पिता द्वारा उपयुक्त रूप से परिणय-सूत्र में बांध दी जाती हैं, के गुप्त प्रेम-संबंधों की ओर ध्यान मात्र दिलाने की आवश्यकता होगी। यदि एक अबोध बाला प्रेम के जाल में फंसती है तो वह सदा के लिए प्रतिष्ठावान हो जाती है, यद्यपि उसका मस्तिष्क उस कपट से दूषित नहीं हुआ रहता है, जिसका प्रयोग विवाहित स्त्रियां परिणय के सुविधाजनक आवरण में करती हैं और न ही उसने किसी कर्तव्य का उल्लंघन किया होता है—सिवाय स्वयं को सम्मान देने के कर्तव्य के। इसके विपरीत विवाहित स्त्री, सबसे पवित्र बंधन तोड़ देती है और जब वह एक झूठी व निष्ठाहीन पत्नी बनती है तो एक हृदयहीन माता भी बन जाती है। यदि उसका पति अभी तक उससे स्नेह रखता है तो उसका वह कला-कौशल जिसका प्रयोग वह छलने के लिए करती है उसे अत्यंत घृणित बना देगा और किसी भी मूल्य पर मर्यादा बनाए रखने के लिए अनिवार्य युक्तियां उसके मस्तिष्क को ऐसे बचकाने अथवा दुष्टतापूर्ण उत्पात में व्यस्त रखेगी जो उसकी समस्त ऊर्जा का नाश कर देती है। इसके अतिरिक्त कालांतर में, उन व्यक्तियों की भांति जो अपने उत्साह को बनाए रखने के लिए आदतन शक्तिवर्द्धक पेय लेते हैं उसे भी ऐसे आनंद में समस्त स्वाद खोकर, जिसे भय अथवा आशा से अत्यधिक छौंका-बघारा न गया हो, अपनी विचार-क्षमता को जीवनशक्ति प्रदान करने के लिए एक गुप्त प्रेम की आवश्यकता पड़ती है। कभी-कभी विवाहित स्त्रियां और भी अधिक निर्लज्ज ढंग से आचरण करती हैं। मैं एक उदाहरण का उल्लेख करूंगी।

एक गुणवती स्त्री, जो अपने परकीय प्रेम के लिए कुख्यात थी, हालांकि अपने पति के साथ रहने के कारण कोई भी उसे उस कोटि में नहीं रखता था जो उसके

लिए उचित थी—एक असहाय, भीरु, अपनी पूर्व दुर्बलता के कारण लज्जित युवती से अत्यंत अवमाननापूर्ण तिरस्कार के साथ पेश आती थी। इस युवती को पड़ोस के एक सज्जन ने फुसलाया था और बाद में उससे विवाह कर लिया था। यह स्त्री प्रतिष्ठा के आगे सद्गुण को कुछ नहीं समझती और शायद विवाहपूर्व अपने व्यवहार की मर्यादा के आधार पर खुद को श्रेष्ठ समझती थी, यद्यपि अपने परिवार की इच्छानुसार, एक बार अपना घर बसाने के पश्चात् वह और उसका पति एक-दूसरे के प्रति समान रूप से निष्ठाहीन थे—यहां तक कि उस विशाल जागीर का अधमरा-सा उत्तराधिकारी कहां से अवतरित हुआ, ईश्वर ही जानता होगा!

इस विषय को दूसरे दृष्टिकोण से देखा जाए :

मैं ऐसी अनेक स्त्रियों को जानती हूं जो यदि अपने पति से प्रेम नहीं करतीं तो किसी अन्य से अनुराग नहीं रखतीं, प्रत्येक पारिवारिक कर्तव्य से मुंह मोड़ते हुए, स्वयं को पूर्णतः आडंबर और दुर्व्यसन के हवाले कर देती हैं। यही नहीं, उस समस्त धन को भी उड़ा देती हैं जिसे अपनी असहाय छोटी संतानों के लिए बचाकर रखना अभीष्ट था। इसके बावजूद, अपनी बेदाग ख्याति के लिए स्वयं पर अभिमान करती हैं, मानो पत्नी और माता के रूप में उनके कर्तव्य का समग्र विस्तार उसे संरक्षित रखने में ही हो। कई अन्य अकर्मण्य स्त्रियां प्रत्येक व्यक्तिगत कर्तव्य की उपेक्षा करते हुए, यह समझती हैं कि वे अपने पति के प्रेम की मात्र इसीलिए अधिकारी हैं, क्योंकि इसे उन्होंने औचित्यपूर्ण ढंग से निवेदन किया है।

दुर्बल मस्तिष्क कर्तव्य की औपचारिकताओं का आश्रय लेना सदैव पसंद करते हैं, परंतु नैतिकता कहीं अधिक सरल उद्देश्य प्रस्तुत करती है, और यह बेहतर होता कि पल्लवग्राही नैतिकतावादियों ने व्यवहार व सांसारिक प्रथाओं के अनुपालन के संदर्भ में कम ही कहा होता, क्योंकि जब तक किसी प्रकार का सद्गुण ज्ञान पर टिका नहीं होगा, यह मात्र एक तरह का रुचिहीन शिष्टाचार ही उत्पन्न करेगा। समाज की धारणाओं के प्रति सम्मान, अत्यंत स्पष्ट शब्दों में, निस्संदेह, स्त्री का प्रमुख कर्तव्य बताया गया है, जैसा कि रूसो घोषित करता है कि 'प्रतिष्ठा शील से कम अपरिहार्य नहीं होती।' वह आगे कहता है, 'एक पुरुष स्वयं अपने आचरण से सुरक्षित, मात्र अपने पर निर्भर होता है और जनमत का साहसपूर्वक सामना कर सकता है, परंतु एक स्त्री, शिष्ट व्यवहार करने में, मात्र अधूरे कर्तव्यों की पूर्ति कर पाती है, उसके विषय में क्या धारणा बनती है, यह उसके लिए उतना ही महत्त्वपूर्ण है, जितना वह वास्तव में है, अतः इससे यह निष्कर्ष निकलता है कि स्त्री-शिक्षा की प्रणाली पुरुष-शिक्षा से स्पष्टतः भिन्न होनी चाहिए। पुरुषों के लिए अभिमत सद्गुण की समाधि होती है परंतु स्त्रियों में यह

राजसिंहासन होता है।' यह निष्पत्ति नितांत तर्कसम्मत है कि वह सद्गुण जो अभिमत पर आधारित होता है, मात्र सांसारिक होता है और यह सद्गुण उस प्राणी का होता है जिसे समझदारी से वंचित कर दिया गया हो। परंतु संसार के मत के प्रति सम्मान रखते हुए भी मुझे विश्वास है कि इस तरह के तर्क देने वाले गलती पर हैं।

प्रतिष्ठा के प्रति यह श्रद्धाभाव, सद्गुण के नैसर्गिक पुरस्कारों में से एक होने से स्वतंत्र, बहरहाल एक ऐसे कारण से जन्म लेता है जिसकी मैंने स्त्री-भ्रष्टता के मुख्य स्रोत के रूप में पहले ही निंदा की है, यानी सद्गुण की ओर वापसी द्वारा. मान-सम्मान अर्जित करने की असंभव्यता पुरुष पापाचार में लिप्तता के बीच भी इसे बचाए रख सकते हैं, तब स्त्रियों के लिए यह स्वाभाविक है कि उस चीज को बचाए रखने का प्रयास करें जो एक बार खोने के बाद वापस नहीं मिली कि वे इसके लिए इस हद तक चितिंत रहें कि यह चिंता अन्य प्रत्येक चिंता को निगल न ले। शील के लिए ख्याति, एक ऐसी चीज बन गई जो इस लिंग के लिए अनिवार्य है। परंतु अज्ञान की यह सावधानी व्यर्थ है क्योंकि न धर्म और न ही सदाचार, जब उनका हृदय में वास होता है, मात्र कर्तव्य-अनुष्ठानों के प्रति ऐसे बचकाने ध्यान की मांग करते हैं, स्पष्टतः जब उद्देश्य पवित्र होता है तो व्यवहार को भी, समग्र रूप में, उचित होना चाहिए।

मैं अपने मत के समर्थन में अत्यंत प्रतिष्ठित व्यक्तियों के विचार प्रस्तुत कर सकती हूं और एक प्रबुद्ध विचारक के तर्क में, सोच-विचार के लिए बाध्य करने का दम तो होना ही चाहिए, भले ही वह कायल न कर सके। नैतिकता के सामान्य नियमों की चर्चा करते समय डॉ. स्मिथ का यह प्रेक्षण है कि 'किन्हीं अत्यंत असामान्य और दुर्भाग्यपूर्ण परिस्थितियों में एक सज्जन व्यक्ति पर एक ऐसे अपराध का संदेह हो जाता है जिसके लिए वह नितांत अक्षम था और इसकी वजह से अपने शेष जीवन में मानव समाज की वितृष्णा और भय के समक्ष अत्यंत अन्यायपूर्ण ढंग से अरक्षित फेंक दिया जाता है तो इस प्रकार की दुर्घटना से उसकी सत्यनिष्ठा और न्यायपरायणता के बावजूद उसके सर्वस्व खो देने की बात कही जा सकती है, ठीक उसी प्रकार जैसे एक सतर्क व्यक्ति अपनी सर्वाधिक सावधानी के बावजूद भूकंप अथवा बाढ़ से बर्बाद हो सकता है। पहले कोटि की दुर्घटनाएं, दूसरी की तुलना में, बहरहाल अत्यंत दुर्लभ हैं और सामान्य ढंग से गतिशील कार्य-व्यापार के अत्यंत प्रतिकूल हैं तथा यह अब भी उतना ही सत्य है कि न्याय, सत्य और मानवता की साधना करना, वह अर्जित करने का एक ऐसा निश्चित और लगभग अचूक साधन है जो उन सद्गुणों का साध्य होते

हैं यानी उनका प्रेम और विश्वास जिनके साथ हम रहते हैं। एक व्यक्ति को उसकी विशेष गतिविधि के संदर्भ में गलत समझा जा सकता है परंतु उसके आचरण की सामान्य दिशा के संबंध में कदाचित् ही उसके साथ यह संभव हो। एक निर्दोष व्यक्ति के गलत कार्य करने का विश्वास किया जा सकता है, पर यह निस्संदेह बिरले ही होगा। इसके विपरीत उसके आचरण की निष्कपटता के संबंध में स्थापित धारणा हमें बहुधा अत्यंत प्रबल प्रमाण के बावजूद तब भी उसे निरपराध ठहराने की दिशा में ले जाएगा जबकि वह वास्तव में दोषी होता है।

इस लेखक की धारणा से मेरी पूर्ण संगति है क्योंकि मैं वस्तुतः यह विश्वास करती हूं कि स्त्रियों अथवा पुरुषों में कुछ ही ऐसे लोग थे जो किसी पापाचार के लिए, घृणा के पात्र हुए बिना कभी घृणा का भाजन बने हों। मैं अल्पकालिक कलंक की बात नहीं कह रही हूं, जो चरित्र पर उसी प्रकार तभी तक छाया रहता है, जैसे इस महानगर पर प्रायः शरद् काल के घने कोहरे की धुंध, जब तक कि दिन के तेज प्रकाश के समक्ष यह क्रमशः छंट नहीं जाती। मैं मात्र केवल यह निश्चयपूर्वक कह सकती हूं कि अधिकांश लोगों के नित्यप्रति का आचरण उनके चरित्र को सच्चाई की मोहर के साथ प्रमाणित करने में सफल रहता है। निःशब्द भाव से दिन-प्रतिदिन देदीप्यमान होता, वह पारदर्शक प्रकाश उस अबोध आशंका अथवा विद्वेषपूर्ण कथा को, जिसने एक पवित्र चरित्र पर कीचड़ उछाला है, खंडित करता है। एक भ्रामक आलोक, अल्पकाल के लिए ही उसके प्रतिबिंब को विरूपित करता है, परंतु जब वह धुंधलापन जिसने दृष्टि का भ्रम पैदा किया था, छिन्न-भिन्न हो जाता है तो यह बिरले ही यथोचित रूप पाने में असफल रहता है।

विभिन्न प्रसंगों में, अनेक व्यक्ति असंदिग्ध रूप से, उसकी अपेक्षा अधिक प्रतिष्ठा अर्जित कर लेते हैं जितने के उचित रूप में वे पात्र होते हैं। हर दौड़ में अथक प्रयास अधिकांशतः अपना लक्ष्य पा लेता है। वे लोग जो इस तुच्छ पारितोषिक के लिए प्रतिस्पर्धा करते हैं, उन फारसियों के समान जो जनसमुदाय द्वारा देखे जाने के लिए गली के नुक्कड़ों पर प्रार्थना करते थे, वस्तुतः वह पुरस्कार अर्जित कर लेते हैं जिसे वे पाना चाहते हैं क्योंकि एक मनुष्य का अंतर्मन एक मनुष्य के लिए अगम्य होता है। इसके बावजूद वह उज्ज्वल कीर्ति, जो उस समय सहज ही उत्तम व्यवहार से प्रतिबिंबित होती है, जब मनुष्य का ध्यान, दर्शकों के ध्यान की चिंता किए बिना सिर्फ सही दिशा में कदम उठाने में लगता है, न केवल अधिक सच्ची, बल्कि अधिक सुनिश्चित होती है।

यह सत्य है कि कभी ऐसी विपत्ति पड़ती है जब कि मनुष्य के अन्याय से पीड़ित एक सज्जन व्यक्ति को ईश्वर के दरबार में गुहार लगानी होती है और शिकायत-भरी निष्कपटता अथवा ईर्ष्या की फुफकारों के मध्य स्वयं अपने ही मन में, जब तक अफवाह गुजर न जाए, शरण पाने के लिए एक मंडप खड़ा करता है, इतना ही नहीं, अनर्जित निंदा के भाले एक निश्छल सुकुमार हृदय को अनेक दुखों से बेध डालते हैं, परंतु सामान्य नियमों के ये सभी अपवाद हैं। और यह सामान्य नियम ही होते हैं जिनके अनुरूप मानवीय व्यवहार को संचालित होना चाहिए। पुच्छल तारे का अनियमित परिक्रमा पथ सौरमंडल के प्रमुख पिंडों की गति के निर्धारित अपरिवर्तनीय क्रम संबंधी खगोलीय आकलन को कदापि प्रभावित नहीं करता।

तब मैं यह कहने का साहस करूंगी कि एक मनुष्य के परिपक्वता ग्रहण करने के उपरांत समाज में उसके चरित्र की सामान्य रूपरेखा, नियम के उपरोल्लिखित अपवादों की स्वीकार्यता के साथ, यथोचित रहती है। मैं यह नहीं कहती कि मात्र नकारात्मक गुणों व क्षमताओं से संपन्न, एक दुनियादार और व्यवहारकुशल व्यक्ति एक अधिक बुद्धिमान और भले मनुष्य की तुलना में अधिक सुगमता से ख्याति अर्जित नहीं कर लेगा, बल्कि इससे कहीं भिन्न, मैं अनुभव से यह निष्कर्ष निकालने के लिए तत्पर हूं कि जहां दो व्यक्तियों के सद्‌गुण प्रायः समान हों तो समाज में व्यापक रूप से सर्वाधिक नकारात्मक चरित्र को पसंद किया जाएगा, जबकि दूसरे के पास अपने निजी जीवन में अपेक्षाकृत अधिक मित्र होंगे। परंतु महान व्यक्तियों के सद्‌गुणों का सुप्रकट उतार-चढ़ाव, धूप-छाया, एक-दूसरे के प्रति संतुलित कर देते हैं, और यद्यपि वे ईर्ष्यालु दुर्बलता पर लक्ष्य साधने का अधिक निष्पक्ष प्रमाण देने में समर्थ होते हैं, वास्तविक चरित्र तब भी नीरस प्रेम अथवा विदग्ध दुर्भावना द्वारा लांछित होने के बावजूद, अपने को प्रकट करने का मार्ग ढूंढ़ लेगा।

कठिनता से अर्जित प्रतिष्ठा को संरक्षित रखने की उत्कंठा के संदर्भ में, जो दूरदर्शी व्यक्तियों को इसका विश्लेषण करने के लिए प्रवृत्त करता है, मैं कोई प्रकट टिप्पणी नहीं करना चाहूंगी, परंतु मुझे यह भय है कि स्त्रियों के संसार में, सारतत्व के स्थान पर प्रदर्शन के प्रति ध्यानोन्मुखता द्वारा, नैतिकता का अत्यंत कपटपूर्ण ढंग से महत्त्वहनन किया गया है। एक सरल-सी बात को अनोखे ढंग से जटिल बना दिया जाता है। यही नहीं बल्कि कभी-कभी सद्‌गुण और उसकी परछाईं के बीच विसंगति खड़ी कर दी जाती है। हम लोगों ने ल्यूक्रेशिया के विषय में, संभवतः कभी नहीं सुना होता, यदि उसने अपनी प्रतिष्ठा के बजाय अपना शील

सुरक्षित रखने के लिए प्राण उत्सर्ग किया होता। ऐसा इसलिए कि प्रत्येक दर्शक की, अपने देश-काल के पूर्वग्रहों के अतिरिक्त अपनी स्वयं की पूर्वधारणाएं हो सकती हैं, बल्कि हमें स्वयं को उसी दृष्टि से देखने का प्रयास करना चाहिए जिस दृष्टि से हम समझते हैं, वह परमसत्ता हमें देख रही होगी, जो हर विचार को कर्म में फलित होते देखती है और जिसका निर्णय न्याय के शाश्वत नियम से कभी विचलित नहीं होता। उसके समस्त निर्णय न्याय होते हैं और उतने की अनुकंपापूर्ण भी।

वह विनम्र मस्तिष्क, जो उसकी अनुग्रह दृष्टि पाने का आग्रही होता है, और शांत भाव से अपने आचरण का निरीक्षण-परीक्षण करता है, जबकि मात्र उसकी उपस्थिति की अनुभूति ही होती है, स्वयं अपने सद्‌गुणों के विषय में कदाचित ही भ्रामक धारणा बनाएगा। आत्मसंयम की निःशब्द घड़ी में अपमानित न्याय की क्रुद्ध भृकुटि से बचने का भयपूर्वक अनुरोध किया जाएगा, अन्यथा, वह बंधन जो मनुष्य को ईश्वर के समीप करता है, श्रद्धापूर्ण आराधना की ऐसी विशुद्ध भावना में ही पहचान पा सकेगा जो किसी प्रकार की मंथनकारी भावनाओं को जाग्रत किए बिना हृदय को स्फीत कर देती है। इन्हीं गंभीर क्षणों में मनुष्य उन दुष्प्रवृत्तियों के विषाणु को खोज लेता है जो जावा वृक्ष के समान परिवेश में एक घातक वाष्प विस्तीर्ण कर रहा होता है—मृत्यु आसन्न होती है! और तब वह उन्हें घृणा अनुभव किए बिना देखता है क्योंकि वह अपने सभी बंधुओं से प्रेम की डोर द्वारा जुड़ा होने का अनुभव करता है। उनकी गलतियों के लिए वह प्रत्येक कमी को उनकी प्रकृति में—स्वयं अपने में ढूंढ़ने के लिए उत्सुक रहता है। वह इस प्रकार तर्क करता है : यदि मैं, जो अपनी बुद्धि का प्रयोग करता हूं और कष्ट द्वारा तपकर शुद्ध हुआ हूं, अपने हृदय की परतों में बुराई के बीज पाता हूं और उसे मुश्किल से नष्ट कर पाता हूं तो क्या उन पर मैं करुणा न करूं, जिन्होंने इसे अपेक्षतया कम उत्साह के साथ कुचला है अथवा जिन्होंने उस घातक सर्प को असावधानीवश तब तक पाला-पोसा है जब तक वह उस जीवनधारा को ही, जिससे वह रसपान कर रहा था, विषैला नहीं बना देता है? क्या मैं, जो अपने गुप्त पापों के प्रति चैतन्य हूं, अपने बंधुओं से पीछा छुड़ा सकता हूं और शांत भाव से उन्हें नरक के उस गहरे कुंड में पतित होते देख सकता हूं जो उन्हें निगलने के लिए मुंहबाये रहता है? नहीं! नहीं! घोर यंत्रणा से तड़पता हृदय घुटनभरी विकलता के साथ चीत्कार करता है—मैं भी एक मनुष्य हूं और मानव दृष्टि से, संभवतः ओझल उन दुष्प्रवृत्तियों से युक्त हूं, जो मुझे ईश्वर के समक्ष धरती पर साष्टांग नत कर देती है, और जब सब कुछ मौन रहता है मुझे उच्च स्वर में यह बताती हैं कि हम एक

ही मिट्टी से बने हैं तथा समान प्राकृतिक वातावरण में सांस लेते हैं। मानवता इस प्रकार, सहज ही विनय से उद्भूत होती है और प्रेम की वह डोर बुनती है जो अनेक कुंडलों में हृदय को लपेट लेती है।

वे मार्गदर्शक सिद्धांत जो मेरी समस्त गवेषणाओं में व्याप्त हैं, इस विषय के विस्तार को अनावश्यक बना देते, यदि चरित्र की चमक-दमक को ताजा और अच्छी स्थिति में बनाए रखने पर अनवरत ध्यान, स्त्री कर्तव्य के सकल योग के रूप में बारंबार मन में बैठाया जाता, यदि व्यवहार को नियंत्रित करने व प्रतिष्ठा को संरक्षित रखने के नियम प्रायः नैतिक आग्रहों का स्थान ग्रहण नहीं कर लेते। परंतु प्रतिष्ठा के संदर्भ में ध्यान को एकमात्र सद्गुण, शील पर केंद्रित कर दिया जाता है। यदि एक स्त्री की मर्यादा, जैसा कि इसे बेतुके ढंग से कहा जाता है, सुरक्षित रहती है तो वह प्रत्येक सामाजिक कर्तव्य के उपेक्षा कर सकती है, यही नहीं, अपने परिवार को जुए व अपव्यय से बर्बाद कर सकती है और इसके बावजूद वह निर्लज्ज रहती है, क्योंकि वस्तुतः वह एक सम्माननीय स्त्री होती है!

श्रीमती मैकाले का यह प्रेक्षण उचित ही है कि 'बस, एक ऐसी गलती है जिसे करने के बाद मर्यादापूर्ण सम्मानित स्त्री अदंडित नहीं रह सकती।' तत्पश्चात् वह उचित रूप से और मानवीय भाव के साथ आगे कहती हैं, 'इस चीज ने मूर्खतापूर्ण और घिसी-पिटी बातों को जन्म दिया है कि स्त्रियों में शुचिता के विरुद्ध प्रथम चूक चरित्र को भ्रष्ट करने की शक्ति रखती है। परंतु प्रकृति ऐसा कोई भी सुकुमार जीव उत्पन्न नहीं करती। मानव-मन इतने उदात्त तत्वों से निर्मित होता है कि इतनी आसानी से दूषित नहीं किया जा सकता तथा अपनी शिक्षा और स्थिति की समस्त असुविधाओं के साथ, स्त्रियां बिरले ही संपूर्णतः दुष्चरित्र बनती हैं, जब तक अपनी ही जाति के विषाक्तपूर्ण विद्वेष द्वारा वे नैराश्यपूर्ण अवस्था में फेंक नहीं दी जातीं।'

परंतु, सापेक्षिक रूप से, शुचिता की प्रतिष्ठा के प्रति यह आदर जहां स्त्रियों द्वारा पुरस्कृत होता है, पुरुषों द्वारा इसे तिरस्कृत किया जाता है : और ये दो छोर नैतिकता के लिए समान रूप से विध्वंसकारी होते हैं।

पुरुष निश्चित रूप में स्त्रियों की तुलना में अपनी तृष्णा के प्रभाव में अधिक होते हैं और उनकी क्षुधा बेलगाम अतिभोग व परितृप्ति की सुकुमार युक्तियों द्वारा और अधिक विकारग्रस्त हो जाती है। भोग-सुख ने आहार-आचार में ऐसी कृत्रिमता, जो काया को चौपट कर देती है और एक सीमा तक एक अतिभोजिता, उत्पन्न की है, जो इतनी घृणित है कि इससे पूर्व कि एक व्यक्ति दूसरे की उपस्थिति में अमर्यादित ढंग से भोजन ग्रहण करे और उसके उपरांत उस भारीपन

की शिकायत करे जिसे उसका असंयम स्वाभाविक रूप से पैदा करता है, व्यवहार के औचित्य का बोध ही समाप्त हो जाना चाहिए। किंचित् स्त्रियां, विशेषकर फ्रांसीसी महिलाएं, इस प्रसंग में शिष्टता के समस्त भाव तज देती हैं, वे अत्यंत निश्चिंततापूर्वक बदहजमी के विषय में चर्चा करती हैं। यदि आलस्य को समृद्धि की अति उर्वर मिट्टी में, ऊष्ण-ऋतु के उन कीट-झुंडों को, जो सड़ांध में पलते-बढ़ते हैं, उत्पन्न करने की अनुमति दी जाती है तो हमें ऐसी घृणित अतिशयता के दृश्य से विरक्ति नहीं होनी चाहिए।

व्यवहार-सापेक्षिक एक ही नियम है जिसे, मैं समझती हूं, प्रत्येक दूसरे को नियंत्रित करना चाहिए। और यह मात्र मानव समाज के प्रति एक ऐसा सहज सम्मान संजोए रखना है जो हमें एक सहचर से वर्तमानकालिक विषयसुख के लिए घृणा करने से विरत करे। अनेक विवाहित स्त्रियों, और वे अन्य जो जीवन में किंचित उन्नत होती हैं, की निर्लज्ज अकर्मण्यता उन्हें प्रायः सौजन्यता के विरुद्ध पापाचरण के लिए प्रवृत्त करती है। यह विश्वास करने के उपरांत भी कि शरीर स्त्री-पुरुष के सम्मिलन का सूत्र होता है, कितनी बार निरी अकर्मण्यता के कारण अथवा किंचित तुच्छ विषयसुख का आस्वादन करने के चलते, वे विरक्ति उत्पन्न करती हैं।

कामतृष्णा की उस विकारग्रस्तता, जो स्त्री-पुरुष को निकट लाती है, का और भी घातक प्रभाव पड़ता है। प्रकृति को सदा रुचिसंपन्नता का प्रतिमान, तृष्णा का मानक होना चाहिए, तथापि कितनी अश्लीलतापूर्वक प्रकृति विषयभोगी द्वारा अपमानित की जाती है। प्रेम की परिष्कृति का प्रश्न अनछुआ छोड़कर, प्रकृति, इस विषय में और इसके साथ-साथ अन्य प्रसंगों में भी, प्रजातियों के संरक्षण के उद्देश्य से तृष्णा की तृप्ति को एक सहज और अनिवार्य नियम निर्धारित कर, तृष्णा को उदात्त बनाती है और प्रबल ऐंद्रिक आवेग के साथ किंचित् स्नेह और अंतर्भाव को विन्यस्त कर देती है। माता-पिता की भावनाएं एक ऐसी सहजवृत्ति के साथ जो नितांत आदिम होती हैं, गुंथकर उसे गरिमापूर्ण बनाती हैं और संतान की इच्छा से प्रेरित स्त्री और पुरुष के समागम में एक साझी सहानुभूति में परस्पर रुचि और प्रेम जागृत होता है। जब स्त्रियों के समक्ष, अपनी काया को सुशोभित-सुवासित करने की अपेक्षा कतिपय अधिक उदात्त कर्तव्यपालन की अनिवार्यता होने के कारण, वे यदा-कदा पैदा होने वाली तृष्णा की संतुष्ट भाव से दास नहीं बन सकतीं, यथा—अभी स्त्रियों की ऐसी यथेष्ट संख्या है जो अक्षरशः कहें तो सामने रखा वह पकवान है जो प्रत्येक अतिभोजी के लिए सुलभ है।

मुझसे यह कहा जा सकता है कि यह पाप चाहे जितना भी बड़ा हो, यह स्त्री जाति के एक समर्पित भाग को—शेष के परित्राण के लिए समर्पित भाग को—प्रभावित करता है। परंतु प्रत्येक उस कथन को सरलता से मिथ्या सिद्ध किया जा सकता है, जो वृहत्तर भलाई को जन्म देने के लिए लघु बुराई के अनुमोदन का परामर्श देता है। इस अनिष्ट का यहीं अंत नहीं हो जाता क्योंकि स्त्री-जाति के अधिक सच्चरित्र अंश का नैतिक चरित्र और मन की शांति उन्हीं स्त्रियों के आचरण से नष्ट हो जाती है जिन्हें वे पाप से बचकर शरण नहीं लेने देतीं, जिन्हें वे निर्दयतापूर्वक उस कला-कौशल के हवाले कर देती हैं जो उनसे उनके पतियों को सम्मोहित कर छीन लेता है, उनके पुत्रों को बहका लेता है और उन्हें, शालीन स्त्रियों को भी, एक रूप में वही चरित्र ग्रहण करने को बाध्य कर देता है जो स्वयं उनका होता है। मैं यह कहने का साहस करूंगी कि स्त्री दुर्बलता और साथ ही साथ चरित्र-भ्रष्टता, जिस पर मैंने पहले ही व्यापक चर्चा की है, एक ही वृहत्तर कारण से प्रस्फुटित होती है—पुरुषों में शुचित का अभाव।

यह असंयम, जो इतना व्यापक है, तृष्णा को इस अंश तक भ्रष्ट कर देता है कि इसे उत्तेजित करने के लिए उच्छृंखल उद्दीपकों की आवश्यकता पड़ती है, परंतु प्रकृति की पैतृक योजना विस्मृत कर दी जाती है और निरा शरीर ही तथा वह भी पल भर के लिए, विचारों पर अकेले पूर्णाधिपत्य रखता है इसलिए विषयभोगी प्रायः वह लंपट शिकारी हो जाता है जो स्त्री सुलभ कोमलता का और परिष्कार चाहता है। स्त्री में कुछ अधिक कोमलता की तब खोज की जाती है, यहां तक कि इटली और पुर्तगाल में पुरुष, स्त्रैण सुकुमारता से कुछ अधिक की प्रबल लालसा में हिजड़ों के मेलों में शामिल होते हैं।

इस वर्ग के पुरुषों को तृप्त करने के लिए स्त्रियों को योजनाबद्ध ढंग से रतिप्रिय बनाया जाता है और यद्यपि वे पूर्णतः अपनी दुर्वासना को समान ऊंचाई तक नहीं ले जा सकतीं, तथापि यह हृदयहीन रतिसंयोग, जिसकी अनुमति वे स्वयं को देती हैं, दोनों ही को विकारग्रस्त बना देता है क्योंकि पुरुष की रुचि दूषित हो चुकी रहती है और सभी वर्गों की स्त्रियां उस रुचि को तृप्त करने के लिए अपने व्यवहार को सहज ही अनुकूलित कर लेती हैं जिससे उन्हें आनंद और सत्ता-सुख की प्राप्ति होती है। परिणामस्वरूप स्त्रियों का मन और शरीर से, जितना उन्हें होना चाहिए उससे अधिक, दुर्बल होना, उन महान निष्पत्तियों में एक है जो बच्चों को जन्म देने और पालन-पोषण करने के लिए उन्हें जिम्मेदार मानने से फलित होती है। इनके कारण मां का प्राथमिक कर्तव्य-पालन करने योग्य यथेष्ट ऊर्जा उनके पास शेष नहीं रह जाती और रति लंपटता के समक्ष उस पितृ स्नेहभाव

का, जो सहजवृत्ति को उदात्त बनाता है, समर्पण, या तो भ्रूण को गर्भ में ही नष्ट कर देता है अथवा जन्म के पश्चात उसे त्याग देता है। प्रकृति प्रत्येक क्षेत्र में सम्मान की मांग करती है और जो उसे भंग करते हैं, बिरले ही अदंडित रह जाते हैं। वे दुर्बलचित्त शक्तिहीन स्त्रियां जो विशेष रूप से कामी लंपटों का ध्यान आकर्षित करती हैं, माता बनने के अनुपयुक्त होती हैं, भले ही वे गर्भवती हो जाती हों, अतः वह संपन्न देहभोगी जो स्त्रियों के बीच, चरित्रभ्रष्टता और दुर्भाग्य फैलाते हुए, गुलछर्रे उड़ा रहा होता है, जब अपने नाम को आगे बढ़ाने की इच्छा करता है तो अपनी पत्नी से एक ऐसा शिशु प्राप्त करता है जो अपने माता और पिता दोनों की दुर्बलताओं का उत्तराधिकारी बनता है।

वर्तमान युग की मनुष्यता का पुराकाल की बर्बरता के साथ वैषम्य दिखाते हुए उन बच्चों को अनाश्रित छोड़ देने के, जिनका भरण-पोषण उनके माता-पिता नहीं कर पाते, क्रूर रीति-रिवाज अत्यंत बदल गया है जबकि विषयी पुरुष जो संभवतः इस प्रकार दुखड़ा रोता है, अपने अंधाधुंध प्रच्छन्न प्रेम-संबंधों द्वारा आचार-व्यवहार की संक्रामक जघन्यता और एक सर्वाधिक विध्वंसकारी बाध्यता को जन्म देता है। निश्चय ही प्रकृति का यह कदापि अभिप्राय नहीं रहा होगा कि स्त्रियां, कामेच्छा को तृप्त करने में उस उद्देश्य को ही विफल कर दें जिसके निमित्त उसे प्रवर्तित किया गया था।

मैं पहले ही यह कह चुकी हूं कि पुरुषों के लिए उन स्त्रियों का भरण-पोषण आवश्यक होना चाहिए जिन्हें उन्होंने पापाचार के लिए फुसलाया है। यह स्त्रियों के आचार-व्यवहार में सुधार करने और उस दुर्व्यसन को रोकने का, जिसका जनसंख्या और आचरणशास्त्र पर समान रूप से घातक प्रभाव पड़ता है, एक साधन हो सकता है। और दूसरा होगा, जो उससे कम प्रत्यक्ष नहीं होता—स्त्री के ध्यान को शील के असली गुण की ओर उन्मुख करना, क्योंकि सम्मान पर शालीनता के संदर्भ में, उस स्त्री का किंचित ही अधिकार रहता है, भले ही उसकी प्रतिष्ठा हिम जैसी उज्ज्वल हो, जो कामी लंपट पर मुस्कान न्यौछावर करती है परंतु उसकी उच्छृंखल कामाग्नि और स्वयं अपनी मूर्खताओं की शिकार स्त्री को वह ठोकर मारती है।

इसके अतिरिक्त, उस पर भी उसी मूर्खता का दोष होता है, भले ही कितनी भी निष्पाप वह स्वयं को क्यों न माने, जब वह अपने शरीर को मात्र पुरुषों द्वारा देखे जाने, श्रद्धासिक्त उच्छ्वास आमंत्रित करने और तथाकथित निष्कपट रसिकता की निकम्मी सराहना के लिए यत्नपूर्वक सुसज्जित करती है। यदि स्त्रियां स्वयं अपने निमित्त सदाचार का, वास्तव में, सम्मान करतीं तो उस आत्मत्याग की

क्षतिपूर्ति, जिसे अपनी प्रतिष्ठा को संरक्षित रखने के लिए उन्हें व्यवहार में उतारने को बाध्य होना पड़ता है, वे आत्मप्रदर्शन में नहीं ढूंढ़तीं और न ही वे ऐसे पुरुषों से मेलजोल रखतीं जो प्रतिष्ठा के लिए चुनौती खड़ी करते।

स्त्री-पुरुष एक-दूसरे को परस्पर भ्रष्ट करते हैं और सुधारते हैं। मुझे विश्वास है कि प्रत्येक सद्गुण के समस्त उदात्त सत्य है। शील, शालीनता, जनभावना और सद्गुणों के समस्त उदात्त अनुक्रम, जिस पर सामाजिक सदाचार और सुख निर्मित होता है, संपूर्ण मानव समुदाय द्वारा समझा और विकसित किया जाना चाहिए अन्यथा उनका प्रभाव कम ही रहेगा और कुकर्मी अथवा अकर्मण्य के लिए, किसी पवित्र कर्तव्य का, इसे यौन-संबंधी कहकर, उल्लंघन करने का बहाना जुटाने के स्थान पर यह प्रमाणित करना कि प्रकृति ने किसी प्रकार का भेद नहीं किया है, अधिक विवेकपूर्ण होगा, क्योंकि व्यभिचारी पुरुष प्रकृति के उद्देश्य को दोहरे रूप से निष्फल बनाता है—स्त्रियों को बंध्या रखकर और अपने शरीर विन्यास को नष्ट कर, यद्यपि वह उस शर्मिंदगी से बचता है जो इस अपराध के परिणाम से पैदा होती है। ये तो शारीरिक परिणाम हैं, नैतिक और भी अधिक भयप्रद होता है क्योंकि सदाचार तब एक संज्ञात्मक विशिष्टता मात्र रह जाती है जब नागरिकों के पति, पत्नी व माता-पिता और परिवारों के मुखिया के कर्तव्य केवल सुविधा का स्वार्थपूर्ण बंधन बन जाते हैं।

दार्शनिक तब क्यों लोकभावना की खोज करते हैं? लोकभावना को निजी सद्गुण द्वारा पोषित होना चाहिए अन्यथा यह उस कृत्रिम भावना के सदृश होगी जो स्त्रियों को अपनी प्रतिष्ठा और पुरुषों को अपना सम्मान संरक्षित रखने के लिए सावधान करती है। वह भावना जो बहुधा सद्गुण द्वारा असमर्थित होती है, उस उदात्त नैतिकता द्वारा निरावलंबित हो जाती है जो एक कर्तव्य के अभ्यासगत उल्लंघन को समग्र नैतिकशास्त्र का उल्लंघन बना देता है

(*स्त्री : अधिकारों का औचित्य साधन* पुस्तक से साभार।)

नैतिक अनुभवों का अध्ययन

प्रभा खेतान

स्त्री और नैतिकता की टकराहट का संदर्भ आदिकाल से रहा है और इसे प्रत्येक धर्म और नीतिशास्त्र ने अपने-अपने अनुसार व्याख्यायित किया है। वस्तुतः धर्मशास्त्र भी समय के साथ लोगों की इच्छानुसार परिवर्तित और परिवर्धित होते रहे हैं। काल के संदर्भ में कुछ मान्यताएं गलत होती जाती हैं और उनकी नई-नई व्याख्याएं सामने आती हैं। वैसे स्त्री विरोधी श्लोकों को हम बहुतेरे शास्त्रों में पाते हैं *मैत्रेयणी संहिता* में कहा गया–'स्त्री मिथ्याचारिणी है। सुरा और द्यूतक्रीड़ा की तरह दुर्भाग्य स्वरूपिणी है' *(मैत्रेयणी संहिता* 1/10/11/3/6/3)। इसीलिए 'सर्वगुणसंपन्न श्रेष्ठ नारी भी अधम पुरुष से हीन है' (*तैत्रेयी संहिता* 6/5/8/2)। देखा जाए तो सृष्टि रचना में स्त्री का योगदान पुरुष से ज्यादा है क्योंकि स्त्री जन्मदात्री है। पुरुष यह काम नहीं कर सकता। फिर नीतिशास्त्र और आचार संहिताओं में स्त्री के योगदान को क्यों नगण्य माना गया? और यदि कहीं स्त्री का योगदान दिखाई देता भी है तो उस प्रगतिशील स्त्री को अपवाद के रूप में स्वीकार लिया जाता है। सवाल है कि क्या अब भी यह आधी दुनिया दूसरे दर्जे की इनसान है? क्या स्त्री बुद्धि और अन्य मानवीय गुणों में पुरुष से हीन है? क्या वह मात्र बच्चे पैदा करने की मशीन है? क्या उसकी अपनी निजी अस्मिता, निजी पहचान नहीं है? ऐसे कई प्रश्न हैं जो हमें कुरेदते रहते हैं। मैं यह स्वीकारती हूं कि मां के रूप में स्त्री की भूमिका प्रभावशाली रही है किंतु मातृत्व सबसे बड़ा नैतिक गुण तब है, जब हम स्त्री को केवल जन्मदात्री न मानकर उसके मातृत्व की महानता को सार्वकालिक और सार्वजनीन उदारता के रूप में समझें। मजे की बात तो यह है कि मातृत्व जैसे महत गुणों के बावजूद स्त्री को कमतर मानव माना गया। उसे शारीरिक रूप से दुर्बल मानसिक रूप से अस्थिर, बौद्धिक रूप से कमअक्ल और सृजन के ऊंचे कार्य के लिए अक्षम माना गया। ये बातें शास्त्रों के अनेक आख्यानों, कथाओं एवं दृष्टांतों में भरी पड़ी हैं जहां स्त्री अपनी

संवेदनशीलता, आवेगमयता, भावुकता आदि कोमल गुणों के कारण पुरुष प्रदत्त नैतिकता के सिद्धांतों का पालन नहीं कर सकी और नैतिक रूप से विचलित हो गई। इस संदर्भ में स्त्री को समझना होगा कि केवल सड़कों पर आंदोलन करने से मुक्ति नहीं मिलेगी, बल्कि वास्तविक मुक्ति तो उसे तब मिलेगी जब वह इन नीतिशास्त्रों एवं आचार संहिताओं में हस्तक्षेप करे और नैतिकता संबंधी नए सिद्धांतों को स्थापित करे।

शास्त्रज्ञ, नीतिवान धर्मगुरु, परंपरावादी सभी मानते हैं कि स्त्री स्वभाव से चंचल है। उसमें नैतिक बोध की कमी है, अतः उसे संरक्षण में रखा जाना चाहिए। कहा गया कि 'त्रिया चरित्रम्, पुरुषस्य भाग्यम् दैवो न जानम् कुतो मनुष्य।' स्त्री स्वभाव इतना अगम्य और अबूझ है कि उसके बारे में मनुष्य की तो बिसात ही क्या स्वयं देवता को भी पता नहीं चलता। अब जिसका स्वभाव ही अगम्य हो वह भला किन नीति-निर्देशनों का पालन करेगा और लोग ऐसे स्वभाव को समझेंगे कैसे? अरस्तू ने भी स्त्री के संदर्भ में इन्हीं पारंपरिक दृष्टिकोणों का समर्थन किया। अरस्तू के अनुसार स्त्री जीवन का एकमात्र उद्देश्य है संतान को जन्म देना लेकिन गर्भधारण के समय भी स्त्री की भूमिका को अरस्तू निष्क्रिय ही मानते हैं। वे कहते हैं—'सृजन का सक्रिय पक्ष पुरुष निभाता है। स्त्री तो केवल एक खाली गर्भाशय है।' संतान के भौतिक पक्ष को स्त्री प्रदान करती है जबकि पुरुष उसको आत्म प्रदान करता है। पुरुष तर्कसंगत रूप से सोचता है और अपनी भावनाओं को नियंत्रित रखता है। स्त्री किसी भी ऐसे आत्मनियंत्रण के लिए समर्थ नहीं। स्वाभाविक है कि अरस्तू स्त्री को तर्क एवं बुद्धि के स्तर पर एक कमतर प्राणी के रूप में लेता है। स्त्री केवल शारीरिक रूप से कमजोर नहीं बल्कि नैतिक रूप से हीन है। अरस्तू के अनुसार नैतिक संदर्भ में स्त्री सही भूमिका शायद ही निभा पाए यानी स्पष्ट शब्दों में कहा जाए तो स्त्री स्वभाव में सद्गुणों की कमी है। यह तो पुरुष है जो स्त्री को सद्गुणों का निर्देश देता है और उसे संरक्षण में रखता है तथा सामाजिक आचार-व्यवहार सिखाता है। तब क्या स्त्रियां नैतिक रूप से हीन हैं? कमतर हैं?

परंपरा से स्त्री-पुरुष के नैतिक गुणों को अलग-अलग माना गया। सवाल है कि क्या इन गुणों पर आधारित स्त्री-पुरुष की नैतिक मानसिकता भी अलग होनी चाहिए? और यदि नहीं तो क्या हम प्रत्येक व्यक्ति से एक ही प्रकार के मनोवैज्ञानिक गुणों को विकसित करने की अपेक्षा रखें? कुछेक नारीवादी विचारक लैंगिक भूमिकाओं की सामाजिक निर्मित पर प्रकाश डालते हैं। इन सामाजिक निर्मितियों के संदर्भ में विख्यात नारीवादी चिंतक मेरी वोल्सटन क्राफ्ट का तर्क

है कि 'यदि पुरुष को भी स्त्री की तरह एक पिंजरे में बंद कर दिया जाए तो उसका भी चरित्र स्त्री की भांति कमजोर होगा। वह चाहे जितना बड़ा सैनिक हो, घर की चहारदीवारी में कैद रहने के कारण उसके स्वभाव में मजबूती नहीं आएगी। वह भी औरत की भांति ज्यादा भावुक, अति संवेदनशील, आत्मकेंद्रित और स्वयं को दुलराने वाला होगा।' (मेरी वोल्सटन क्राफ्ट A Vindication of right of women) जांनवर से आदमी इसलिए भिन्न है क्योंकि आदमी एक तर्कशील प्राणी है। इसी भांति किसी भी प्रकार की स्वायत्तता को हासिल करने के लिए नैतिक रूप से शिक्षागत समझ की आवश्यकता होती है। समाज पुरुष को तो नैतिक शिक्षा देता है लेकिन स्त्री को तहजीब और तौर-तरीका सिखाया जाता है। विशेष रूप से समाज, स्त्री के 'निषेधक मानसिक' गुणों को संपोषित करता है। ये वही गुण हैं जो स्त्री जीवन में 'विधेयक मनोवैज्ञानिक विकास' को कुंद करते हैं। यहां तक कि समाज स्त्री के असली नैतिक सद्‌गुणों को अनैतिकता में बदल देता है बल्कि मेरी वोल्सटन क्राफ्ट तो यहां तक कहती हैं कि यही सद्‌गुण एक कमजोर औरत को निकृष्ट बना देते हैं, उसे मानवीय स्तर से गिरा देते हैं। उसके स्वभाव में निहित अतिशय कोमलता, दैन्य के रूप में प्रकट होने लगती है। सौम्यता और कोमलता के विधेयक गुण इसलिए निषेधक हो जाते हैं क्योंकि इन गुणों के कारण स्त्री निर्भरता एवं सुरक्षा चाहने लगती है और खामोशी से हर अत्याचार को सहने लगती है। मेरी वोल्सटन क्राफ्ट अपनी समकालीन महिलाओं में यह कमजोरी देखती हैं और इससे व्यथित होती हैं। तब क्या नैतिक होने के लिए स्त्री को पुरुष जैसा होना होगा? उन गुणों को अपनाना होगा जिसके कारण पुरुष दृढ़चरित्र होता है? मेरी वोल्सटन क्राफ्ट का दावा है कि स्त्री के पास उन भौतिक संसाधनों का अभाव है जो उसकी नैतिक संभावना को विकसित कर सके।

19वीं शताब्दी में स्त्री को कम बुद्धिमान मगर ज्यादा नैतिक गुणों वाला माना गया। इसी से परेशान व्यवहारवादी दार्शनिक जान स्टुअर्ट मिल का कहना था व्यक्ति के सद्‌गुणों का या फिर बुद्धि एवं आचरण का उसके लिंग के साथ कोई लेना-देना नहीं है। समाज अपने दोहरे मूल्यबोध के कारण ही पुरुष की नैतिकता और स्त्री की नैतिकता का मूल्यांकन भिन्न-भिन्न दृष्टिकोण से करता रहा है। स्टुअर्ट मिल के अनुसार, स्त्री की 'नैतिक श्रेष्ठता' को समाज द्वारा 'आंतरिक सद्‌गुणों' के रूप में नहीं लिया जाना चाहिए बल्कि यह समझना चाहिए कि स्त्री के ये सद्‌गुण 'सामाजिक अनुकूलन' का परिणाम हैं। स्त्री के सद्‌गुणों की प्रशंसा और महिमा मंडन वास्तव में पितृसत्तात्मक समाज के स्वार्थों

की पूर्ति है। पुरुष उन्हीं मनोवैज्ञानिक गुणों को स्त्री-स्वभाव में बढ़ावा देता है, जो गुण पुरुष के अहं को संपोषित करे, उसकी स्वार्थपूर्ति में सहायक बने। स्त्री को सिखाया गया कि वह दूसरों के लिए जीए और हमेशा त्याग करती रहे। मान लिया गया कि समर्पण स्त्री का स्वभाव है, आज्ञापालन में उसकी रुचि है और किसी भी अकथनीय पीड़ा और संत्रास को वह लंबे समय तक सहन कर सकती है। जॉन स्टुअर्ट मिल के अनुसार इन सद्‌गुणों को समाज ने स्त्री पर आरोपित किया है। स्त्री से पुरुष समाज की मांग है कि वह निष्ठावान रहे एवं नैतिकतावादी आचरण करे।

कुछेक नारीवादी चिंतकों का विश्वास है कि स्त्री का स्थान उसकी गृहस्थी में है। उनके अनुसार गृहस्थी एक नैतिक गुण है जो सामाजिक स्वास्थ्य के लिए अनिवार्य है। पुरुष बाहरी जगह में काम कर ही नहीं पाए यदि उसे परिवार में स्नेहपूर्ण वातावरण न मिले। स्त्री का उद्‌देश्य होना चाहिए कि वह घर के लोगों को समर्पित, आत्मत्यागी और दयालु बनाए। घरों में बंद स्त्री के लिए सुविधा है कि वह सार्वजनिक जीवन व आर्थिक जीवन से संबंधित धन-सत्ता और हैसियत की रस्साकशी और होड़ तथा तनाव से मुक्त रह पाती है और अपने स्वभाव में अन्य मानवीय गुणों का विकास कर पाती है। स्त्री जितनी सदाचारिणी होगी उतना ही समाज स्वच्छ होगा यानी इन विचारकों के अनुसार सामाजिक नैतिकता का बोझ स्त्री पर है। किंतु कैथरीन बीचर जैसी अमेरिकी नारीवादी एक मजेदार सवाल पूछती हैं, जीसस क्राइस्ट पुरुष थे। किंतु पुरुष होने के बावजूद उन्होंने आत्मत्याग, परोपकारिता और सदाचार के लिए स्त्री को ज्यादा उपयुक्त समझा। जीसस के इस चुनाव का कारण क्या है? बीचर की समकालीन एलिजाबेथ कैडीस्टेनटन ने भी स्त्री एवं पुरुष की हीन नैतिकता को सार्वजनिक जीवन के आचरण को प्रभावित किया। इसकी तुलना में स्त्री की श्रेष्ठ नैतिकता को या तो दबाया गया या बाह्य जीवन में उसकी उपेक्षा की गई। किंतु स्त्री को सार्वजनिक जीवन से निष्कासित करने से मानवता संवर्धित नहीं हो पाई और न ही गृहस्थी में रहकर स्त्री का सार्वजनिक जीवन पर कोई विधेयक प्रभाव पड़ा। केवल घर में रहकर 'आत्मनकार' को विकसित करने से बात बनेगी नहीं। कैडीस्टेनटन का कहना है कि दाता बने रहने के लिए दमित व्यक्ति को अपने-आपको मिटाना पड़ता है। माना कि गरीब विधवा के दान की प्रशंसा की जानी चाहिए, किंतु अपने इसी आत्मत्याग के कारण यह विधवा स्त्री दोयम हैसियत पर ही बनी रहती है। पितृसत्तात्मक समाज में बहुत कम स्त्रियां हैं जिनके पास राजनीतिक और आर्थिक संसाधन हैं, जिससे परोपकारिता जैसे सद्‌गुणों का विकास संभव होता है। समस्या

तो यह है कि पुरुष, स्त्री के इन सद्गुणों का फायदा उठाता है। हमेशा दूसरों की चिंता न करके स्त्री यदि थोड़ी अपनी भी चिंता करे और थोड़ी आत्मकेंद्रित बने तो ठीक रहेगा।

इस सवाल के उत्तर में कोहलबर्ग जैसे मनोवैज्ञानिकों का कहना है कि स्त्रियां नैतिक रूप से विकसित होने में असमर्थ हैं यानी वह एक कमतर पुरुष है। दूसरे के प्रति अपनी भावुकता के कारण वह न्याय के अमूर्त आदर्शों का पालन करने में असमर्थ है। अपने ममतालु स्वभाव के कारण वह समझौता कर लेती है। स्त्री में सेवा, त्याग, करुणा जैसे महत सद्गुण हैं किंतु पारंपरिक नैतिकता ने सामाजिक न्याय (Social Justice) को इन गुणों से ऊपर माना है। जब तक आप न्यायोचित निर्णय नहीं लेते तब तक आप नैतिक गुणों से संपन्न नहीं होते। इन निर्णयों पर कोहलबर्ग यों ही नहीं पहुंच गए। उन्होंने स्त्री-पुरुषों का परीक्षण किया। कुछेक सवाल पूछे, प्रत्युत्तर में जो कुछ भी कहा गया उससे यही स्थापित हुआ कि स्त्रियां नैतिक रूप से कमजोर हैं।

कोहलबर्ग ने ही एक उदाहरण दिया था। हाइंस नामक एक व्यक्ति की पत्नी बीमार है, उसे एक विशेष दवा की आवश्यकता है जिससे वह ठीक हो सकती है। यदि उसकी पत्नी को यह दवा नहीं दी जाती तो संभव है उसकी मृत्यु हो जाए। हाइंस के शहर में रहने वाला केमिस्ट दुकानदार उससे कहता है उसके पास यह दवा है मगर उसकी कीमत बहुत ज्यादा है। चूंकि हाइंस एक मध्यमवर्गीय व्यक्ति है, दवा की कीमत देने में वह बिल्कुल असमर्थ है। हाइंस दवाखाना से यह दवा चुरा लेता है। नैतिक सवाल है कि क्या हाइंस द्वारा की गई चोरी उचित है? इस संदर्भ में पुरुषों का कहना था कि दवा की कीमत से ज्यादा उसकी पत्नी के प्राणों की कीमत है अतः दवा चुराकर उसने ठीक ही किया। यहां अधिकार संबंधी दो तरह के दावे हैं—एक तो दुकानदार की संपत्ति का अधिकार, दूसरा है हाइंस की पत्नी का जीवित रहने का अधिकार। दोनों अधिकारों में से जीवित रहने का अधिकार सामाजिक रूप से ज्यादा न्यायसंगत है। पैसा तो आज है कल नहीं, संपत्ति यदि थोड़ी कम हो जाए तो फर्क नहीं पड़ेगा लेकिन यदि उसकी पत्नी की मृत्यु हो जाती है तो वह कभी लौटकर नहीं आएगी।

लेकिन इसी मुद्दे पर स्त्रियों का मत भिन्न था। कुछ के अनुसार हाइंस ने दवा चुराकर ठीक किया मगर अधिकतर स्त्रियों के अनुसार हाइंस को दवा नहीं चुरानी चाहिए थी बल्कि उसे दुकानदार से मिलकर एक वैकल्पिक समझौते पर आना चाहिए था। इन स्त्रियों का तर्क था कि दवा चुराकर उसने अपना और दुकानदार का संबंध हमेशा के लिए खराब कर लिया और संभव है कि हाइंस को

जेल की सजा हो जाए, संभव है, अपनी पत्नी की नजरों में वह हमेशा के लिए गिर जाए। अतः पूरे मुद्दे को सफेद और काले में न देखकर वैकल्पिक रूप से एक सृजनात्मक समाधान की चेष्टा करनी चाहिए। चोरी के अलावा अन्य बहुत-सी संभावनाएं हैं जिनका सहारा हाइंस ले सकता था और दवा को पा सकता था। किंतु कोहलबर्ग के अनुसार जिन स्त्रियों ने ऐसा उत्तर दिया वे नैतिकता के मानदंड में उत्तीर्ण नहीं हो सकतीं। कोहलबर्ग ने उन्हें न केवल नैतिक रूप से कमजोर माना बल्कि बौद्धिक स्तर पर भी कमतर माना।

लेकिन 1970 में कोहलबर्ग की छात्रा कैरोल गिलीगन ने अपना शोध कार्य प्रकाशित किया जिसका नाम था 'एक भिन्न आवाज'। बरसों की मेहनत के बाद गिलीगन इस नतीजे पर पहुंची कि स्त्री नैतिक रूप से हीनतर नहीं है बल्कि नैतिकता के जो मनोवैज्ञानिक मानदंड हैं वे पुरुषों ने बनाए हैं और इन मानदंडों को बनाते समय पुरुष जाति ने अपनी सुविधा का ध्यान रखा और इनमें पुरुषों के सद्गुणों को भी शामिल किया गया। गिलीगन के अनुसार पुरुष नैतिक मुद्दों को न्याय (जस्टिस) के संदर्भ में जांच करता है। या फिर उनकी चर्चा करते हुए वे मानवीय अधिकारों का दावा पेश करते हैं। कुल मिलाकर पुरुष द्वारा प्रदत्त नैतिक नियम और कानून निरपेक्ष हैं। दूसरी ओर स्त्रियां नैतिक मुद्दों पर विवेक से काम नहीं लेतीं बल्कि सेवा करते हुए भी उनके भीतर द्वंद्व रहता है। हां और नहीं के बीच वे संघर्षरत हैं। चूंकि नैतिकता के मानदंड न्याय के उदाहरणों पर आधारित हैं अतः स्वाभाविक है कि स्त्री की नैतिकता जो कि सेवा पर आधारित नैतिकता है उसको प्रश्रय नहीं दिया जाएगा। यही कारण है अपने इन सद्गुणों के बावजूद स्त्री इन नैतिक मानदंडों पर खरी नहीं उतरती और फलस्वरूप उसे नैतिक रूप से कमजोर मान लिया जाता है। बाद के वर्षों में यही कैरोल गिलीगन नारीवादी चिंतकों की ध्वजावाहक बनीं।

गिलीगन कहती हैं कि कोहलबर्ग के मानदंड पर वही स्त्री खरी उतरेगी जो पुरुषों के अनुसार आचरण करेगी। बहुत-सी सफल महिलाओं ने इन्हीं पुरुष प्रदत्त नैतिक निर्देशनों को अपना लिया है क्योंकि वे जानती हैं कि पुरुषों की दुनिया में पुरुषों के मानदंडों के अनुसार ही आगे बढ़कर सफल हुआ जा सकता है। उन्होंने न्याय की व्यवस्था को स्वीकार लिया है और यह प्रमाणित किया है कि वे भी एक न्यायाधीश बनने की क्षमता रखती हैं। किंतु नारीवाद का सवाल है कि स्त्री के विकास में किस प्रकार की नैतिकता को स्वीकारा जाए? संघर्षरत स्त्री को यदि स्वतंत्रता मिलती है तो इसका उपयोग वह किस भांति करेगी? क्या वह मानवता का दुख-दर्द दूर करना चाहेगी? स्वभाव से स्त्री दूसरे की सेवा करती है,

वह रिश्तों में जीती है, अपने आसपास के माहौल से संलग्न है। उसकी आंखों में आंसू जल्दी आते हैं। एक नीतिवादी पुरुष इसे ओछी भावुकता कहेगा या फिर ऐसी स्त्री को सेवा-त्याग की मूर्ति कहकर उसकी प्रशंसा करेगा। मगर सेवा कार्य को राजनीतिक महत्त्व नहीं देगा। सेवा कार्य में लगी हुई स्त्री मदर टेरेसा बन सकती है लेकिन तब भी उसे आचार संहिता लिखने का अधिकार नहीं दिया जाएगा। आचार संहिता तो पुरुष लिखेंगे। वही पुरुष जो भावुकता से ऊपर है, जो बुद्धियुक्त है और जिसमें नीर-क्षीर का विवेक है।

गिलीगन की इस खोज के बाद नारीवादी नैतिक सिद्धांतों की बाढ़ आ गई। एक लंबी बहस उठ खड़ी हुई। कुछ के अनुसार सेवा की नैतिकता ज्यादा सही है और इसे स्थापित किया जाना चाहिए। जहां तक न्याय से संबंधित नैतिकता का सवाल है और जिस पर पूरी कानूनी व्यवस्था आधारित है उसमें सुधार लाना होगा। पारंपरिक नैतिक सिद्धांत स्त्री के नैतिक अनुभवों और अंतरज्ञान की उपेक्षा करते हैं। कुछ स्त्रियां न्याय संबंधित नैतिकता को अपनाती भी हैं किंतु शायद ही कोई पुरुष ऐसा हो जो सेवा की नैतिकता को अपनाए। इस बात पर ध्यान देना होगा कि स्त्री और पुरुष का समाजीकरण अलग-अलग होता है और उन्हें दो भिन्न किस्म के सद्गुणों को अपनाने के लिए कहा जाता है। पुरुष से कहा जाता है कि वे सौम्य, आत्मत्यागी और मधुरभाषिणी हों और सेवापरायण हों। नैतिक पुरुष यानी भले आदमी और भली औरत की छवि बिल्कुल अलग-अलग है।

गिलीगन ने स्त्री-पुरुष की इसी भिन्नता पर जोर देते हुए नारीवाद के दावे में परिवर्तन किया कि स्त्री-पुरुष के गुणों में समानता होनी चाहिए और समाज में उन्हें बराबर का दर्जा मिलना चाहिए। गिलीगन का कहना था चूंकि स्त्री पुरुष से भिन्न है अतः स्त्री अपनी भिन्नता को ही संस्थापित करने की चेष्टा करे, उसकी नैतिकता उसकी भिन्नता पर आधारित होनी चाहिए। बल्कि कई मायनों में उसके सद्गुण, पुरुष के सद्गुणों से ज्यादा साबित होंगे। गिलीगन के इस कथन से प्रभावित होकर नारीवादी आंदोलन का क्षेत्र और अधिक विकसित हुआ। प्रारंभ में नारीवादी, स्त्री को पुरुष के समकक्ष रखना चाहता था और जैविक भिन्नता के आधार पर दोनों के भेदभाव को स्वीकार नहीं रहा था। यानी नारीवाद यह तो स्वीकारता था कि स्त्री-पुरुष में नैतिक भिन्नता है किंतु यह ऐसी भिन्नता नहीं थी जिसके आधार पर उनके अलग-अलग समाजीकरण की आवश्यकता पड़ती और परिणामस्वरूप उन्हें एक-दूसरे की तुलना में ज्यादा या कमतर अधिकार मिलते। अधिकारों की इस लड़ाई में नारीवाद ने गर्भनिरोध का

कानूनी अधिकार पाया, विवाह-व्यवस्था में परिवर्तन किया, समान वेतन की मांग की, यहां तक कि स्त्री की भाषा को भी पुरुष की भाषा के समकक्ष रखा गया। नारीवाद ने अपनी विकास यात्रा में न केवल स्त्री शक्ति पर जोर दिया बल्कि स्त्री की प्रेम करने की क्षमता, शांति और सहानुभूति जैसे गुणों के आधार पर अन्य मानवीय अधिकारों की वकालत की। किंतु समस्या तब उठी जब नारीवाद न्याय की भाषा को बदलने की मांग करने लगा। स्त्री के दृष्टिकोण को समझते हुए भी आचार संहिता में स्त्री की मांग को शामिल करना कठिन है क्योंकि अंततः विवाह का मुद्दा किसी वैकल्पिक मत के बदले बौद्धिक मत पर आकर ठहर जाता है।

गिलीगन चार सवाल पूछती हैं कि पहला ये नैतिक सवाल कौन उठा रहा है? दूसरा हम किसकी देह की चर्चा कर रहे हैं? तीसरा किस संदर्भ में वह व्यक्ति अपनी बात कहना चाहता है? उसकी बात का सांस्कृतिक ढांचा क्या है? ध्यान में रखने की बात है कि नैतिकता किसी निरपेक्ष गुणों की वकालत करने में सर्वथा असमर्थ है। नैतिकता पुरुषों के मत से प्रभावित होगी यानी ज्यादा अमूर्त होगी और यदि संदर्भ में स्त्री है तो नैतिकता स्त्री अधिकारों के प्रति ज्यादा संवेदनशील होगी। गिलीगन का कहना है कि स्त्री की मनोवैज्ञानिक प्रवृत्ति पुरुष से भिन्न है मगर इस भिन्नता के लिए आप उसे कमतर नहीं मान सकते। भिन्न होते हुए भी वह पुरुष के समकक्ष है या फिर पुरुष से श्रेष्ठ होने की संभावना रखती है। स्त्री में करुणा, सहानुभूति, आत्मत्याग और दया की भावना प्रचुर मात्रा में पाई जाती है। यदि इन गुणों के कारण स्त्री श्रेष्ठ है, तो पुरुष को भी अपने स्वभाव में इन स्त्री गुणों को विकसित करना चाहिए। असीम करुणा को पाकर ही कोई बुद्ध या परमहंस हो सकता है। भारतीय समाज में तो यहां तक कहा गया है कि इन गुणों के कारण महान पुरुष की देह, उनकी आकृति में स्त्रीयोचित परिवर्तन दृष्टिगोचर होने लगते हैं। वास्तव में समाज में स्त्री-पुरुष दोनों की नैतिकता की आवश्यकता है। अब तक पितृसत्तात्मक प्रभाव के कारण समाज ने केवल पुरुष की नैतिकता को प्रश्रय दिया। उसी पर न्याय-व्यवस्था को आधारित किया। यदि स्त्री दो टूक बात नहीं करती, यदि अपना निर्णय देने में वह हीलाहवाला करती है तो इसका कारण उसकी बौद्धिक कमजोरी नहीं। वह रिश्तों की जटिलता को समझ रही है। अतः स्त्री-पुरुष में भिन्नता है और हमें भिन्नता स्वीकारनी चाहिए।

यह कहा जा सकता है कि भिन्न को अत्यधिक प्रश्रय देने से न्याय-व्यवस्था का क्या होगा? क्योंकि समाज में सबको न्याय मिले और न्याय की नजरों में

सब समान हों इससे इनकार नहीं किया जा सकता है। गिलीगन के मत को अपनाने से कानून सबके लिए समान नहीं रह जाता। कानून के सापेक्षिक होते ही हम व्यक्ति-व्यक्ति में भेद को स्वीकारने के लिए बाध्य हो जाते हैं। किंतु ऐसी बहुलता किस काम की? समानता ही वह आदर्श है जिसके आधार पर समाज यहां तक पहुंचता है। जो हमसे भिन्न है, कमजोर है उसे अपने समकक्ष रखना, उसे समान दर्जा देना हमारा आदर्श होना चाहिए। जो कानून मेरे लिए हो वही कानून मुझसे भिन्न व्यक्ति के लिए भी हो। जिस सामाजिक नीति से मुझे फायदा होता है उसी नीति से उस अन्य को भी लाभ पहुंचना चाहिए। कुछ नारीवादी विचारकों के अनुसार भिन्न का यह डॉयलिमा असमाधेय है। इस नीति के पालन से नुकसान अधिक होता है। व्यक्ति अपनी भिन्नता के घेरों में कैद हो जाता है। वह प्रगति नहीं करना चाहता। वह अपने से श्रेष्ठ के या यों कहिए अपने से भिन्न के समकक्ष बैठना नहीं चाहता। यह भी सच है कि नैतिक आधार पर किसी की निर्भरता, संवेदनशीलता या किसी विशिष्ट जरूरत की उपेक्षा भी नहीं की जा सकती। सवाल है कि परिधिकृत व्यक्तियों के लिए भी हम समानता का व्यवहार रखें या फिर उन्हें भिन्न समझकर उनके अनुसार अलग सामाजिक नीति का निर्धारण किया जाए? अलग-अलग नीतियों को लागू करने से एक निषेधक सामाजिक परिणाम होगा जो किसी भी हाल में वांछनीय नहीं। माना कि कुछ ऐसी भिन्नताएं होती हैं जिन्हें स्वीकारना पड़ता है और जिसके लिए एक विशेष प्रकार के व्यवहार एवं निरूपण की आवश्यकता होती है। यदि कोई गंभीर रूप से दैहिक या मानसिक कमजोरी से ग्रस्त हो यानी लूला-लंगड़ा हो, अंधा हो या मानसिक असंतुलन का शिकार हो तो ऐसे व्यक्ति के लिए अलग कानून होना जरूरी है किंतु पुरुष से स्त्री भिन्न है और इस भिन्नता पर आधारित कानून बने, इस भिन्नता के प्रति न्याय-व्यवस्था संवेदनशील हो, इसके लिए नई नीतियों को लागू करना उचित नहीं होगा अतः नारीवाद को इस मसले पर पुनः सोचना होगा।

बहुत से नारीवादी चिंतकों के अनुसार समानता का मुद्दा मुक्तिकारी नहीं बल्कि दमनकारी है। सबको समान मानते ही जो असमान है उसका वैविध्य, नैतिक व्यक्ति होने का उसका प्रयास, रूपांतरण की उसकी क्षमता, सभी की उपेक्षा होती है। यह कहना कि जाति, संस्कृति, लैंगिकता, वर्ग और अन्य गुणों के आधार पर जो भिन्नता स्थापित होती है वह भिन्नता नैतिक पहचान के लिए आवश्यक नहीं, वास्तव में स्त्री के संघर्ष पर पानी फेरने जैसा है। स्त्री दमन का यह नया नुस्खा होगा। पितृसत्ता की नई चाल होगी जो समानता की आड़ में दमन

का नया तरीका ईजाद कर रहा है। नैतिक सिद्धांत यदि स्त्री विरोधी हैं तो उन्हें पुनर्निर्मित करना होगा या उनमें संशोधन लाना होगा।

पुरुषवादी अधिकारों, सिद्धांत, अवधारणाओं और मूल्य-व्यवस्था के कारण स्त्री से संबंधित समस्याओं पर ध्यान ही नहीं दिया गया। स्त्री को घर-गृहस्थी तक ही सीमित कर दिया गया। खाना बनाना, बर्तन साफ करना, बाल-वृद्ध एवं रोगी की सेवा करना आदि को स्त्री का कर्तव्य मान लिया गया। पारंपरिक नैतिकता ने अघोषित रूप से स्वीकार लिया कि स्त्रियां पुरुषों के समान विकसित नहीं हैं। इन शास्त्रों ने सांस्कृतिक रूप से पुंसवादी गुणों का अतिमूल्यांकन किया। उदाहरण के लिए, स्वतंत्रता, स्वायत्तता, अलगाव, बुद्धि, संस्कृति अनुभवातीत की ओर जाने की क्षमता, युद्ध और मृत्यु को पौरुषीय गुणों के रूप में स्वीकार लिया गया। और परिणामस्वरूप परस्पर निर्भरशीलता, समुदाय, संलग्नता, देह, संवेग, प्रकृति, अंतरभौतिकता, शांति और जीवन जैसे स्त्रीयोचित गुणों का अवमूल्यन हुआ। नैतिक तर्क को पुंसवादी तरीके से पेश करते हुए सार्वभौमिकता और निष्पक्षता का दावा किया गया, जबकि संबद्धता, विशिष्टता और पक्षधरता एवं बौद्धिक तर्क को स्त्रीयोचित तरीका माना गया।

नीतिशास्त्र भी लैंगिकीकृत है यानी नैतिकता का लैंगिकीकृत स्वरूप ही परंपरा ने स्वीकारा है जो कि स्त्री हितों के अनुकूल नहीं। नारीवाद का मानना है कि जो व्यक्तिगत है, वही राजनीतिक है यानी हमें व्यक्तिगत अनुभवों को गंभीरता से लेना होगा और उन्हीं अनुभवों पर ध्यान देना होगा जो अपने-आपमें क्रांतिकारी हैं। सत्तर के दशक से प्रचलित इस नारे को समकालीन नारीवाद ने नीतिशास्त्र के क्षेत्र में बेहद आजमाया है। नारीवादी नीति का संबंध स्त्री के उन नैतिक अनुभवों से है जो पारंपरिक नीतिशास्त्रों के सिद्धांतों के लिए चुनौतीपूर्ण है। किंतु यहां किसी एक व्यक्ति के अनुभव की चर्चा नहीं की जा रही है, न ही किसी व्यक्ति विशेष के अनुभव पर सिद्धांत रचा जा रहा है बल्कि उस अंतर्ज्ञान की चर्चा की जा रही है जिसका संबंध विशेष नैतिक समस्याओं के समाधान से है। नीतिशास्त्र में प्रणालीगत प्रतिबद्धता, यहां तक कि वास्तविक आचरणजनित संवेगात्मक प्रतिक्रिया को भी शामिल किया जा रहा है। स्वाभाविक है कि अर्थ की बहुलता को स्वीकारने से स्त्री के नैतिक अनुभवों का अध्ययन जरूरी हो जाता है। अध्ययन के लिए हमारी अन्वेषण प्रणाली का वस्तुपरक होना जरूरी है। ऐसा नहीं कि पारंपरिक नीतिशास्त्र में व्यक्तिगत अनुभवों का लेखा-जोखा नहीं मिलता। किंतु अध्ययन के दौरान व्यक्तिगत अनुभवों को विश्लेषण के आग्रह के साथ यह भी जानना होगा कि समकालीन नीतिशास्त्र में इन व्यक्तिगत अनुभवों की भूमिका

क्या है? ताकि स्त्री के कुछ ऐसे व्यक्तिगत एवं सामाजिक अनुभवों से परिचित हुआ जा सकेगा। जिसे न कभी सुना गया, न देखा गया और न ही मनोवैज्ञानिक एवं समाजशास्त्रियों ने जिसे विचारयोग्य माना।

चूंकि नारीवाद व्यक्तिगत अनुभवों की चर्चा को वैध ठहराता है अतः नारीवादी लेखन में आज उन नैतिक, राजनीतिक और सामाजिक जीवन से संबंधित व्यक्तिगत मुद्दों पर चर्चा मिलेगी जो अंधेरे कोनों में पड़े थे। जिस पर परंपरा ने वर्जना का ताला लगा रखा था। आज न केवल स्त्री के अनुभवों पर गंभीरता से चर्चा की जा रही है बल्कि मानवीय अधिकार के नाम पर उन्हें वैध ठहराया जा रहा है।

ऐसे ढेरों अनुभव हैं जिससे पुरुष समाज परिचित नहीं है। उदाहरणार्थ बच्चों का भरण-पोषण, घरेलू हिंसा, इंसेस्ट, स्त्री का बधियाकरण, समलैंगिकता, यौनिकता आदि अनुभवों का संबंध स्त्री से है। इन मुद्दों पर ध्यान देते ही नीतिशास्त्र के अध्ययन के विषयवस्तु में नाटकीय परिवर्तन दिखाई पड़ता है। यह कहना कि यौन-उत्पीड़न, अश्लील साहित्य, बलात्कार और गर्भपात जैसे मुद्दों पर सार्वजनिक बहस की शुरुआत पहले भी हो चुकी है, सही नहीं। अस्सी के दशक में मैंने जब नारीवाद पर लिखना शुरू किया तब इन मुद्दों पर चर्चा प्रायः नगण्य थी। मुख्यधारा के चिंतकों ने इन मुद्दों को स्वीकारने से ही इनकार किया था। ऐसा नहीं कि ये घटनाएं आज घट रही हैं और अतीत में ऐसा कभी घटा नहीं। स्त्री ने अतीत में भी अपनी बात कहनी चाही थी किंतु बहुतेरी स्त्री लेखिकाएं जीवन के इन अनुभवों पर चर्चा करने का साहस नहीं जुटा पाती थीं। हिंदी की प्रत्येक लेखिका ने अपने ऊपर पड़नेवाले पारंपरिक नैतिकता के दबावों का जिक्र किया है। और इससे अलग हटकर यदि किसी ने कुछ लिखा, किसी ने अपनी खामोशी तोड़नी चाही तो उसे कटु आलोचना का शिकार भी होना पड़ा।

मैं स्त्री आंदोलनों के शुरुआती दौर की चर्चा करना चाहूंगी जब बहुत कम पत्रिकाओं ने इन मुद्दों से संबंधित विमर्श पर ध्यान दिया था। ऐसे अखबार कम थे, जहां स्त्री जीवन की इन समस्याओं की चर्चा थी। मर्दवादी सोच ने यदि इन विशेष मुद्दों पर चर्चा की भी तो वे यह बताने में असमर्थ थे कि यह विशेष मुद्दा किस स्त्री के जीवन से संबंधित है? वे स्त्रियां किस वर्ग और जाति की हैं जो अपने बारे में बोलना चाह रही हैं? और इस चर्चा का उद्देश्य क्या है? क्या कारण है कि आज इस चर्चा का प्रयोजन महसूस हो रहा है और अतीत में इस संदर्भ में खामोशी बरती गई। मेरी समझ में विद्वत मंडली को यदि एक बार स्त्री मुक्ति

की इस जरूरत के बारे में समझ आ जाए तो किसी भी अन्वेषण के व्यक्तिगत पक्ष को वे स्वीकारना चाहेंगे। किसी भी मुद्दे का चुनाव स्त्री के विशेष अनुभव से प्रेरित होगा।

स्त्री जीवन के ऐसे भी अनुभव हैं जिनके बारे में अब तक सोचा ही नहीं गया। यौन-उत्पीड़न, वस्तुकरण और बलात्कार जैसे महत्त्वपूर्ण मुद्दों से संबंधित अनुभव पर चर्चा अपने आपमें न तो विवादास्पद है और न ही क्रांतिकारी। कारण स्पष्ट है। यह कहने मात्र से काम नहीं चलेगा कि इन नैतिक मुद्दों के प्रसंग में नारीवाद एक विशिष्ट दृष्टिकोण की चर्चा करते हुए निहित खामियों की ओर सत्ता का ध्यानाकर्षित करने की चेष्टा करता है। अतः इस बहस से कोई लाभ नहीं। स्त्री को इससे सुविधा मिलने से रही बल्कि इन पारंपरिक सिद्धांतों में क्या खामियां रही हैं, इनमें विमर्श की प्रणाली में क्या दोष हैं, इसकी चर्चा आवश्यक है। सवाल उठता है इन मुद्दों को क्यों छिपाया गया या फिर समस्या के रूप में उन्हें अदृश्य क्यों रखा गया? स्पष्ट उत्तर है पुरुष ने यौन वस्तुकरण, हिंसा और उत्पीड़न को उस रूप में अनुभव नहीं किया जिस रूप में स्त्री ने अनुभव किया है। स्वाभाविक था कि इन विषयों को अनदेखा किया जाता या फिर मर्यादा के नाम पर उनकी उपेक्षा की जाती।

पारंपरिक नीतिशास्त्रीय ज्ञान का संबंध सार्विकता से है जबकि नारीवादी नीतिशास्त्र वैकल्पिक ज्ञान-मीमांसा का सुझाव देता है। यह नैतिक जीवन के दायरों को भी पुनः निर्मित करना चाहता है। नैतिक वस्तुपरकता के नाम पर पारंपरिक सिद्धांतों ने जो सार्वभौमिक फॉर्मूला दिया उससे न केवल व्यक्ति की उपेक्षा हुई बल्कि नैतिकता को भी निर्वैयक्तिक रूप में पेश किया गया। वैचारिक चिंतन में स्त्री के अनुभव इसलिए अदृश्य रहे क्योंकि उन्हें नैतिक रूप से गैर-जरूरी समझा गया। नैतिक सिद्धांत का उपलब्ध विमर्शात्मक ढांचा स्त्री के नैतिक जीवन का प्रतिनिधित्व करने में असमर्थ था। नीतिशास्त्र ने उन संवेगात्मक क्रियाओं की तो चर्चा की जिन्हें व्यक्ति अपने पर लागू करता है किंतु उस व्यक्ति के संवेग दूसरों से कैसे संबंधित होते हैं, इस प्रसंग में खामोशी रखी गई। नीतिशास्त्र का मानना था कि व्यक्ति को अपने संवेगों की कोटि और तीव्रता का नियमन करना चाहिए और स्वीकारना चाहिए कि ये संवेग परिस्थिति के अनुसार हैं। किंतु संवेग का संबंध केवल स्वयं से नहीं होता हमारे साथ दूसरा व्यक्ति भी जुड़ा रहता है। उससे भी हमारा संबंध स्थापित होता है। अपने तमाम आवेग एवं संवेग के साथ स्त्री जिस तरह दूसरे के साथ संबंधित होती है, पुरुष नहीं होता। स्त्री अपना संवेग दूसरे पर लुटाती है। स्त्री दूसरे के संवेग का प्रबंधन करती है नीतिशास्त्र ने इस

पर ध्यान नहीं दिया। उदाहरण के लिए किसी के घायल अहम को सहलाना, लड़ाई-झगड़े को सुलझाना, आत्मविश्वास को बढ़ाना या फिर क्रोध का शमन करना आदि ऐसे संवेग हैं जिन पर चर्चा आवश्यक है।

अतः स्त्री के अनुभवों पर ध्यान देने से नैतिक चिंतन के इन सैद्धांतिक रूपों के बारे में भिन्न तरीके से सोचना होगा और इससे नैतिक सिद्धांतों में अवधारणात्मक फेर-बदल करना होगा। नारीवाद विभिन्न द्वित्वों (युक्तिपरकता व संवेद, निजी व सार्वजनिक) आदि पर सवाल उठाता है और इसके विकल्प में अनुभवों की विशिष्टता और ठोसत्व पर जोर डालता है। नारीवाद द्वारा यहां कोई निष्पक्ष ज्ञान प्रस्तुत नहीं किया जा रहा, बल्कि ज्ञान के बहुतेरे आख्यानों पर प्रकाश डाला जा रहा है ताकि स्त्री के अनुभवों को स्पेस मिले और वे परिवर्तित रूप से विचार-विमर्श का साधन बने।

एक और मुद्दा नारीवादी उठता है। परंपरा से स्त्री दूसरे की सेवा करती आई है। सेवा के उसके अनुभव पर ध्यान कम दिया गया। उसका सही मूल्यांकन नहीं हुआ या पितृसत्ता ने स्त्रियों द्वारा की जानेवाली सेवा, संपोषण का महिमा-मंडन करके अपने कर्तव्यों की इतिश्री समझ लिया या फिर उस सेवा विशेष को चर्चा योग्य ही नहीं माना। इसके विपरीत नारीवादी सेवा के संदर्भ में एक आमूल चिंतन की मांग करता है। परंपरा द्वारा स्वीकृत या अस्वीकृत विषय के अध्ययन के बीच एक नैतिक खाई है। नैतिक और राजनीतिक भेद पर चर्चा करने से स्पष्ट है कि दार्शनिकों ने नैतिकता और राजनीति मानव जीवन के बिलकुल अलग पक्ष के रूप में अवधारणाकृत किया यानी राजनीति और नैतिकता में कोई संबंध ही नहीं रखा। यहां तक मान लिया कि व्यक्ति को या तो नैतिक होना है या फिर राजनीतिक जबकि पारंपरिक नैतिकता की अपनी राजनीति रही है, सेवा जैसे स्त्रियोचित गुण का अवमूल्यन इसी राजनीति का हिस्सा है। सेवा यदि स्त्री का नैतिक कर्तव्य है तो सेवा करने वाले को राजनीतिक अधिकार मिलने चाहिए। इसके विरोध में कहा जाता है कि राजनीति को प्राथमिकता देने का अर्थ हुआ सेवा को एक असंबंधित नैतिक खयाल के रूप में खारिज करना। उसका अवमूल्यन करना। सेवा करना तो स्त्री का स्वभाव है और घर में रहकर स्त्री करेगी भी क्या? और जो घर में रहता है उसे बाह्य दुनिया की राजनीति को समझने की आवश्यकता भी नहीं है। किंतु नारीवाद, राजनीति से संबंधित नैतिक सिद्धांतों को पहचानना चाहेगा, ताकि सेवा जैसा नैतिक गुण राजनीतिक रूपांतरण का आधार बन सके। सेवा को संभावनारहित नैतिक खयाल कहना उचित नहीं।

सेवा से संबंधित विमर्श को केंद्र में लाने से स्त्री-पुरुष के बीच की स्थापित भेदक रेखा परिवर्तित होती है जो हमें राजनीतिक और नैतिक जीवन के पुनर्विवेचन के लिए प्रेरित करता है। दूसरे शब्दों में राजनीति और नैतिकता के संदर्भ स्त्री के अनुभवों पर ध्यान देने से सामाजिक सोच और चिंतन में बदलाव आता है यानी मानव जीवन के केंद्र में सेवा-कार्य को यदि रखा जाए तो समाज में आमूल-चूल परिवर्तन होगा।

सेवा पर ध्यान देने से वे मानवीय मूल्य अभिव्यक्त होंगे जो स्त्री को राजनीतिक और नैतिक रूप से सबलीकृत करेंगे। साथ ही स्त्री की नैतिक सत्ता पर भी भिन्न दृष्टिकोण से विचार-विमर्श संभव होगा और स्त्री हो या पुरुष किसी एक को पूरी तरह स्वायत्तता और अकेला समझने की गलती से भी बचेंगे। निजी और सार्वजनिक का द्वित्व सत्ता के स्वार्थ की पूर्ति करता है। समाज में जो कमजोर है, वृद्ध है, बालक है, उन्हें सेवा की सबसे अधिक जरूरत है, और स्त्री इस कार्य को करती है। स्त्री के प्रति सत्ता की एक सामाजिक जिम्मेवारी है कि स्त्री द्वारा किए जाने वाले इस कार्य को महत्त्व मिले।

औरत नाटक न करे तो क्या करे!

मैत्रेयी पुष्पा

बचपन में कोई औरत यह नहीं जानती कि क्या नैतिक है और क्या अनैतिक। क्या सही है और क्या गलत। उसे पता नहीं होता कि जो उसने किया वह गलत था या जो दूसरों ने उसके साथ किया। इस संदर्भ में मैं अपने बचपन को याद करूं तो एक वाकया याद आता है। बचपन में मेरा एक दोस्त था–एदल्ला। उसका नाम एदल सिंह था, मगर वह बहुत छोटी जाति से था, सो सब उसे एदल्ला ही बुलाते थे। चूंकि मैं छोटी बच्ची थी, जल्दी-जल्दी नहीं चल पाती थी, स्कूल बहुत दूर था, इसलिए एदल्ला मेरे साथ रहता था। उससे मेरी दोस्ती थी। एक दिन मुझे एक लड़के ने बुलाया और पगडंडी को छोड़कर खेतों में ले गया कि चलो यहां सुस्ता लेते हैं। तो बबूल के पेड़ के नीचे हम बैठ गए। बचपन में मैं बड़ी जल्दी थक भी जाती थी। गांव से मैं इकलौती लड़की थी जो स्कूल जाती थी। जब लड़के ने मुझे पकड़ा, मेरे साथ जबर्दस्ती करनी चाही तो उससे खुद को बचाकर भागते हुए मेरा फ्रॉक फट गया। मैं समझ नहीं पाई–मेरे साथ यह क्या हुआ? मैं 'एदल्ला-एदल्ला' पुकारते-पुकारते भागी जा रही थी मगर वह लड़का अपनी साइकिल उठाकर ऐसे आगे बढ़ गया जैसे कुछ हुआ ही न हो। एदल्ला जब मेरे पास आया तो मैं फूट-फूटकर रो रही थी। लड़का होने के नाते वह समझ गया कि मेरे साथ क्या हुआ होगा। मगर वह कर भी क्या सकता था? जिस लड़के ने मेरे साथ जबर्दस्ती करनी चाही थी, वह जाट था। ऊंची जात का था? एदल्ला जाटव था। नीची जात। उसे तो खुद जाट लड़के बुरी तरह पीटते थे। एक बार जाट लड़कों ने उसे पीटकर लहूलुहान कर दिया तो मैंने उसके जख्मों से रिसता खून साफ किया। जब मैंने उसे अपने साथ घटे हादसे के बारे में बताया तो उसने मुझे प्यार से समझाया–'लाली, तू लड़की है न, इसलिए तुझे छेड़ रहा था। जैसे मैं नीची जात का हूं इसलिए मुझसे अपने बस्ते ढुलवाते हैं, मुझे पीटते हैं। जैसे मुझे तंग करते हैं और ऐसे तुझे तंग करेंगे।'

एदल्ला बोला–'लाली, कहना मत किसी से, नहीं तो तेरी मार पड़ेगी।'

हुआ भी यही। जब मैंने मां को चिट्ठी लिखकर यह घटना बताई तो मुझे ही डांट पड़ी, 'तू क्यों गई थी उसके साथ अकेली? तेरी ही गलती हुई न?' तब मुझे लगा कि मैंने सचमुच कोई गलती की है। मैंने मां को कितना समझाया कि उसने कहा था–बैठ लेते हैं तो बैठ गई। मगर मां नहीं मानी–'नहीं गलत होता है।' तब मेरी समझ में आया कि लड़के-लड़की का साथ बैठना गलत होता है।...तो यहां से शुरुआत हुई। नैतिकता-अनैतिकता तो नहीं समझती थी। शब्द बहुत भारी थे। मगर सही-गलत का फर्क समझने की कोशिश जरूर करने लगी।

मगर एदल्ला के साथ पर माताजी को कोई ऐतराज नहीं था क्योंकि वह जानती थीं वह नीची जात का है। कमजोर है। वह कुछ नहीं करेगा। तो बचपन से आज तक कमजोर पुरुष का अर्थ मेरे लिए 'सहयोगी पुरुष' रहा है।

दूसरा वाकया तब का है जब मैं ग्यारह या साढ़े ग्यारह साल की थी। यह पहल मेरी तरफ से थी। लड़की की तरफ से भी तो पहल हो सकती है! कथित नैतिक-अनैतिक से परे लड़की को क्या अच्छा लगता है? गांव में एक नायब तहसीलदार आए चकबंदी के। पच्चीस के आस-पास उम्र होगी उनकी। वे नीम की निबोली उठाकर मेरी तरफ फेंका करते थे। जाहिर है, ये मेरी किशोरावस्था के शुरुआत के दिन थे। जब वे निबोली फेंकते थे, मैं मुस्कराते हुए भाग जाती थी वहां से। अकेले में सोचती थी मैं किसी दिन उनसे बात करूंगी। वे मुझे बहुत अच्छे लगते थे और जब वे रिस्पांस दे रहे थे तो मुझे लगता था मैं भी जरूर उन्हें अच्छी लग रही हूं जबकि हमारा कोई जोड़ नहीं था। मैं एक अनाथ लड़की और वे एक अफसर। सारा गांव झुक-झुक सलाम करता था उन्हें। वे रेले साइकिल से चलते थे और मैं गांव से पांच-छह किलोमीटर दूर स्कूल पैदल जाती थी। उन दिनों रेले साइकिल का कार जैसा क्रेज था। वे अपनी साइकिल से मेरे पास से गुजर जाते थे, मगर मैं उनसे बात करते झेंपती थी। एक दिन अपनी टूटी-फूटी भाषा में मैंने उन्हें चिट्ठी लिखी–'मैंने आपका रूमाल चुरा लिया है और आपके रूमाल से आप जैसी खुशबू आती है।... आपको पता नहीं न कि मैंने आपका रूमाल चुरा लिया है! मगर मैं इसे संभालकर अपने पास रखूंगी।' यह चिट्ठी मैंने अपने घर की किवड़िया में रखी। उन्हें देने का तो सवाल ही नहीं था। और वहां से चिट्ठी कोई ले गया। पूरे गांव में चकल्लस होने लगी कि यह तहसीलदार छोटी उम्र की लड़कियां फंसाता है और मेरी बदनामी हुई कि कस्तूरी की यह लड़की आगे चलकर बहुत बदमाश निकलेगी। बात इतनी बढ़ी कि 15 दिन के अंदर उनका तबादला करवा दिया गया। जब मुझे पता चला कि वे जा रहे हैं तो मुझे

बहुत बुरा लगा। मैंने अपनी सहेली सरला से कहा था—'देखना, एक दिन मैं नायब साहब की साइकिल पर बैठकर स्कूल जाऊंगी।' नायब साहब मुझे मुन्नी कहकर पुकारते तो मुझे बहुत अच्छा लगता। मुन्नी जमींदार की लड़की का नाम था, जो रब्बा में बैठकर स्कूल जाती थी। मैं खुश होती कि मैं जमींदार की लड़की नहीं, फिर भी मुझे मुन्नी कह रहे हैं। एक दिन इसी मुन्नी ने मुझसे कहा, 'तू अनाथ है, तेरा कोई नहीं है।' मैंने उसे जवाब दिया, 'मेरे नायब साहब हैं।' मुझे लगता है, सबका प्यार एक अकेले नायब साहब मुझे देंगे।

जब मां सारा घर बंद करके गई थी तो मैं खूब रोई थी। वैसा ही जब नायब साहब जा रहे थे तो लगा सब कुछ जा रहा है। मैं मायूस-सी अपना झोला लटकाकर जा रही थी कि लगा कोई पीछे से आ रहा है। नायब साहब ही थे। बोले, 'मुन्नी रुको।' मैं रुक गई। बोले, 'बैठो मेरी साइकिल पर।' मैं बैठ गई। मेरा झोला लेकर उन्होंने हैंडिल में टांग दिया—'चलो, आज मैं तुम्हें स्कूल छोड़ देता हूं।' वह गांव में उनका आखिरी दिन था। मैं उनकी साइकिल पर बैठी थी और रोते-रोते मेरा बुरा हाल था। आंसू पोंछते-पोंछते मेरी पूरी फ्रॉक गीली हो गई थी। रूमाल से पोंछूं नहीं कि उसकी खुशबू चली जाएगी। उनने मुझे स्कूल के पास उतार दिया और मैं जाने लगी तो बोले, 'रुको,' मैं रुक गई। उनने पूछा, 'क्यों रो रही हो? इतना क्यों रोती हो?' मैं और फूट-फूटकर रोने लगी। फिर वे बोले, 'जानती हो मुन्नी, मैं तुम्हें क्यों पसंद करता था? तुम अकेली लड़की हो गांव की, जो स्कूल पढ़ने जाती हो। तुमने मुझे चिट्ठी लिखी न, वह मेरे पास आ गई, कहीं से, घूमते-फिरते। तुमने चिट्ठी लिखी और मेरा ट्रांसफर करा दिया। मैं कितनी ही एप्लीकेशन देता, मेरा ट्रांसफर इस गांव से नहीं होना था। तुमने तो एक ही चिट्ठी में यह कमाल कर दिखाया।' न जाने अब नायब साहब कहां होंगे, मगर उन्होंने जाते-जाते कहा था—'लिखती रहना मुन्नी, तुम तो अच्छों-अच्छों की छुट्टी कर दोगी?'

नायब साहब पता नहीं आज कहां होंगे? जानते भी होंगे कि नहीं कि मैत्रेयी क्या है, कहां है। मगर गांव वालों की नजर में वह संबंध अनैतिक था—मेरी तरफ से भी, जबकि मेरी या उनकी मंशा अनैतिक नहीं थी। एक लगाव था। लेकिन स्त्री की देह से ही, चाहे वह छोटी बच्ची की ही देह हो—समाज नैतिक-अनैतिक की अपनी तथाकथित परिभाषा तय करता है। जब एदल्ला के साथ थी तो उस जाट लड़के ने मेरी देह को निशाना बनाकर ही मुझे बेइज्जत करना चाहा, नायब साहब से जो लगाव हुआ, वह दैहिक नहीं था, मगर समझा वही गया। तो यहां से मुझे ज्ञान हुआ कि किन चीजों से हमें दूर रहना चाहिए। चाहे हमारा मन उधर

ही भागता हो मगर हमें दिखाना वह है जो समाज चाहता है। और यहीं से औरत नाटक करना शुरू कर देती है। वरना मन में तो अलग तरह की ही चीजें होती हैं, जिसका समाज ने अनैतिक के खांचे में डाल रखा है।

स्त्री-पुरुष के बीच एक नैसर्गिक लगाव तो होता ही है और मैं इसमें किसी सीमा को नहीं मानती। अगर किसी से प्रेम हुआ तो वह किसी भी हद तक जा सकता है। समाज की नजर में भले वह अनैतिक हो, मेरी नजर में नैतिक है। एदल्ला हो, नायब साहब हों या कोई और। यह लगाव मेरे मन से कभी छूटा ही नहीं। मैं छोड़ना चाहूं तो भी नहीं छूटता। नायब साहब छूटे तो आगे कॉलेज की पढ़ाई के दौरान जिससे मिली उससे लगाव हो गया। जो प्यार से बोला, उससे लगाव हो गया। मैं सोचती थी—प्यार के लिए प्यार क्यों होता है? प्यार प्यार ही क्यों पाता है? लोग कहते हैं—'प्यार में बड़ी-बड़ी बेवफाइयां हो जाती हैं।' वफा एक बात है, प्यार दूसरी बात। प्यार तो होता ही रहता है। जरूरी नहीं कि वो भी हमें चाहे और कितना चाहे। इसकी कोई मात्रा तो होती नहीं। या फिर ये बात कि उस प्यार में कितनों का हिस्सा होना चाहिए। या फिर एक अकेले मेरा ही हिस्सा होना चाहिए। यह तो फिर संपत्ति पर एकाधिकार जैसी बात हो गई। मैं इसे नहीं मानती।

मेरी शादी हो गई, मगर मेरे मित्र रहे, आज भी हैं। वे संबंध समाज के डर से या अनैतिक कहे जाने के डर से मैंने नहीं छोड़े। और जब मुझे अनैतिकता का डर नहीं तो मेरी समझ में ही नहीं आता कि अनैतिकता होती क्या है? मुझे तो सारी सद्भावनाएं नैतिक ही लगती हैं।

औरत करती वही है जो उसका दिल करता है, दिखावा चाहे वह जो करे। मुझे जो अच्छा लगा मैंने किया और मुझे कोई अपराधबोध नहीं। क्योंकि मैं अपने मन के प्रति सच्ची रही। मगर यह समाज जो पाखंड जीता है, पाखंड ही देखना चाहता है इसलिए उसे पाखंड दिखाना पड़ता है। साफगोई और पारदर्शिता समाज को मंजूर नहीं तो औरत नाटक न करे तो क्या करे। मसलन किसी लड़की की इच्छा के विरुद्ध उसकी शादी किसी लड़के से कर दी जाए कि ये रहा तेरा पति। तो कोई जरूरी नहीं कि वह उससे प्यार ही करे। वह पत्नीत्व निभा देगी, हो सकता है, सारी उम्र निभा दे, मगर उसके दिल को चीरकर देखा जाए तो वहां कुछ और ही निकलेगा।

हमारे यहां शादी के बाद कम-से-कम स्त्री से एकनिष्ठ होकर रहने की अपेक्षा की जाती है, मगर प्यार की जरूरतें अलग होती हैं। मैं यह भी नहीं मानती कि लड़की ने किसी से प्यार किया तो शादी करके ही दम ले। प्रेम का प्रतिफलन

शादी में ही क्यों होना चाहिए? मैंने अपने प्रेमी से शादी नहीं की। लोग कहते हैं 'क्यों?' क्योंकि शादी कर लेती तो शायद उससे इतना प्यार नहीं कर पाती। शादी के बाद हम दूसरी चीजों में उलझ जाते हैं। वह कोमल-सी भावना, वह तंतु फिर बने नहीं रह सकते। पति-पत्नी एक-दूसरे के प्रति सद्भावना रखते हैं। एक-दूसरे की जरूरतों का खयाल रखते हैं, सब कुछ करते हैं, मगर जो कोमल तंतु उससे मिले थे उसे संजोकर रखना मुश्किल होता है। एक लड़की ने मुझसे पूछा—'क्या पति से प्रेम नहीं हो सकता?' हो सकता है, मगर उसमें बहुत-सी चीजें मिली होती हैं। प्रेमी से जो प्यार होता है उसमें कोई मिलावट नहीं होती।

मां ने जब मुझसे पूछा कि कोई लड़का नहीं जिससे मैं तेरी शादी कर दूं, जो बिना दहेज तुझसे शादी कर ले? मैंने तीन-चार लड़कों के नाम गिना दिए। मगर किसी को जाति, किसी को किसी और बिना पर मां ने खारिज कर दिया। अंततः डॉक्टर साहब से मेरी शादी हो गई। शादी के बाद खतरा उठाकर मैंने पति से कह दिया, 'प्रेमी तो कई थे, मगर उनसे शादी नहीं की।' 'फिर मुझसे क्यों की?' पति ने पूछा। 'शादी डॉक्टर से करनी थी, इसलिए की।'

'मैं उनकी पत्नी तो नहीं हूं। पत्नी तो मैं तुम्हारी हूं, तुम मेरे पति हो। वे मेरे पति तो नहीं,' मैंने समझाया। पति ने सोचा—अभी विदा होकर आई है, वहां के लोगों को भूली नहीं, इसलिए कह रही है। उन्होंने मेरी बात को गंभीरता से नहीं लिया। मगर मैं तो अपने प्रेमियों को भूली ही नहीं। फिर गंभीर मामला बन गया। जैसे ही उन्हें पता चले कि मैं गांव आ रही हूं वह स्टेशन पर मिलने आ जाते थे जबकि डॉक्टर साहब मेरे साथ होते थे। उन्हें बुरा लगता था। पति को तो बुरा लगेगा ही। उसका बस चले तो वह अपनी पत्नी को हमेशा बुर्के में रखे। तो मेरी यह अनैतिकता समाज की नैतिकता लादते रहे।

अब स्टेशन से घर पहुंचे तो कोई दौड़ा-दौड़ा आ रहा है—'अरे! जैसे ही हमें पता चला कि तुम आ रही हो हम तो खुद को रोक ही नहीं सके।' अब साथ बैठा पति अपनी अनैतिक पत्नी को देख रहा है, जिससे मिलने उसका बॉयफ्रेंड भागा-भागा आ रहा है जबकि पत्नी की गोद में बच्ची है। पति को बहुत बुरा लगता था और कई बार वे इन बातों का मेरे खिलाफ बहुत गलत इस्तेमाल करते थे। 'मेरी अनैतिकताओं' की एक बड़ी तलवार उनके हाथ लग गई थी। फिर लाजिमी था कि उन्हें मेरे चरित्र पर संदेह होने लगे।

बड़ी विडंबना है कि स्त्री के अंतर्मन के लिए, उसकी कोमल भावनाओं के लिए जो सब नैतिक है समाज के लिए वह सब अनैतिक है। अपने अनुभव से मैंने महसूस किया कि ज्यादातर स्त्रियां प्रेम से लबालब भरी होती हैं और जब

उन्हें प्यार नहीं मिलता, उस प्यार की अभिव्यक्ति में विघ्न पड़ता है तो उन्हें ईर्ष्या होने लगती है, फिर उन्हें कुंठाएं घेरती हैं, मन में कई तरह की गांठें पड़ जाती हैं। फिर ऐसी स्त्रियों को बदनाम किया जाता है कि यह कुटनी है, झगड़ालू है...डायन है...मन में इसके हमेशा सौतिया डाह समाया रहता है...। जब स्त्री की नैसर्गिक भावनाओं पर अनावश्यक कुठाराघात होता है तभी वह ऐसी हो जाती है।

शादी से पहले ससुराल वालों ने मेरे चरित्र की खोज-खबर लेनी चाही। मेरी एक सहपाठी आगे की पढ़ाई के लिए दिल्ली आ गई थी। उससे मेरे बारे में पूछा गया तो उसने बताया—'अरे वह लड़कों के साथ घूमती रहती है, आवारा है।' मैंने बाद में वही लिखा—'आवारा लड़की ही प्यार कर सकती है।' मेरे पांच-सात प्रेमी रहे जो उम्र के अलग-अलग पड़ावों में मुझसे मिले। नायब साहब न जाने कहां होंगे, मगर उन्हें तो मैं कभी भूली ही नहीं। एदल्ला मेरा बचपन का दोस्त था। प्रेम जैसा तो कुछ नहीं था उसके साथ, मगर हां, वह हमेशा मेरे साथ रहता था। भाई भी नहीं कह सकती। मैं उसके साथ अपने संबंधों को कोई नाम नहीं देना चाहती। मगर मैं उसे कभी भूल ही नहीं पाती। जिनको हम भूल नहीं पाते उनसे प्यार करते हैं। समाज के लिए ये सारे संबंध अनैतिक हो सकते हैं। मेरे लिए तो 'नैतिकता की पराकाष्ठा' हैं।

बदलाव की बयार बह रही है

मृदुला गर्ग

हम पांच बहनें थीं और एक भाई। मेरे परिवार में लड़के और लड़कियों के बीच उस तरह का फर्क नहीं किया जाता था कि लड़कियों को ज्यादा पढ़ना नहीं चाहिए या एक तय उम्र में लड़की की शादी हो जानी चाहिए। बल्कि ज्यादा जोर हम बहनों की पढ़ाई-लिखाई पर ही दिया गया और शादी-विवाह की चर्चा ही नहीं होती थी। इस हद तक कि मेरी बड़ी बहन मंजुल को खुद कहना पड़ा—'भई, हमारी शादी-वादी भी होगी।' मगर यह तय है कि लड़कियों के लिए हमारा समाज सुरक्षित नहीं। हमारे बचपन में यह संभव नहीं था कि हम सड़कों पर अकेले घूमें। विभाजन से पहले दिल्ली शहर में किसी लड़की का अकेले सड़क पर निकलना असंभव था। क्योंकि मुसलमान लड़कियां तो बुर्के में होती थीं इसलिए जो बुर्के में नहीं होती थीं उनकी पहचान साफ थी कि वे हिंदू हैं। तो छेड़छाड़ और किसी भी तरह की दुर्घटना का खतरा बना रहता था। लड़कियां ही नहीं, बड़ी उम्र की औरतों के साथ भी सड़कों-बाजारों में हादसे हो जाया करते थे। विभाजन के बाद यहां औरतों को थोड़ी सुरक्षा और स्वतंत्रता मिली। मगर आज तो और ज्यादा असुरक्षा का माहौल है। चाहे दफ्तर में काम करती हों, बस में सवार हों या सड़क पर हों, औरतें कहीं सुरक्षित नहीं। औरतें हर जगह, हर वक्त असुरक्षित हैं। समाज में औरतों की सुरक्षा नहीं इसलिए औरत अपने मन का बहुत कुछ नहीं कर पाती। मसलन मुझे नहीं याद कि बचपन में कभी देर तक अकेले बाहर रही हूं। हां, हमारे घर लड़कों के साथ बैठकर बातचीत करना बिल्कुल स्वीकार्य था। हमारे पिताजी के पास बहुत लड़के आया करते थे। वे स्वतंत्रता आंदोलन में रहे थे और समाज में उनका कुछ ऐसा रसूख था कि लोग उनसे राय-मशविरा करने आया करते थे। उस वक्त हम बाबर रोड पर रहा कहते थे। पिताजी बौद्धिक शख्सियत थे और सामाजिक-राजनीतिक मसलों में खूब दिलचस्पी लेते थे। तो हमारे घर बहुत सारे हमउम्र लड़के आते थे। और हम उनसे राजनीति पर, साहित्य पर खुलकर चर्चा

करते थे। ऐसा नहीं होता था कि चार लड़के आए तो हमसे भीतर जाने को कहा जाए। हम पिताजी, उन लड़कों से बहस करते थे और अपनी असहमतियों को ठोंक-बजाकर उनके सामने रखते हुए। और मैं डालमिया नगर गई तो वहां मैंने यह फर्क महसूस किया। बैठक में दस-बीस लोग बैठे हैं, राजनीति पर चर्चा चल रही है और वहां मैंने कुछ बोल दिया तो सब चुप हो जाते थे। वहां कोई औरत मर्दों के बीच बोलती नहीं थी। यह बात मुझे बहुत बाद में समझ आई, मगर तब तक तो देर हो चुकी थी।

जहां तक स्त्री की नैतिकता का सवाल है, विवाह से पहले यौन संबंध अनैतिक माना जाता था, आज भी कुछ हद तक माना जाता है। मगर यह पुरुषों के लिए भी अनैतिक माना जाता है। यह अलग बात है कि पुरुष इसकी परवाह नहीं करते! विवाहेतर संबंध अनैतिक माना जाता था, मगर उस जमाने में भी पुरुषों के ही नहीं, स्त्रियों के भी विवाहेतर संबंध होते थे। स्त्रियों के संबंध ज्यादातर परिवार के अंदर ही बन जाते थे। जब सन् 1975 में पहला उपन्यास *उसके हिस्से की धूप* छपा तो मध्यवर्गीय औरतों के ढेरों पत्र मेरे पास आए कि यह तो मेरी कहानी है, मगर में इसे लिख नहीं पाई।

मगर मैं अपने अनुभव से इतर नैतिकता के सवाल पर बात करना चाहती हूं। एक सहजात नैतिकता होती है जो अंतःप्रज्ञा से आती है। कहावत है कि नैतिकता का पता तब लगता है जब किसी बहुमंजिला इमारत के बीच की मंजिल में आग लग जाए। वहां जो लोग होते हैं उसमें से ज्यादातर खुद को बचाने के लिए नीचे भागते हैं, कुछ लोग ऊपर भागते हैं, दूसरों को बचाने के लिए। उस वक्त व्यक्ति की सहजात नैतिकता सामने आती है। जाहिर है, जो ऊपर लोगों को बचाने के लिए भागता है उसे ही आप नैतिक मानेंगे, क्योंकि आपके भीतर भी कहीं-न-कहीं वही नैतिक स्रोत है। यह एक नैतिकताबोध है जो जन्मजात है, उसका संबंध किसी समाज, सभ्यता या संस्कृति से नहीं। चूंकि औरत बच्चे को जन्म देती है तो जाहिर है कि वह सहजात नैतिकताबोध उसमें होगा। इस सहजात नैतिकता को लें तो पुरुष और स्त्री में कोई अंतर नहीं होता। आप किसी की हत्या नहीं कर सकते क्योंकि यह आपकी सहजात नैतिकता नहीं, पशु भी हत्या तब करते हैं जब उन्हें अपना पेट भरना होता है। मगर जब सभ्यता आती है तो उसके साथ कुछ अन्य मूल्य आ जाते हैं जैसे युद्ध में देश को बचाना है तो आप हत्या कर सकते हैं। तो युद्ध में आप जो हत्या करते हैं वह हत्या नहीं मानी जाती। यह सहजात मूल्य नहीं है। इस तरह नैतिकता का एक दूसरा स्वरूप हमारे सामने आता है। और जब नैतिकता का यह स्वरूप हमारे सामने आता है तो समाज खुद

को बचाए और बनाए रखने के लिए कई सारे मूल्य निर्मित करता है जो व्यक्ति की सहजता नैतिकता से मेल नहीं खाती। मगर जब आप समाज में रहते हैं, उन मूल्यों को आप स्वीकार करते जाते हैं तो वे आपके लिए संस्कार का रूप धारण कर लेते हैं। फिर स्वभाव और संस्कार में अंतर करना बड़ा कठिन हो जाता है। फिर अपने संस्कारों को आप स्वभाव के रूप में पहचानने लगते हैं। मगर जो स्वभावगत नैतिक मूल्य हैं वे हमेशा बने रहते हैं। और इस बिंदु पर स्त्री और पुरुष में इतना ही फर्क होता है कि स्त्री मातृत्व की वजह से बच्चों के प्रति, परिवार के प्रति ज्यादा उत्तरदायित्व महसूस करती है। दूसरी बात यह कि नैतिक मूल्य समय के साथ बदलते रहते हैं। मसलन सहवास से अनचाहे गर्भ निर्धारण का डर रहता था इसलिए नैतिक मूल्य समाज ने बनाए कि विवाह पूर्व सहवास जायज नहीं मगर जब विज्ञान ने तरक्की की और गर्भनिरोध का हथियार आपके पास आया तो संभोग और गर्भनिर्धारण का रिश्ता टूट गया। यही वजह है कि फिर पश्चिम में विवाह पूर्व संभोग जायज माना जाने लगा, क्योंकि गर्भधारण का डर नहीं रहा। इसी तरह गर्भपात अनैतिक था क्योंकि गर्भपात में कई तरह की कठिनाइयां आती थीं इसलिए कानून इसकी इजाजत नहीं देता था। मगर जब कानून ने गर्भपात की इजाजत दे दी तो स्त्रियां इसे अपना अधिकार मानने लगीं। मगर गर्भपात करवाना है या नहीं करवाना है, नैतिक मूल्य के रूप में इसका संबंध 'जीवन लेना है या नहीं लेना है' से है जो नैतिकता पर निर्भर करता है। आप इनमें से किसको चुनते हैं वह आपकी सहजात प्रज्ञा पर निर्भर करता है।

जब तक कोई चीज डर से जुड़ी होती है आप कुछ नहीं कर सकते, क्योंकि आप उसके खिलाफ नहीं जा सकते, आप उसे नैतिकता का लबादा ओढ़ा देते हैं। समाज में होता यह है कि जो भी हानिकारक चीज है समाज के लिए उसे अनैतिक घोषित कर दिया जाता है ताकि व्यवस्था बिगड़े नहीं। अब चूंकि स्त्री मां बनती थी, उस पर परिवार की जिम्मेवारी थी और परिवार में कोई हारी-बीमारी हो तो स्त्री पर ही सारी जिम्मेवारी आती थी कि वही उनकी देखभाल करे इसलिए जितने भी नैतिक मानदंड थे वे स्त्री पर ही लागू होने लगे। सवाल यह था कि स्त्री अगर घर छोड़कर चली जाए तो बच्चे कहां जाएंगे? पुरुष अगर घर छोड़कर चला जाए तो स्त्री बच्चे पाल लेती है, मगर स्त्री अगर दो महीने के बच्चे को छोड़कर चली जाए तो वह कैसे पालेगा? चूंकि समाज अपनी सुरक्षा चाहता था इसलिए जितने भी नैतिक मूल्य थे वह स्त्री पर ही ज्यादा थोपे गए।

वैसे भी नैतिकता का यह सारा प्रपंच मध्यवर्ग की स्त्रियों पर ही ज्यादा लागू होता है—निम्न या उच्च वर्ग की स्त्रियों पर नहीं। मगर मध्यवर्ग में भी अब

बदलाव की बयार बह रही है। अब औरतें बच्चों को गोद ले रही हैं, पाल रही हैं, महानगरों में अकेली रह रही हैं, अपनी मर्जी से संबंध बना रही हैं।

एक बात और। विवाहेतर संबंध चाहे स्त्री के हों या पुरुष का, उसे बर्दाश्त भले कोई कर ले, नैतिक मूल्य के तौर पर स्थापित नहीं करता। स्त्री हो या पुरुष—आक्षेप दोनों पर लगते हैं। स्त्री पर बंधन कुछ ज्यादा इसलिए है कि उसके बगैर काम नहीं चल सकता। पुरुष की अनुपस्थिति में स्त्री घर चला लेती है, मगर स्त्री नहीं होती तो घर-परिवार टूट जाता है।

स्त्री और नैतिकता

रमणिका गुप्ता

पृष्ठभूमि

यह सही है कि भारत में स्त्री के लिए नैतिकता का मतलब उसकी यौन शुचिता है और यह भी कि स्त्री की नैतिकता उसकी देह से शुरू होकर देह पर खत्म हो जाती है। इसे ऐसे भी कहा जा सकता है कि स्त्री की देह ही तो है जो स्त्री की अपनी है–उस पर भी उसका अधिकार नहीं है। उसे वह कैसे सजाए-संवारे या भोगे, यह निर्णय भी उसके पिता, भाई, पति, बेटा या परिवार लेते हैं। यहां तक कि अड़ोसी-पड़ोसी या चलते राहगीर तक भी गाहे-बगाहे मौका मिलते ही उसकी देह पर अपना हक जमाने की कोशिश करते हैं। इतना ही नहीं, जिस मातृत्व और संतान उत्पत्ति के गुण के लिए भारतीय संस्कृति स्त्री का गुणगान करने से नहीं थकती और जो संतान उत्पत्ति को स्त्री का गुण मानती है, स्त्री का वही गुण उसके लिए कलंक बन जाता है, यदि स्त्री स्वेच्छा से या जबरन पति के अतिरिक्त परपुरुष से संसर्ग कर स्वेच्छा से गर्भधारण कर ले। सच तो यह है कि हम आज भी मध्ययुग में जीते हैं। सच यह भी है कि स्त्री को मात्र उसकी देह से जोड़कर देखना और उसके चरित्र को उसकी यौन-शुचिता से जो विश्व के हर समाज की कसौटी रहा है–खासकर मध्मयुग में 'सती' को जन्म दिया और आज उसका स्थान 'ऑनर किलिंग' (Honour killing) ने ले लिया है। स्त्री की भावनाओं को नजरअंदाज कर पुरुष वर्ग या पुरुष दृष्टिकोण से ग्रस्त स्त्रियों ने भी यौन-शुचिता को इज्जत और अपनी नाक से जोड़ उस पर प्रतिबंध थोप दिए हैं, वहीं उसे पाप, अपराध व शैतानियत तथा नरक का पर्याय भी घोषित कर रखा है। जैसे ही किसी ने छूआ कि वह मैली हुई, जैसे कि वह कोई कपड़ा हो या चीज हो। स्त्री को देह की इसी शुचिता से मुक्ति चाहिए। वह कितनी भी सच्ची हो, बहादुर हो, ईमानदार हो, सुशील हो सब व्यर्थ हो जाता है, यदि देह की शुचिता भंग हो जाए। इसलिए सारी खुराफात देह-शुचिता की मानसिकता

करती है और जिसे पुरुष ही नहीं, स्त्री भी पोसती है। देह तो पुरुष की भी होती है न! उसकी शुचिता कभी नहीं टूटती है। उसका टूटना तो मर्दानगी कहलाता है जो पुरुष का गुण माना जाता है। दरअसल, स्त्री-देह का दायरा विकसित करने की दरकार है। स्त्री की वर्जनाओं और निषेधों में चूंकि सबसे पहले देह और उसकी शुचिता ही आती है, उसकी ईमानदारी, शौर्य और अच्छा नागरिक होना नहीं, इसलिए मुक्ति तो इसी वर्जना से चाहिए, जो फिलहाल देह की यौन-शुचिता तक सीमित है।

स्त्री-देह को व्यभिचार से ही जोड़ता है समाज

हम, आप या सब स्त्री या पुरुष, स्त्री-देह को केवल व्यभिचार से जोड़कर देखते हैं, जबकि स्त्री-देह जन्म से लेकर मृत्यु तक यानी जन्म से दफन तक, सेक्स के अतिरिक्त दैनंदिन व अन्य कार्यों में भी संलग्न रहती है। समाज तथा देश या स्वयं व्यक्ति के प्रति स्त्री की जवाबदेही भी पुरुष के समान ही होनी चाहिए पर सच्चाई यह है कि स्त्री से ऐसी जवाबदेही की अपेक्षा अभी पुरुष या वर्तमान समाज करता ही नहीं। पुरुष उसे इस काबिल ही नहीं मानता। फलतः केवल भोग्या या पत्नी-रूपा दासी मानकर वह अपने शॉवनिज्म के तहत या तो उसकी सभी जवाबदेहियों के कार्यान्वयन को स्त्री के बदले स्वयं ही निभा देता है अथवा अपने फैसले अपनी मर्जी के अनुसार स्त्री पर थोपता रहता है। वह यह मानता ही नहीं कि स्त्री भी कोई निर्णय लेने या जिम्मेवारी उठाने में सक्षम हो सकती है। स्त्री की क्षमता पर यह अविश्वास पुरुष अहम को तुष्ट करने के साथ-साथ, पुरुष-वर्चस्व को पुख्ता भी करता है।

स्त्री-देह के अधिकारों के दायरे का विकास हो

स्त्री-देह के अधिकार का दायरा विकसित करने की दरकार है, जिसके तहत उसे स्वयं निर्णय लेने की आजादी हो—जो न जंचे, उसे नकारने की इजाजत हो—इनकार करने का अधिकार हो। इस अवधारणा को अच्छा नागरिक बनने या समाज व देश के प्रति दायित्व निभाने की सोच विकसित करने की छूट के अर्थ में स्वीकार करना चाहिए। इसे केवल एक वाक्य में यूं कहा जाए तो अधिक सटीक होगा कि यदि स्त्री को स्वयं निर्णय लेने का अधिकार मिल जाए तो वह बाकी सभी अधिकार स्वयं हासिल कर लेगी।

स्त्रीवाद देहवाद नहीं है

जहां तक हिंदी साहित्य में स्त्री-विमर्श के देहवाद तक सीमित होने अथवा स्त्री को व्यभिचार की छूट का पर्याय मानने का प्रश्न है, यह अधूरा सत्य है। हिंदी-साहित्य में आज तक पुरुषों द्वारा स्त्री और उसकी देह को हर कोण से परोसा व परखा गया है। यहां तक कि खुद पुरुष की नजरों में अश्लील लगने वाली हरकतों को पुरुष साहित्यकारों ने अपने सुख के लिए गौरवान्वित करके प्रस्तुत किया है। सच तो यह है कि सभी शास्त्रों व पुराणों में स्त्री-पुरुषों के तथाकथित अश्लील व्यवहार, संभोग, व्यभिचार की कथाएं हैं जो उन धर्मशास्त्रियों द्वारा गढ़ी गई कसौटियों पर खरी ही नहीं उतरती रहीं बल्कि उन्हें गर्व के साथ वर्णित भी किया जाता रहा है। पुरुष या आज का समाज वैसी हरकतों को आज के समय में अश्लील या व्यभिचार कहता है। शृंगार रस का ही साहित्य देखिए, स्त्री-देह को केंद्र में रखकर धोबिन-भंगिन से संभोग परमानंद के समान व्याख्यायित किया गया है। स्त्रियों ने तो हाल में लिखना शुरू किया है। अब जब वे अपने ऊपर थोपी हुई अश्लीलता को लिखती हैं या स्वतंत्र रूप से अपने प्यार को या अपनी देह को केंद्र में रखकर लिखती हैं तो उसे हम देहवादी-विमर्श या व्यभिचार की छूट की संज्ञा देने लगते हैं। अश्लीलता या व्यभिचार यदि गलत होगा तो दोनों के लिए गलत होगा, केवल स्त्री के लिए ही नहीं। पर दुर्भाग्यवश शुचिता की हमारी कसौटी सिर्फ स्त्री पर लागू होती है, पुरुष पर नहीं।

स्वतंत्रता और गुलामी सापेक्षित होती हैं

एक और बात व्यभिचार, बलात्कार या स्वतंत्रता और गुलामी जैसे शब्दों का अर्थ शाश्वत नहीं होता। भिन्न-भिन्न समाजों में इन्हें अलग-अलग अर्थों में लिया जाता है। समाज ही नहीं, विभिन्न भौगोलिक स्थितियों में भी इनके अर्थ बदल जाते हैं। आप पंजाब या हिमाचल के दूर-दराज इलाकों को ही देखें तो वहां आज भी एक स्त्री को क्रमशः पांच पति भोगते हैं। दूसरे शब्दों में, एक स्त्री पांच पतियों को भोग सकती है। पंजाब में स्त्रियों की कमी रही है और हिमाचल में पुरुषों की, इसलिए वहां यह एक रिवाज है—प्रथा है, जबकि मैदानी इलाकों का मध्यवर्गीय समाज, जो हिंदी साहित्य के दायरे में है, इसे व्यभिचार कहता है। यह दृष्टिकोण का अंतर है। दृष्टिकोण दो हिस्सों में विभाजित है पुरुष दृष्टिकोण, स्त्री दृष्टिकोण। पुरुष दृष्टिकोण मुख्य हो गया है। स्त्री दृष्टिकोण गौण या शून्य हो जाता है। वैयक्तिक दृष्टिकोण के तहत स्त्री दृष्टिकोण शुरू-शुरू में अंकुरित हुआ

और वैयक्तिक आजादी की अवधारणा ने स्त्री-मुक्ति को पुष्ट किया इसलिए स्त्री पर पांच पुरुषों की प्रथा को स्त्री की व्यक्तिगत आजादी हनन कहकर उस पर थोपा जाना माना गया। इसे भौगोलिक जरूरत भी कहा जाता है इसलिए जरूरी नहीं कि जो आपके लिए व्यभिचार है, वह दूसरों के लिए भी व्यभिचार हो। दरअसल, हमारा मध्यवर्गीय समाज घोर वर्जनाओं, अंधविश्वासों और रूढ़ियों का पोषक है, खासकर स्त्रियों के प्रति वह बहुत ही कुंठित, रूढ़ और रहस्यवादी है।

स्त्री पर खुलकर विमर्श सार्थक है

आप कह सकते हैं कि आपने केवल हिंदी साहित्य में स्त्री-विमर्श की बात उठाई है जो ऐसी वर्जनाओं से घिरा है। लेकिन लेखक का काम दिशा देना और यथास्थिति को तोड़ना होता है इसलिए स्त्री-विमर्श में यथास्थिति को तोड़ने के लिए खुलकर विमर्श हो रहा है तो उसमें हर्ज ही क्या है? जितना खुलकर विमर्श होगा, उतनी ही वर्जनाएं टूटेंगी। जिस समाज में स्त्री-पुरुष के मिलने पर रोक नहीं है उस समाज में व्यभिचार और बलात्कार कम होते हैं। आप आदिवासी समाज को ही लीजिए, तथाकथित निम्न जातियों, दलितों अथवा आदिवासियों में प्रेमी के साथ भाग जाना व्यभिचार नहीं माना जाता। मेघालय की खासी या गुजरात की राठवा या अन्य जनजातियों में शादी से भी पहले बच्चे होने पर उन्हें अवैध नहीं माना जाता बल्कि गुजरात में प्रायः पोता-पोती अपने दादा-दादी तक की शादी अपनी शादी के समय करवाते हैं। दरअसल, इन समाजों में न स्त्री व्यभिचारिणी होती है, न बच्चा नाजायज। इनके यहां कबीले के बाहर के व्यक्ति से संसर्ग या संबंध अपराध माना जाता है, समाज की लीक तोड़ना माना जाता है, पाप या पुण्य नहीं। स्वतंत्रता का दायरा या आयाम मनुष्य अपनी जरूरत या सुविधा अनुसार घटाता-बढ़ाता रहा है। यह दायरा जितना बड़ा होता है, उतनी ही उसमें वर्जनाएं कम होती जाती हैं और तथाकथित 'व्यभिचार' शब्द निरर्थक हो जाता है।

व्यभिचार स्त्री-पुरुष की सहमति से होता है। अब स्त्री यदि इस सच्चाई को व्यक्त करती है, जिसे वह झेलती है तो व्यभिचार की छूट कैसे हुई? इससे तो समाज की कमजोरियों या बंधनों का ही पर्दाफाश होता है। वैसे तो हमारे समाज में पति भी अपनी पत्नी पर बिना उसकी इच्छा के बलात्कार करता ही है, जिसे पुरुष समाज स्त्री की सहनशीलता की कसौटी मानता है और पुरुष की मर्दानगी। सक्षम पुरुष चाहे वह धर्मात्मा हो या उदारमना या प्रगतिवादी, स्त्रियों के प्रति

उसका नजरिया बलात्कारवादी ही होता है इसलिए स्त्री-मुक्ति विमर्श देह के मामले में कुछ हद तक एक होकर भी अपने-अपने परिवेश और परिस्थितियों के अनुसार अलग-अलग प्राथमिकताएं लिये होता है।

हिंदी का दायरा अब भी संकीर्ण है

दुर्भाग्यवश हिंदी साहित्य का दायरा अभी तक केवल दस फीसदी पढ़े-लिखे लोगों तक ही सीमित है जो मध्यवर्गीय मानसिकता से ग्रस्त हैं। यह मध्यवर्गीय समाज चोरी-छिपे सब करता है। बाहर निषेध का पूर्णविराम लगाए रखता है और भीतर बिना कौमा, हाइफन, फुलस्टॉप के सब चलता है। यदि स्त्री-साहित्य इस बेलगाम शोषण और पुरुष के अनुसार व्यभिचार के खिलाफ बगावत करता है और कहां पूर्णविराम लगना चाहिए, कहां कौमा, इसका निर्णय खुद ले सकने की लड़ाई लड़ता है तो वह स्त्री-मुक्ति की लड़ाई कहला सकने की कसौटी पर खरा उतरेगा अन्यथा वह पुरुष-कसौटियों पर खरा उतरने की होड़ बनकर रह जाएगा।

आजकल तो उपभोक्तावाद अपने विज्ञापनों या वैश्वीकरण के नए मूल्यों के पासे फेंककर स्त्री-विमर्श को भी इस होड़ की तरफ खींचता नजर आता है। साहित्य को अपना दायरा कुछ बढ़ाना चाहिए और परिभाषाएं बदलनी चाहिए। व्यभिचार और स्वतंत्रता की परिभाषा या व्याख्या करते समय स्त्री का दृष्टिकोण भी शामिल करना चाहिए। पुरुषवादी सोच, वह चाहे स्त्री की हो या पुरुष की, स्त्री-मुक्ति की मुहिम में बाधक बन जाती है। यह कहना ज्यादा श्रेयस्कर होगा कि स्त्री-पुरुष संबंधों या यौन को, स्वाभाविक रूप में, सहजता से लेना चाहिए। हम पानी पीते हैं तो कोई नहीं टोकता। दारू पीने पर सब उंगली उठाते हैं चूंकि हमारी संस्कृति में यह वर्जित है। लेकिन यूरोपीय देशों में दारू पीना स्वाभाविक माना जाता है—वहां यह शिष्टाचार और स्वागत का एक हिस्सा है। वर्जनाएं ही हट जाएं तो रिश्ते स्वाभाविक हो जाएंगे। यही होगी सही देह-मुक्ति।

देह के दायरे का विकास जरूरी है

दरअसल, स्त्री-देह के दायरे में केवल उसका यौनाधिकार ही नहीं बल्कि सभी मानवाधिकारों का समावेश करना जरूरी है तभी स्त्री का संपूर्ण-सर्वांगीण मुक्ति व्याख्यायित हो सकेगी। स्त्री-देह के अधिकार में ही संपत्ति का अधिकार, समान वेतन, उत्तराधिकार और काम का अधिकार आदि समाहित हैं। स्त्री की देह पर

स्त्री का अधिकार तभी हो सकता है, जब उसे ये सभी अधिकार भी प्राप्त होंगे। ऐसे तो ये सारे अधिकार मोटा-मोटी पुरुष और स्त्री दोनों पर समान रूप से लागू होते हैं लेकिन स्त्री के संदर्भ में ये इसलिए अधिक महत्त्व रखते हैं चूंकि आज के समाज में स्त्री होने के नाते वंचित रखी गई है। स्त्री अधिकारों का अलग-अलग विश्लेषण किया जाए तो केवल देखने से पता चल जाता है कि उत्तराधिकार और संपत्ति का अधिकार एकतरफा है! उनके भीतर झांकने पर पता चलता है कि उनके भी भिन्न-भिन्न समाजों में संपत्ति व उत्तराधिकार के मामले कितने भिन्न-भिन्न हैं। मेघालय के खासी या दक्षिण के कुर्ग समाजों में सारी संपत्ति पुत्री की हो जाती है और वह भी छोटी पुत्री की किंतु यह प्रथा विशेष समाजों तक ही सीमित है। स्त्री का संपत्ति की अधिकारिणी होने पर भी ऐसे समाजों में अपरोक्ष रूप से पुरुष वर्चस्व सिर उठाए रहता है।

संपत्ति हो या उत्तराधिकार या समान वेतन का अधिकार, कानूनन ये सभी को समान रूप से मिलने चाहिए। बिना संगठित हुए तो पुरुष मजदूरों को भी न्यूनतम वेतन नहीं मिलता। भारतीय नागरिकों को काम का अधिकार प्राप्त नहीं है। दरअसल, ये लड़ाइयां समाज और सरकार से ताल्लुक रखती हैं और ये संगठित और सम्मिलित रूप से स्त्री-पुरुष को लड़नी पड़ेंगी। स्त्रियों के लिए समान वेतन की लड़ाइयां, स्त्रियों के संगठन के समकक्ष ही स्त्री-पुरुषों की यूनियनें भी लड़ती हैं। राजनीतिक दल भी लड़ते हैं। विडंबना तो यह है कि पुरुष सत्तात्मक अधिकार के बरक्स और स्त्री की सत्ता में भागीदारी के सवाल पर चंद उदारमना लोगों को छोड़कर, अधिकांश बोलने को भी तैयार नहीं हैं। जो बोलते भी हैं, वे भी अधिकार देने को तैयार नहीं होते। संसद में महिला आरक्षण बिल का टलना इसका सबसे बड़ा दृष्टांत है।

अधिकांश पुरुष स्त्री-देह की मुक्ति या आजादी की बात करते हैं तो वे अपनी पत्नी, मां और प्रेमिका को छोड़कर, अन्य स्त्रियों की आजादी की बात करते हैं जहां तक स्त्रियों की पुरुष सत्तात्मकता से मुक्ति की बात है, ये समाज और सरकार से भी अधिक पुरुष या स्त्री की व्यक्तिगत मानसिकता और संगठित शक्ति तथा समझ से ताल्लुक रखती है। कानून बन जाने पर पुरुष स्त्री की स्वायत्तता को स्वीकार कर ही लेगा, इसकी कोई गारंटी नहीं है। भ्रूण-हत्या जारी है, शारदा एक्ट की धज्जियां उड़ाकर बाल-विवाह हो रहे हैं। सती-प्रथा आज भी जारी है। पाकिस्तान या दुबई में यौन-संबधों को लेकर स्त्री को पत्थरों से मारा जाना भी रुका नहीं है। सवाल यह है कि पितृसत्तात्मकता और मातृसत्तात्मकता दोनों का सामाजिक स्तर पर सामंजस्य कैसे हो? इस पर विचार करना होगा।

दरअसल, यह सत्ता की समस्या है ही नहीं। यह सत्ता से अधिक समाज की समस्या है। कोई एक-दूसरे पर राज करे या वर्चस्व जमाए तो इसे स्वतंत्रता नहीं कहा जा सकता। दोनों बराबर साथ-साथ चलें, इसी में दोनों की मुक्ति है, अर्थात् स्त्री और पुरुष दोनों के प्रयास से ही संभव है। हव्वा आदम की पसली से नहीं जन्मी थी—वह स्वयं आदम की तरह एक स्वतंत्र इकाई थी। वह मनुष्य थी। एक अलग स्पीशी के रूप में जन्मी थी। दोनों का समान अस्तित्व था—समान स्वभाव था—वे एक-दूसरे के पूरक थे, सहयात्री थे।

स्त्री स्वतंत्रता के लिए पुरुष मानसिकता में बदलाव जरूरी

स्त्री कितनी भी आजाद हो जाए तो भी स्त्री की उस स्वतंत्रता को सह पाने और बर्दाश्त करने के लिए पुरुष-मन का तैयार होना भी जरूरी है। स्त्री-मुक्ति की मुहिम को पुरुष समर्थन की दरकार होती है चूंकि समानता के अधिकार को समाज स्वीकृत करेगा तभी उस पर कार्यान्वयन संभव होगा और अभी यह समाज पुरुषों द्वारा ही संचालित है। पुरुष की सत्ता व समाज पर जोरदार पकड़ है। यह भी सच है कि स्त्री अभी गुलाम की स्थिति में है और पुरुष स्वामी की स्थिति में, इसलिए स्त्री को अपने बंधन से मुक्त होने के लिए ज्यादा जद्दोजहद करनी होगी। उसमें स्त्री-मुक्ति की चेतना और इच्छा के साथ-साथ अपनी पहचान की चेतना का जगना जरूरी है और चेतना तभी पैदा होगी जब इच्छा जगे या जन्म ले।

अपना निर्णय स्वयं लेना ही स्त्री स्वतंत्रता है

किसी की सत्ता से मुक्त होने का अर्थ होता है अपना निर्णय स्वयं लेने का अधिकार प्राप्त होना, यानी अपनी स्वायत्तता प्राप्त करना, यह किसी पर शासन करना कभी नहीं हो सकता। इसलिए पितृसत्ता या मातृसत्ता के द्वंद्व को न लेकर यदि पितृ-मातृ या मातृ-पितृ सहयोग व स्वावलंबन या सहयात्रा की बात करें तो वह दोनों की मुक्ति के करीब होगी। पितृसत्तात्मक मानसिकता अख्तियार कर लेने से पुरुष स्वतंत्र नहीं, स्वच्छंद या उच्छृंखल या बर्बर हो जाता है। पुरुष ही क्यों, कोई भी हो जाता है, चाहे स्त्री ही क्यों न हो। इसलिए जब स्त्री-मुक्ति की बात की जाती है तो वह स्त्री को बंधन-मुक्त करने की बात होती है, दूसरे को यानी पुरुष को बंधुआ बनाने की छूट नहीं।

डॉ. राममनोहर लोहिया स्त्री को या उसके संबंधों को सामाजिक या राजनीतिक कार्यकलापों के मिश्रण के पक्षधर नहीं थे। वे इतर रिश्तों को भी, चाहे वे स्त्री के हों या पुरुष के, उनका व्यक्तिगत मामला मानते थे। वे इन रिश्तों को नैतिकता की हथकड़ियां पहनाने के पक्षधर नहीं थे। उन्होंने ही कहा था—'बलात्कार से बेहतर व्यभिचार होता है।' लेकिन लोहिया की सप्तक्रांति को अमल में लाने वाले लोग उसकी शुरुआत अपने घर से नहीं बल्कि दूसरों के घर से करते रहे। यहां तक कि पार्टी के भीतर स्त्री-पुरुष रिश्तों को स्कैंडल बनाकर प्रचारित-प्रसारित भी करते थे ताकि स्त्री डिमॉरलाइज हो जाए। कभी-कभी ऐसी घटनाएं भयादोहन में भी बदल जाया करती थीं। कुछ लोग लोहिया के इस जुमले का प्रयोग अपने व्यभिचार को जस्टीफाई करने के लिए भी किया करते थे। दरअसल, किसी भी जीवनशैली के कुछ नियम होते हैं, जिनमें अनुशासन बिल्कुल जरूरी होता है। वे इतने भारी-भरकम या कड़े भी न हों अथवा मानव प्रवृत्ति या मन के इतने विपरीत भी न हों कि लोग उन्हें छिप-छिपकर तोड़ें और इतने ढीले भी न हों कि दूसरे का ध्यान रखे बिना लोग अपने आचरण को सही मानकर, दूसरे के अधिकारों में खलल डालें। साथ-साथ चलने की, साथी बनकर चलने की, एक-दूसरे को सहकर-समझकर, विरोध होने पर भी शत्रुवत न होकर मित्रवत व्यवहार बनाए रखने की जीवनशैली, स्त्री-पुरुष को सम्मिलित रूप से कुछ करने की प्रेरणा दे सकती है। कौन बड़ा, कौन छोटा के संघर्ष में दोनों ही कुछ नहीं कर पाते, आपस में लड़ते रह जाते हैं। लोहिया की इस सप्तक्रांति की अवधारणा में भी दुर्भाग्यवश स्त्रियों की साझेदारी कम थी, पुरुष ही प्रमुख थे।

स्त्री असमानता का मूल स्रोत धर्म है

दरअसल, स्त्री असमानता का मूल स्रोत ही धर्म है। ईसाई, इस्लाम, यहूदी, हिंदू, जैन, सिख या किसी भी धर्म में स्त्री को दोयम दर्जे का जीव माना गया है। सभी धर्मों ने पुरुष को स्त्री से दूर रहने की सलाह, हिदायत और शिक्षा दी है। सभी धर्मों ने प्रथमद्रष्ट्या यह माना है कि स्रष्टा या सर्वशक्तिमान पुरुष ही होता है। ईसाई धर्म में आदम की पसली से औरत पैदा हुई। हिंदू धर्म में स्त्री की उत्पत्ति के बारे में कुछ स्पष्ट नहीं मिलता लेकिन उसमें सृष्टि का विस्तार स्त्री के शोषण और पुरुष के वर्चस्व पर आधारित है, जैसे ब्रह्मा का अपनी पुत्री से जबरन संभोग करना। धरती से सीता का पैदा होना और पुरुष जुल्म के बाद धरती में समा जाना। सिख, जैनी या बौद्ध धर्म ने स्त्री की उत्पत्ति पर कुछ कहा ही नहीं। उन्होंने

प्रचलित हिंदू धर्म के समकक्ष, समानता के धर्म खड़े किए, जिसमें स्त्री-पुरुष को बराबर माना। बौद्ध धर्म को छोड़कर बाकी सभी धर्म स्त्री को वर्जित क्षेत्र मानते हैं। इस्लाम में दो स्त्रियों की गवाही एक पुरुष के बराबर मानी जाती है। इनमें से किसी भी धर्म का प्रवर्तक कोई स्त्री नहीं, पुरुष ही है। सभी धर्मों में स्त्री को पुरुष अधीन रहने का निर्देश दिया गया है। चूंकि समाज धर्म से ही चलता रहा है और विकृत होता रहा है इसलिए असली खुराफात धर्म ने ही की है। टेक्नोलॉजी तो बहुत बाद की चीज है। धर्मों के सभी आडंबर प्रायः स्त्री को ही निभाने पड़ते हैं। अधिकांश स्त्रियां धर्मभीरु होती हैं। मुस्लिम धर्म में रोजा दोनों रखते हैं लेकिन सबाब पुरुष को ही मिलता है। जहां तक संपत्ति के अधिकारों की बात है तो ईसाई धर्म या हिंदू धर्म में बेटियों को संपत्ति नहीं दी जाती थी। कुछ वर्ष पहले भारत में एक ईसाई स्त्री ने सुप्रीम कोर्ट में केस करके स्त्री को संपत्ति में हिस्सेदार होने का मुकदमा जीता। इस्लाम में स्त्रियों को संपत्ति तो दी जाती है पर बराबर-बराबर नहीं। विडंबना तो यह है कि इस्लाम में एक पति चार पत्नियां भी रख सकता है और तीन बार 'तलाक' कहकर औरत को छोड़ भी सकता है। औरत को यह अधिकार प्राप्त नहीं है। इस्लाम धर्म में दो स्त्रियों की गवाही एक पुरुष के बराबर होती है तो हिंदू धर्म में सौ स्त्रियां भी यदि व्रत उपवास करें तो उनका पुण्य एक पुरुष के बराबर नहीं होता।

अरब जैसे देशों में दस-बीस पत्नियां रखने वाले पति की पत्नी यदि विचलित हो जाए और उसका अन्यत्र यौन संबंध हो जाए तो उसे पत्थर खाकर मरना पड़ता है। धर्म सत्ता पूरी की पूरी पुरुष के अधिकार में है। धर्म का आविष्कारक शायद पुरुष ही था। आदिवासी को छोड़कर विश्व के किसी धर्म का प्रमुख पैगंबर, अवतार पुरुष ही है, स्त्री नहीं। इसलिए उसने सब अधिकार अपने पास रखे।

न्यू टेक्नोलॉजी और स्त्री

न्यू टेक्नोलॉजी ने जहां रोजगार के स्तर पर स्त्री को रोजगार से बाहर किया है, खासकर शारीरिक श्रम वाले रोजगार से, वहीं स्त्री को कुछ हद तक मुक्त भी किया है, नई तकनीक ने तो बहुत हद तक स्त्री को घरेलू काम के उबाऊपन से मुक्ति दिलाई है। रसोई के नए उपकरण बनने से स्त्रियों का काम, जो वे दिन भर बैल के जुए की तरह कंधे पर ढोए रहती थीं, आधा हो गया है। कोई भी तकनीक लिंगभेद नहीं करती। समकालीन स्त्री-लेखन ने इस पर विचार नहीं किया, जैसा कि होना चाहिए। स्त्रियों को तकनीक से जोड़ना भी उनकी मुक्ति

का जरिया हो सकता है। शारीरिक, मानसिक और वैचारिक स्तर पर स्त्री के विकास में तकनीक अत्यंत सहायक हो सकती है।

दलित महिला-लेखन और एक्टिविस्ट महिला-लेखन ने धार्मिक जड़ता के अंधविश्वासों पर विचार किया है। सुशीला टाकभौरे की 'स्त्री-मुखी' कविता या कहानी में, कात्यायनी की कविताओं में या खुद मेरी रचनाओं में और धर्म के इस घिनौने रूप की बहुत हद तक चर्चा है। अभी इस दिशा में बहुत काम बाकी है। स्वयं स्त्री की धर्मांधता उसे मुक्त नहीं होने देती। यदि स्त्री धर्म पर खुलकर लिखे तो वह अपनी मुक्ति के साथ-साथ पुरुष वर्चस्व को भी कम कर सकती है। आजकल संताल आदिवासियों में भी विधवा होने पर स्त्री दूसरा ब्याह तो कर सकती है मगर दूसरे विवाह के बाद बेटी पैदा होने पर उसे पूजा में शामिल नहीं होने दिया जाता। यह धर्म ही सिखाता है कि कन्या को वस्तु की तरह दान करो, जबकि मनुष्य को मनुष्य द्वारा दान करना अपहरण का दूसरा रूप है। तसलीमा नसरीन ने धर्म का मुकाबला किया है। दूसरी तसलीमा नसरीन पैदा नहीं हुई है जो धर्म को चुनौती दे सके। अपने ही धर्म के खिलाफ स्त्रियां नहीं बोलतीं, उमा भारती की तरह दूसरे धर्मों के प्रति वे चाहे जितनी भी आक्रामक हों। यह आक्रामकता वे पुरुषों से सीखती हैं।

लोहिया के साथ-साथ यहां डॉ. आंबेडकर की चर्चा लाजिमी है। डॉ. आंबेडकर पूर्वग्रहों से मुक्त थे और उन्होंने महिलाओं के लिए दलित-दृष्टि के साथ सम्यक् दृष्टि अपनाई थी। वे महिलाओं को विकास का पैमाना मानते थे। इसलिए जहां तक दलित-दृष्टि का सवाल है, वह तो स्पष्ट है कि लेकिन उस पर अमल करने वालों की दृष्टि साफ नहीं है। दलित अब भी धार्मिक कट्टरता, मनुवादी आचरण संहिता तथा ब्राह्मणवादी शुचिता या पवित्रता के पोषक हैं, खासकर स्त्रियों के अधिकारों या आचरण के संदर्भ में। दरअसल, वे स्वयं भी हिंदुत्व से मुक्त नहीं हुए हैं। उनकी स्त्री भी अन्य हिंदू स्त्रियों की तरह अपने पुरुषों की अनुगामिनी है, धर्म के मामले में।

दलित आंदोलन के अनुयायी उनके संदेश को उस ऊंचाई तक कायम नहीं रख सके, जिस पर बाबा साहेब ने उसे पहुंचा दिया था। अब भी वे हिंदू मानसिकता से ग्रसित हैं। वे डॉ. आंबेडकर और सविता कबीर के प्रेम की निंदा करने लगे हैं और विवाह का कारण आंबेडकर का गिरता स्वास्थ्य मानते हैं, उनका प्रेम नहीं, जबकि सविता ने बहुत ही प्रेम और समर्पण भाव से उनके स्वास्थ्य की देखभाल की और साथ भी निभाया। इसके बावजूद कुछ संकीर्ण सोच वाले दलित लेखक आंबेडकर को उद्धृत करके उन पर शुचितावादी नैतिकता थोपने लगे हैं।

दलितों में पैदा हुई ब्राह्मणवादी सोच को मैं स्त्री नैतिकता का तालिबानी संस्करण कहती हूं। दलितों में नैतिकता के सवाल पर लादेन खड़े हो रहे हैं। वे अपनी स्त्रियों को घरों में बैठाकर बच्चे पालने की सलाह दे रहे हैं। वे आंबेडकर और बुद्ध को नकार रहे हैं। वे दलित स्त्री को प्राप्त वर चुनने की, पति रूपी खूंटा बदलने की छूट पर अब रोक लगाना चाह रहे हैं। तलाक के बाद उसे मुआवजा न देने तक हर बच्चे का डी.एन.ए. टेस्ट कराने की बात पर दलित-स्त्री पर सदैव-सदैव के लिए हीन-भावना थोपकर उसे आत्मसम्मान से वंचित करना चाह रहे हैं।

बुद्ध-युग की थेरियां भारत की पहली संगठित स्त्री-शक्ति थीं, जो घर-गृहस्थी से मुक्ति पाकर अपने विकास के लिए जन को जागृत कर रही थीं। आज कतिपय दलित लेखक गौतम बुद्ध पर दोष मढ़ रहे है कि उन्होंने स्त्रियों को बरगलाकर उनकी घर-गृहस्थी छुड़वाकर उन्हें अपने आश्रम में स्थान दिया। यह एक ऐतिहासिक सत्य है कि उस युग में जब धर्म आधारित राजनीति का बोलबाला था तो इसी राह से स्त्री-मुक्ति के द्वार खुल सकते थे। खैर, ऐसे दलित लेखकों की इस सोच का कड़ा विरोध भी हो रहा है। दलित महिलाओं के संगठन इस मुद्दे पर आंदोलित हैं और वे आगे आ रहे हैं।

यह विडंबना है कि पितृसत्तात्मकता से न सवर्ण लेखक मुक्त हैं और न दलित लेखक। स्त्री भी, दुनिया भर में कमोबेश पितृसत्ता के दृष्टिकोण का ही समर्थन करती है। बहुत कम स्त्रियां हैं जो स्त्री होना हीनता का पर्याय नहीं मानतीं या अगले जन्म में पुरुष बनना नहीं चाहतीं। *'अगले जनम मोहे बिटिया न कीज्यो'* जैसे लोकगीत घर-घर में गाए जाते हैं।

दलित स्त्री स्वावलंबी होती है

दलित स्त्री चूंकि स्वावलंबी होती है इसलिए उसकी स्थिति सवर्ण स्त्रियों से स्वातंबन के स्तर पर तनिक बेहतर होती है और कुछ हद तक वह अपने फैसले भी लेती है। वह अपने परिवार को पालने-पोसने में बराबर की साझेदार होती है जबकि सवर्ण स्त्री को वे अधिकार प्राप्त नहीं हैं। इसके बावजूद दलित स्त्री भी पति से पिटती है, हालांकि प्रतिक्रिया में वह खुद पति को पीट भी लेती है पर उनकी जातीय पंचायत में पति ही सदैव सही होता है। ये अलग बात है कि वहां स्त्रियां पति और समाज को ठुकराकर अकेले या दूसरा घर बसा लेती हैं लेकिन उन्हें भी कहीं न कहीं यह अहसास तो रहता ही है कि 'आखिर हम औरत हैं न!'

औरत होने की यह हीन-भावना कहीं न कहीं उसकी कोख से जुड़ी है, यौन शुचिता ने जिसे प्रतिबंधित कर दिया, जिस पर स्त्री के बजाय पुरुष के अधिकार को मान्यता दे दी है।

दलित स्त्री जब लेखन की स्थिति में आती है तब भी वह एक गृहिणी का ही नजरिया पालने लगती है, कि उसे घर देखना है, बच्चे पालने हैं। यह नजरिया मध्यवर्गीय है और औरत के नाते औरत को गुलाम बनाता है, दलित महिलाएं दलित भेदभाव के प्रश्न पर तो उत्तेजित होती हैं पर स्त्री-मुक्ति के प्रश्न को टाल जाती हैं या चुप रहती हैं। वे भी हिंदू संस्कार से ग्रसित होकर लिखती हैं। कुछ पुरुष लेखकों ने दलित विद्रोहिणी पात्राएं प्रस्तुत तो की हैं पर स्त्री कथाकारों में रजत रानी मीनू की 'सुनीता' कहानी की नायिका जरूर आई है, जो एक माफिया को सरेआम सबक सिखाती है। ओमप्रकाश वाल्मीकि की कहानी में 'अम्मा' का चरित्र दिमाग से छेड़छाड़ करता रहता है पर जैनेंद्र की *सुनीता, त्यागपत्र* और भगवतीचरण वर्मा की *चित्रलेखा* जैसे स्त्री-पात्र अभी आने बाकी हैं। भारतीय मानसिकता के अनुसार यह नायिका 'ऐज यूजुअल' चरित्रहीन कहलाएंगी पर नैतिकता को अगर केवल यौन तक सीमित न करें तो वे बहादुर और निडर औरतें सिद्ध होंगी। ऐसी पात्राएं नैतिकता की परिभाषा भी बदल सकती हैं।

दलित लेखक भी स्त्री विरोधी

सच बात तो यह है कि दलित लेखक भी अपने लेखन में सवर्ण स्त्री का इस्तेमाल सवर्णों से प्रतिशोध लेने हेतु करने लगे हैं। सवर्ण स्त्री को जोर-स्त्री सिद्ध करने के लिए कतिपय दलित लेखकों द्वारा प्रायोजित कहानियां भी लिखी जा रही हैं। दलित और गैर-दलित स्त्री-पुरुष के प्रेम संबंध को भी शंका से देखा जा रहा है। इस प्रवृत्ति को सही नहीं कहा जा सकता, चूंकि ये जातीयता पर आधारित है। इसके बावजूद इस मानसिकता के पीछे जो मनोविज्ञान है उसे भी मनोवैज्ञानिक ढंग से देखने की जरूरत है। यदि हम दलितों की इस शंका के कारणों की खोज करें, तो इस शंका को समझा जा सकता है। शायद बदला लेने का मनोविज्ञान ही इसकी पृष्ठभूमि में है। उनके मन में यह शंका उठनी भी स्वाभाविक है कि दलित स्त्री और गैर-दलित पुरुष के बीच प्रेम भी शायद किसी स्वार्थ या अपने वर्चस्व के प्रदर्शन के लिए होता है। दलितों में इसे आरक्षण के माध्यम से नौकरी पाने का हथकंडा भी कहा जाता है। आदिवासियों को शंका है कि गैर-आदिवासी उनकी जमीन हथियाने के लिए उनकी लड़कियों को बरगलाकर ब्याह कर लेते

हैं। हालांकि बिटिया मुर्मू, निर्मला पुतुल जैसी लेखिकाएं इस तर्क को नहीं मानतीं। उनका मानना है कि जितनी जमीन मर्दों के दारू पीने के कारण गैर-आदिवासियों ने हथियाई है, उतनी आदिवासी स्त्री से ब्याह करने से नहीं। जहां तक दलित पुरुष का किसी गैर-दलित स्त्री को ब्याह कर लाने का प्रश्न है तो दलितों को यह शंका है कि सवर्ण लड़की का स्वार्थ केवल नौकरी पाना ही नहीं बल्कि दलित पुरुष को उसके समाज से काट देना भी है। इस पर कोई सवाल नहीं करता कि दलित पुरुष समाज से क्यों कटता है? उनके मन की हीन-भावना कोई खत्म कर दे तो वह गैर-दलित पत्नी को भी दलित समाज को जागृत करने के काम में लगा सकता है।

स्त्री मनुवादी कसौटी पर तुलती है

इससे भी ज्यादा खतरनाक दूसरा पहलू है, दलित लेखकों द्वारा बदले की भावना से किसी परित्यक्ता व उपेक्षित सवर्ण स्त्री के हलवाहे से या दलित कर्मचारियों से संबंध को मनुवादी कसौटी पर तोलना। ये संबंध किसी भी स्त्री की दैहिक जरूरत के लिए हो सकते हैं या प्रेम पाने के लिए कोई भी स्त्री इतर संबंध बनाती है। वह सवर्ण हो या दलित हो, अगर एक जमींदार, जिसके संबंध अनेक स्त्रियों से हैं और वह अपनी पत्नी की बराबर उपेक्षा करता है, यदि सवर्ण पत्नी का संबंध अपने एक दलित हलवाहे से हो जाता है तो कतिपय दलित लेखक ऐसी औरत के प्रति सहानुभूति दिखाने के बजाय, उसे दुश्चरित्र साबित करने में जुट जाते हैं। वह स्त्री भी तो मनुष्य है, भले सवर्ण है। उसकी भी भूख हो सकती है, वह चाहे भोजन की हो या देह की। पति से उपेक्षित स्त्री का लगाव किसी दलित मजदूर से होना, एक स्वाभाविक प्रक्रिया के तहत ही है—वह स्त्री चाहे सवर्ण हो, चाहे दलित। पुरुष के अन्याय के बजाय स्त्री में दोष खोजना, यह पुरुषवादी सोच है। यह दलित सोच नहीं है। यह स्त्री को संपत्ति समझने की सामंती सोच है। दलित लेखक भी अपनी पुरुषवादी, शुचितावादी और जातीय सोच से ग्रसित होने के कारण अपनी कलम से सवर्ण स्त्री को दुश्चरित्र ठहराकर सवर्णों से जातिगत बदला लेता है। यह बदला ठीक उसी तरह से है जिस तरह भिन्न धर्मों वाले सांप्रदायिक दंगों में धर्म के नाम पर विधर्मी स्त्रियों का बलात्कार करना गौरव ही नहीं मानते बल्कि सबाब या पुण्यकर्म मानते हैं, चूंकि उस समय वे स्त्री की इज्जत उसके किसी धर्म विशेष की होने के कारण लूटते हैं। दलित भी अपनी स्त्री को अभी संपत्ति ही मानते हैं, भले ही वह खट-कमाकर लाती है। यह सामंती

वर्चस्ववादी सोच है। दलित सोच के तहत जाति तोड़ना एक महत्त्वपूर्ण मुद्दा है, न कि जाति के नाम पर गैर-दलित स्त्रियों को मोहरा बनाकर उन्हें बदनाम करके, सवर्ण समाज के अत्याचार का बदला लेना।

स्त्री का चिंतन 'स्व' का निर्माण हो, स्त्री शुचिता नहीं

आज की स्त्री के चिंतन का विषय यौन-शुचिता नहीं बल्कि अपने 'सेल्फ' के निर्माण और विकास की जरूरत है। भारत में आज भी अधिकांश ग्रामीण क्षेत्रों में स्त्रियां अपने नाम से नहीं पुकारी जातीं। वे फलां की बेटी, फलां की बहू, फलां की मां, फलां की बहन... यानी बाप, भाई, पति और पुरुष समुदाय या गांव के नाम से पहचानी जाती हैं। उनकी अपनी कोई पहचान नहीं है। अपवादस्वरूप ही कुछ स्त्रियां अपना 'स्व' निर्मित कर सकी हैं, उसमें भी वे पूरी तरह पुरुषवादी दृष्टिकोण से मुक्त नहीं हो पाई हैं।

यह हाल केवल अशिक्षित समाज का ही नहीं है, पढ़े-लिखे समाज की स्त्रियां भी पूरी तरह पुरुषवादी दृष्टिकोण से मुक्त नहीं हैं। सुभद्राकुमारी चौहान की ही कविता देखिए, 'खूब लड़ी मर्दानी, वह तो झांसी वाली रानी थी।' यानी वे यह मानकर चलती हैं कि वीरता और साहस का गुण केवल पुरुषों का ही गुण है यानी कि वीरता का गुण स्त्रियों में आने पर वे 'मर्दानी' हो जाती हैं।

स्त्रियों के वीर और साहसी होने पर स्त्रियों द्वारा ही उन्हें 'मर्दाना' कहा जाना एक गाली है, जिस गाली को स्त्रियां अनजाने ही स्वयं को देते आ रही हैं।

विवाह संस्था से मुक्ति स्त्री-मुक्ति का सपना हो

सदियों से प्रताड़ित स्त्री द्वारा देखा गया एक सपना है—विवाह संस्था से मुक्ति। पर हर सपना सच तो नहीं हो जाता। देखिए, विवाह ही स्त्री को गुलाम बनाने का पहला कदम है। पहले ब्याह नहीं होते थे। पुरुष समाज ने स्त्री को खूंटे से बांधने के लिए ही ब्याह का बंधन बनाया। ब्याह बंधन है और परिवार उसका पिंजरा है। उसी परिवार में पुरुष भी रहता है लेकिन वह परिवार में कैद नहीं होता, जैसे स्त्री होती है। पुरुष परिवार से उतना नहीं बंधता जितना कि स्त्री। इस तरह विवाह और परिवार की अवधारणा के मूल में दोहरी शोषण व्यवस्था निहित है। एक उसका यौन-शोषण, दूसरा उसका आर्थिक इस्तेमाल व आर्थिक लाभ के लिए दोहन। वह परिवार का ऐसा सदस्य बन जाती है, जिसके किसी काम का मोल

नहीं है। यानी उसकी सारी मेहनत, सारे काम उसके कर्तव्य हैं। उसकी कोख पर भी उसका अपना अधिकार नहीं होता—परिवार की सुविधानुसार बनाए नियमों का होता है। नैतिकता का नियम स्त्री-अधिकारों के हनन का सबसे बड़ा हथकंडा बना दिया गया है।

परिवार से मुक्ति ही मुक्त करेगी स्त्री को

जैसा कि मैंने अभी कहा, परिवार से मुक्ति, स्त्री का एक सपना होगा तो ही मुक्ति होगी। यह कोई रूढ़ि नहीं है, जैसा कि समाज में अक्सर जरूरत के अनुसार बना ली जाती है। 'परिवार से मुक्ति' स्त्री की जरूरत पर आधारित न होकर उसका अपने ऊपर होने वाले अत्याचार और शोषण के प्रति विद्रोह है, आप इसे प्रतिक्रिया कहना चाहें तो कह सकते हैं। समाज ने सारे रिवाज अपनी जरूरत के अनुसार बनाए हैं। मध्य प्रदेश और राजस्थान में आज भी ऐसी सामाजिक रूढ़ियां हैं, जिसके अनुसार बड़ी बेटी को वेश्या बनाया जाता है। ऐसा करते हुए, उन्हें कोई अपराधबोध नहीं होता, बल्कि ऐसा फर्ज मानकर निभाया जाता है। ऐसे रिवाज के मूल में उस समाज की आर्थिक जरूरत है, यानी वहां अपनी आर्थिक बदहाली से लड़ने के लिए बेटियों को औजार बनाया जाता है।

धर्म और परंपरा के नाम पर अन्याय-अत्याचार

उड़ीसा के आदिवासी इलाके में ऐसा रिवाज है कि आठ साल के लड़के की शादी अठारह-बीस साल की लड़की से कर दी जाती है क्योंकि वहां खेतों में काम करने और घर का काम करने के लिए उन्हें जवान लड़की चाहिए और इस जरूरत को पूरा करने के लिए छोटे-छोटे लड़कों की शादी जवान लड़कियों से कर दी जाती है। मध्य प्रदेश के सिद्दी जिले में छोटी आयु में लड़का-लड़की की शादी हो जाती है, पर योग्यता ससुर की परखी जाती है। उसका स्वास्थ्य कैसा है या उसके पास बहू को लाड़-चाव के पूरे संसाधन हैं या नहीं। दोनों ही मामलों में शादी के बाद उस बहू से ससुर यौन संबंध बनाता है। उड़ीसा की आदिवासी स्त्री अपनी उम्र से आधे या उससे भी कम उम्र के लड़के से न तो जीवन भर मुक्त हो सकती है और न ही अपने ससुर के उत्पीड़न से बच सकती है चूंकि पति के मरने से पहले स्त्री उसे छोड़ नहीं सकती। मध्य प्रदेश की लड़की को अपने पति के युवा व समर्थ होने तक अपने ससुर को झेलना पड़ता है। ऐसे में मुझे अपनी यूनियन

के एक नेता कार्तिक महतो का संदर्भ याद आता है। हजारीबाग के मांडू क्षेत्र में कतिपय कुर्मी नवयुवकों ने अपने समाज को सुधारने हेतु यह नियम बनाया कि जो बाल-विवाह या दूसरा विवाह करेगा उसकी पिटाई की जाएगी। कार्तिक भी उन सुधारकों में एक था। उसी समय मुझे कार्तिक महतो के लड़के की शादी का निमंत्रण मिला लेकिन व्यस्तता के कारण मैं जा नहीं सकी। कुछ दिनों बाद जाना हुआ तो मैंने महतो से पूछा, 'बहू कहां है?' जवाब मिला, 'खेत गई है।' थोड़ी देर में एक जवान लड़की बच्चे को गोद में उठाए हमारे सामने पहुंची। मैंने पूछा, 'क्या यही बहू है?' जवाब हां में मिला। मैंने पूछा, 'लड़का कहां है?' जवाब मिला, 'यही तो लड़का है, जो गोद में है।' अब आप इसे नैतिक मानेंगे कि अनैतिक? धार्मिक कहेंगे कि अधार्मिक? जायज कहेंगे या नाजायज? आप जो भी कहें, समाज इन्हें ही मर्यादा कहकर परिभाषित करता है। इन सबसे मुक्ति तभी हो सकती है जब स्त्री धर्म से मुक्त हो जाए चूंकि उसकी हर हरकत धर्म के धागों से संचालित होती है।

सस्पेंडेड औरत

जया जदवानी

आज मैं आपको कोई कहानी नहीं सुनाने जा रही, जैसा कि आमतौर पर लोग करते हैं...। आप हैं उनके घर एक कटोरी शक्कर लेने या एक कप स्पेशल चाय पीने जाओ तो वे आपको पकड़कर कहानी ही सुनाने लगते हैं। ऐसा मैंने कभी नहीं किया। बल्कि जब-जब आप आए हैं मेरे घर पर मुझसे कुछ कहने—शायद अपना दुख, अपनी नापसंदगी—अपनी कोई अधूरी, अदम्य इच्छा...या टूटकर बिखर चुके अभिमान की व्यथा...या जब आपका मन खूब जोर से हँसने या रोने का कर रहा हो...आप मेरा दरवाजा खटखटाते हैं और अंदर आ जाते हैं...। हर घर में कुछ तन्हा कोने होते हैं जिन्हें आदमी बनाता ही अपने रुदन के लिए...पर कभी-कभी घर के अन्य सदस्य जो कहीं भी रो लेते हैं या जिन्हें कोनों की जरूरत नहीं पड़ती...दूसरों के बनाए कोनों में अपना सामान रख लेते हैं...। तब आदमी दूसरे के घरों की तरफ भागते हैं...उनके कोनों में उनके साथ बैठकर रोने के लिए...।

आइए, मैं आपका स्वागत करती हूं...। यह मेरा नितांत निजी कोना है...यहां मैं अकेली बैठकर रोती हूं, शायद जिसे आप रोना भी नहीं कह सकते। रुदन एक अभाव से हो रही तकलीफ का नाम है। कई बार यह तकलीफ अपने भीतर से जन्मती है, कई बार इसे बाहर से लाना पड़ता है। आप कहेंगे क्यों? कभी आपने औरतों को खाली दुपट्टे पर सलमे-सितारे, गोटे-किनारी लगाते देखा है? इसके बाद वे सुंदर लगते हैं। वे औरतें सुंदर लगती हैं जिन्होंने उन्हें ओढ़ा होता है। तकलीफों के साथ भी कुछ ऐसा ही होता है, उन्हें जरा-सा सुंदर बनाना पड़ता है...अपने आंसुओं, अहसासों के मोती टांक-टांक कर...।

आप आराम से बैठिए, संकोच करने की जरूरत नहीं है। क्या कहा? ये सब कहां गए हैं? अरे जनाब, वे सब मुझे ढूंढ़ने गए हैं। मुझे...मुझसे बाहर...। अब वे ऐसा न करें तो क्या करें? आदमी आदमी को हमेशा गलत जगहों पर ढूंढ़ता

है...भ्रम बना रहता है कभी मिल जाएगा, मिलता नहीं। पर सोचिए, सही जगह ढूंढ़ा और हम मिल गए तो आप करिएगा क्या? फिर अलग होने की तैयारी?

बहुत बरस पहले मैं उसे ऐसे ही ढूंढ़ा करती थी...फोन कर-करके...दोस्तों से पूछ-पूछकर... तमाम दिन शहर की गलियों और रात को ख्वाबों में भटकती...। पर जिस दिन मुझे पता होता था आज वह घर पर है, मैं कभी नहीं जाती थी। वह है, वह रहे, हमेशा...चाहे मैं उसे कभी न मिलूं।

अरे यह क्या, मैंने भी अपनी कहानी शुरू कर दी। आज तो तय है कि मैं नहीं आप कहेंगे। तो इधर आइए सबसे पहले मैं आपको शब्दों का तकिया दे देती हूं, इस पर सिर रखो और पहले रो लो, हलके हो जाओ। यह नहीं कि ऐसे तकिये सिर्फ मेरे पास हैं—बाजार में खुलेआम मिलते हैं पर बाजार के बने तकियों और मेरे तकियों में बहुत फर्क है। बाजार में जिस तरह के शब्दों को भरा जाता है, वह शब्दों की भूसी है, निःसत्व। वे जो चलन में ज्यादा होते हैं पर जिनका अर्थ नहीं होता कुछ। रोजमर्रा के जीवन में देखा होगा आपने ऐसे शब्दों को जो पैदा होते ही मरने लगते हैं। बहुत छोटी उम्र होती है उनकी। मैं अपने तकिये शब्दों को चुनकर बनाती हूं। किसी जौहरी को देखा है—हीरे के बड़े से ढेर के सामने अपनी चिमट पकड़कर बैठे। वह एहतियात से छांट-छांटकर अपने काम के हीरे अलग करता है, उसकी तराश देखता है, गठन, कीमत—यह भी कि किस गहने के लिए, कितने, कौन-से मौजूं हैं। बाकी छोड़ देता है किसी अगले वक्त के लिए। नहीं 'वक्तों' के लिए। आप कहेंगे, यह सिंगुलर है, प्लूरल नहीं। आप ठीक कहते हैं—पर जिस तरह 'सुपर माइंड' एक है, 'माइंड' अनेक—उसी तरह वक्त भी एक है—शाश्वत वक्त। उसमें हम सबके 'वक्त' अलग-अलग और बहुत सारे हैं। हम 'वक्तों' में जीते-मरते हैं। वक्त में नहीं। जिस दिन वक्त में जीना आ गया, उस दिन मरेंगे ही क्यों?

तो मैं आपको तकियों का फर्क बता रही थी। मैं बिल्कुल उस जौहरी की तरह शब्द छांटकर तकिये बनाती हूं—बड़े ही नर्म-नाजुक। मेरी अहसासों में डूबी उंगलियां उन्हें छूती हैं तो वे अहसास भी उनके भीतर उतर जाते हैं। और जनाब, जौहरी की तरह मैं उन्हें चिमटी से नहीं पकड़ती... न ये हीरे की तरह बेजान हैं। वैसे तो एक अर्थ में हीरे भी बेजान नहीं हैं, ये बोलते तब हैं, जब आपके जिस्म के किसी हिस्से में सज जाएं। शब्दों को पकड़ते,, इन्हें तकिये में भरते, उनका रंग और महक मेरी उंगलियों से लिपट जाते हैं, उंगली से होते हुए सारे शरीर में उतर जाते हैं...। मैं मजाक नहीं कर रही। आप मुझे सुबह की धूप में, दोपहर और फिर शाम की ढलती रोशनी में या छांव में या बारिश में ध्यान से देखिए, हजारों

इंद्रधनुषीय रंग मुझमें झिलमिलाते नजर आएंगे। नहीं-नहीं, यह मेरी कारीगरी नहीं, न 'उसकी' रहमत है। ये शब्दों के अपने रंग हैं...मैं तो पारदर्शी कांच हूं सिर्फ। अपने खूब सारे पैरों से भीतर उतरकर ये फिर उस खाली जगह में घूमते हैं। जितनी खाली जगहें उन्हें मनुष्य के भीतर मिलती हैं, उतनी बाहर नहीं। बाहर तो बस ये भटकते हैं, प्रेतात्माओं से अनदिखते नाजुक अहसासों से सराबोर। आपने सोचा नहीं कि चट से गिरा आपकी खाली खोपड़ी में...। फिर उसे एक खास वक्त के लिए मैं अपने अंदर पलने-पुसने को छोड़ देती हूं। भीतर शब्दों की अंतःक्रिया होती है, अंडे होते हैं, फिर बच्चे। वह सब मैं आपको किसी और वक्त बताऊंगी, अभी तो तकिया ही पूरा नहीं हुआ... तो इस तरह मैं शब्दों का तकिया बनाती हूं कि जब आप आएं...अपनी पसंद का छांट उसके निकट बैठ जाएं...। उसके अर्थों की गर्मी आपके भीतर जमा हुआ दुःख पिघला देगी और आप काफी निर्भर महसूस करेंगे। मनुष्य के साथ एक हास्यप्रद बात यह है कि अपना कचरा वह खुद इकट्ठा करता है और खुद चिल्लाता है कि आओ, मुझे मुक्त करो। इस वक्त आप कहिए...कहिए क्योंकि संवाद हमारी आत्मा की जरूरत है। हम देते हैं खुद को, उस दूसरे को अपने शब्द और अपने स्पर्श से और इसी देने की प्रक्रिया में उसे पाते भी हैं, न सिर्फ उसे, खुद को भी।

सबसे बड़ा सुख पता है, क्या है कि कोई आपको सुन रहा है। उसी तल्लीनता से, जिससे आप कह रहे हैं। शब्द हमारी प्रत्येक भावना का साक्षी है, हमारे होने का भी। उसी तरह मिलिए इनसे नदियों का पानी मिलता है जैसे। एक नदी का पानी भी कितनी नदियों के पानी से मिलकर बना है, कौन कमबख्त जानता है। उसी तरह आंखों से झरते नमकीन आंसुओं में किस-किस दुख का नमक है...यह तो खुद रोने वाला भी नहीं बता सकता। बस समझिए, सब एक है.. .आंसू है कि पानी है कि बर्फ है...मनुष्य है कि प्रकृति है। तो इस एकात्मकता के बाद भी आप अपने से सुर्खरू हो सकते हैं। मैं आपके सामने थोड़े ही बैठी रहूंगी...मैं तो आपको वहीं अपने ड्राइंग रूम में छोड़ खुद दीवार में लटके फ्रेम में चली जाऊंगी।

जी हां, आपने ठीक समझा। मैं तो बस कभी-कभी ही आ पाती हूं बाहर...जब सामने समाज न हो, घर न हो, रिश्ते न हों...मनुष्य हो सिर्फ, शुद्ध मनुष्य आवरणहीन। उस मनुष्य को सुनना। किसी दिन धूप नहीं निकलती या चांदनी नहीं बहती तो भी वह बहता ही रहता है या जैसे फल पकते हैं...आपको पता है, फल पकने की तरह मनुष्य होना भी एक प्रक्रिया है—इस प्रक्रिया से हम स्वयं को बाधित करते हैं—प्रकृति की टहनी से खुद को तोड़ लेते हैं, समय से

पहले और सड़ने लगते हैं। फल हों या मनुष्य, इनका 'होना' दूसरे में इनकी विलीनता से संभव है। जो खुद को निरंतर बचाए रखना चाहते हैं वे स्वयं अपनी मृत्यु का कारण बनते हैं।

अब जरा फ्रेम को ध्यान से देखिएगा। यहां एक घर है...काफी बड़ा—ऊपर आसमान है, बादल है, बारिशें हैं...। यह जो कुछ भी है, उसे छोड़े रखने के लिए मनुष्य ने घर बनाए हैं। बाहर एक बगीचा है, कतार में वृक्ष लगे हैं...। वृक्षों की झुकी शाखाएं बता रही हैं कि हवा चल रही होगी। आधे खिले फूल अपने खिलने की प्रक्रिया के बीच ठहर गए हैं। हवा जरा-सी तेज हुई नहीं कि इन फूलों और पत्तों को उड़ाती दूर ले जाएगी। अरे, हवा तो चलने लगी...। नहीं-नहीं आप उन फूलों के पीछे मत भागिए...कोई फायदा नहीं। आप उन लोगों में से तो नहीं जो सूखे फूल और सूखी तितलियां किताबों में टांककर रखते हैं? कोई जरूरत नहीं जनाब, शब्द तो वहां पहले से ही हैं फूलों और तितलियों की तरह।

आप मेरे साथ आइए, आइए इस घर में चुपके से प्रवेश करते हैं। कितना साफ-सुथरा है यह, मानो अभी-अभी किसी ने चमकाया हो। घरों को चमकाने वालों की हालत देखी है आपने, देखिएगा कभी...कितनी कीमत चुकाते हैं वे इसकी, और आपको पता तक नहीं चलता। अब इधर देखिए हर चीज करीने से लगी अपनी जगह पर। पहचान रहे हैं इन चीजों को? कौन लाया है इन्हें? कैसे इन्होंने मनुष्य के बीच इतनी जगह बना ली कि इनके लिए जगह बनाते-बनाते मनुष्य स्वयं हाशिये पर चला गया है। हद तो यह है कि वह स्वयं को भी इन चीजों से ही पहचानने लगा है। इस घर में आपको क्या दिख रहा है? चीजें या मनुष्य? और जहां से आप आए हैं...वहां? चलिए, रहने दीजिए...

इन कमरों से चलते हुए बाहर आइए वहां रुकने का मन हो तो भी रुकिएगा नहीं। कोई फायदा नहीं। उधर देखिए, उस नल से अब भी पानी बह रहा है। बगल में साफ-सुथरे कपड़ों का ढेर है। यहीं पर लहू धोया जाता है, यहीं आंसू। लहू, आंसू और मैल रहते चाहे अलग-अलग हैं पर मनुष्य के भीतर ये सब एक ही जगह जाकर मिलते हैं, हम इनकी कीमतें अलग-अलग क्यों न आंकते हों। इधर आइए, आई खुशबू कहीं से? वो गैस पर कुछ पक रहा है। कुछ नहीं, बहुत कुछ...एक पूरा जीवन, एक पूरा भविष्य। इसकी पूरी प्रक्रिया आप देख भी न पाएंगे कि यह पककर जल भी जाएगा...। इस किचन को देखिए...गैस के पास खाली जगह है न, यह हमेशा खाली रहती है...'ब्लैक होल' है यह! जो भी जाता है इसमें, फिर वापस नहीं आता। आप समझते हैं मैं मजाक कर रही हूं, नहीं जनाब, आपका मेरा कोई मजाक का रिश्ता है? ध्यान से सुनिए, इन ईंटों के जोड़ों

से लगातार किसी के गाने की आवाज आ रही है...भारी, बोझिल, घिसटती हुई-सी। जनाब यह गीत नहीं...इन ईंटों और गारे से किसी की सिसकियों की आवाज आ रही है...जिसे आप हमेशा गीत समझते आए हैं। अगर आपको कुछ सुनाई नहीं दे रहा तो भी कोई बात नहीं...दरअसल, आप भीड़ से उठकर आ रहे हैं जहां सिर्फ शोर होता है। भीतर से निकली ध्वनियां धीमी सुनाई देती हैं और जब आप नहीं सुन रहे होते, तब भी वास्तव में आप सुन रहे होते हो। आप कभी-कभी चौंक पड़ते होंगे...कभी राह चलते हुए, कभी नींद में, कभी कुछ लिखते हुए, कभी प्रेम करते हुए...। आप किसी का हाथ पकड़कर बैठे हैं और सोच रहे हैं...। ये लम्हा आप पहली बार नहीं जी रहे, इसके पहले, कब, कहां। आपको याद नहीं आता। दरअसल, हम जी चुके हैं—सारे दुःख, सारे सुख। अलग-अलग परिस्थितियों, अलग-अलग रास्तों पर एक बार और जीते हुए भी वही पुरानी अनुगूंज बनी रहती है भीतर...। तो आपको वह आवाज नहीं सुनाई दे रही तो समझें आप एकदम ठीक जगह पर नहीं खड़े हैं। ठीक जगह पर खड़े रहना, यह एक हुनर है, जनाब जो आसानी से नहीं आता और जब आता है...आता कहां है जनाब...मनुष्य की कहानी ही गलत जगह पर खड़े होने की कहानी है। गलत समय पर खड़े होने की कहानी।

आइए, अब इस दूर और तन्हा कमरे में यहां कोई नहीं आता—कुछ दिखा? कांच के एक बक्से में लेटी हुई वह औरत। सदियों से इसी तरह है...श्रोंडिंगर की बिल्ली की तरह...वह न जीती है, न मरती है, सस्पेंडेड है। जिस दिन देख ली जाएगी... या तो जी जाएगी...या मर जाएगी। नियति है यह मनुष्य की—सस्पेंडेड रहना। जीना सुख की बात है, मरना भी, पर सस्पेंडेड रहना। मेरा मतलब समझ रहे हैं न आप?

तो आप जा रहे हैं? आपको लगता होगा न-न करके मैंने भी आपको एक कहानी सुना दी। नहीं जनाब ये कहानी तो आपके भीतर थी। आप ही अपने कंधे पर रख मेरे खाली फ्रेम में चले आए थे। मैंने तो जब आपको थका हुआ देखा अपना कंधा आगे कर दिया। क्षण भर इसे मेरे कंधे पर रखिए...थोड़ा सुर्खरू होइए। फिर रखवा दूंगी दूसरे कंधे पर। जनाब, दो ही तो कंधे हैं हमारे, थक जाते हैं...तीसरा ढूंढ़ने लगते हैं।

तो आप लीजिए वापस अपनी गठरी। बाहर जाते-जाते दरवाजा बंद करते जाइएगा। वो जो सदियों से सो रही है कांच के बंद बक्से के भीतर। और जिसे अब भी अपने देखे जाने की प्रतीक्षा है....किसके देखे जाने की? वह कौन है? जिसके देख लिये जाने के बाद या तो वह जी जाएगी या मर जाएगी। हर व्यक्ति

की चाह होती है और तब तक उसकी यात्रा चलती रहती है, जब तक उसे उसका एक ऐसा एंटी पार्टीकल न मिले, जहां वह अपनी अस्मिता खो दे। उसके मिलते ही उसकी यात्रा संपूर्ण हो जाती है। तो अभी उसे यूं ही रहने दें उसी प्रतीक्षा में।

और ये शब्दों का तकिया भी मुझे वापस करते जाइए...अगली बार आएंगे तब तक मैं कुछ और बनाके रखूंगी। क्या कहा? मैं यह सब क्यों कर रही हूं? हर बात का कोई कारण ही हो यह कहां जरूरी है? बेवजह जैसे हवा चलती है, पंछी बोलते हैं, पहाड़ सरकते हुए एक-दूसरे के निकट आ जाते हैं या बादल झुककर उन्हें चूमते हैं...सब अकारण है। कारण सिर्फ मनुष्य बनाता है। तो आप यह न पूछें और अगर यह आपकी जिद है और मुझे कोई न कोई जवाब देना ही है तो कहूंगी कि कारण वही, आपके आने का जो है...मेरे कहने का भी...एक ऐसे एंटी पार्टीकल की तलाश जिससे हाथ मिलाते ही मैं नष्ट हो जाऊं।

गली बहुत तंग है

इरा झा

युवा माता-पिता की जिस जवां गोद में मैंने आंखें खोलीं वहां लड़की होने का कोई खास मतलब नहीं था। मेरे भी पैदा होने पर वैसे ही बंदूक चली थी जैसी मेरे इकलौते भाई की पैदाइश पर। संगी-साथी से लेकर सहपाठी तक छोकरे ही थे। इसलिए खेल-कूद और धमाचौकड़ी का अंदाज उन जैसा ही था। लड़कों को कूटा भी और कुटी भी पर लड़कपन को भरपूर जिया। उस पर रही-सही कसर घर पर बुजुर्गों की कमी ने पूरी कर दी। टोका-टाकी करने को घर पर न दादी, न नानी। उलटे परी-सी खूबसूरत मेरी चंचल मां और युवा पिता। जिन्हें बिनाका गीत माला सुनने की धुन चढ़ती तो नया रेडियो खरीद लाते। जमकर फिल्में देखते और देर रात तक बैठक करते। बेटियों की हर फरमाइश मुंह से निकलते ही पूरी होती। पूरे व्यक्तित्व में स्त्रियोचित गुणों की खासी किल्लत थी। ऊपर से नसीहत यह कि भला किस मामले में कमजोर हो। पिता बस्तर जिले में बड़े वकील थे और उनकी कमाई उड़ाने को मेरी मां काफी थी। पिताजी को पाक कला में पारंगत अपनी पत्नी का किचन में घुसना गंवारा नहीं था। वजह यह नहीं कि रांधने में कहीं कमी थी। उन्हें किसी भी महिला का पकाने-खिलाने जैसे कामों में लगना वक्त की बर्बादी लगता रहा। मेरी मां अब से 40 बरस पहले भी बस्तर जिले की नामी सोशल वर्कर थी और इसी नाते बाल न्यायालय की ऑनरेरी मजिस्ट्रेट भी। जब भी मीटिंग के सिलसिले में वह तब के बस्तर से कई-कई ट्रेन बदलकर मुंबई-दिल्ली, भोपाल-जबलपुर अकेली घूमतीं पर न उन्हें कभी आवाजाही के लिए अपने पति की जरूरत महसूस हुई, न मेरे पिता कभी उन्हें लेकर असुरक्षित लगे। उन्हें बाहर जाने के लिए अपने पति से इजाजत की दरकार कभी नहीं रही, उनको सूचित कर देना ही काफी था। वह बस्तर के सुदूर गांवों में आदिवासी महिलाओं और बच्चों को हाईजीन का पाठ पढ़ातीं। उनके देहांत के बाद मुझे यह भी पता लगा कि आदिवासी महिलाओं के आपराधिक ट्रेंड पर उन्होंने बढ़िया अध्ययन

किया था। अब लगता है कि आदिवासी मसलों पर लेखन का यह रुझान शायद उन्हीं की देन है। यह माहौल ही था जिसकी बदौलत युवा होने पर भी हम चारों बहनों को कभी पाक कला में हाथ आजमाने या कढ़ाई, बुनाई-सीखने की नसीहत नहीं मिली। डटकर फैशन, खूब घूमना, पूरी दुनिया घूमे विद्वान पिता से अंतर्राष्ट्रीय कानून, एटॉमिक मसलों से लेकर *गांधी* फिल्म, पेटेंट उरुग्वे राउंड तक की तमाम तकनीकी और प्रशासनिक पेचीदगियों पर दुनिया जहान की बातें, यही थी हमारी दिनचर्या। अब परिवार चलाते हुए कभी-कभार यह परवरिश खटकती जरूर है पर उस घर का माहौल ही कुछ ऐसा था, जूते पहनने से लेकर चोटी गुंथवाने या बाल काढ़ने तक के लिए लोग थे। वक्त ने हमें बदल दिया पर मेरे पिता को आज भी अपनी बहू का उन्हें दूध गरम करके देना सख्त नागवार गुजरता है।

पर यह परवरिश पिता की हैसियत के कारण नहीं थी। पूरे छत्तीसगढ़ में लड़कियों की परवरिश का कुछ ऐसा ही आलम है। पढ़ने की मनचाही आजादी, घरेलू कामकाज का दबाव नहीं, पुरुषों से मेलजोल को लेकर कोई पूर्वग्रह नहीं, न ही शादी का दबाव। सबसे अहम है लड़की की पढ़ाई और स्वावलंबन। उसके कॅरियर के लिए पूरा परिवार कंप्रोमाइज करने को तैयार। *स्त्री सुबोधिनी* जैसी किसी चीज का अस्तित्व ही नहीं। छत्तीसगढ़ की आबोहवा शायद 50 बरस पहले भी ऐसी थी और आज तो लड़कियों के हक में फिजा और खुशगवार है। उन्हें *सेकेंड सेक्स* का अहसास दिलाने वाले परिवार तब भी विरले थे और तब भी ऐसे लोगों को हेय दृष्टि से देखा जाता है। दिल्ली से बैठकर छत्तीसगढ़ जैसे पिछड़े इलाके की लड़कियों का अगड़ापन और आत्मविश्वास नहीं समझा जा सकता। एक बार वहां पहुंचकर कोई हकीकत से रूबरू हो तो कोई बात है।

उस पर मुझे तो बस्तर के उन अबूझे माड़िया-मुरियाओं का निपट आदिवासी परिवेश मिला जो रहन-सहन और संस्कारों के मामले में यूरोपीय समुदाय के देशों के बाशिंदों से भी ज्यादा एडवांस हैं; रहन-सहन के नाम पर मिनी स्कर्ट की तरह लपेटी गई साड़ी, खुले स्तन (ये मातृत्व का प्रतीक हैं, सेक्स का नहीं) और लंगोटी लगाए पुरुष। घरेलू अर्थव्यवस्था की धुरी है वहां औरत। वह खेत में हल चलाती है। फसल बोती है, मछली पकड़ती है और इसे बेचने के लिए बाजार भी वही जाती है। पति की भूमिका है कमाऊ पत्नी के पीछे बच्चों की परवरिश। बल्कि एक तरह से बच्चों की पैदाइश में मदद की प्राकृतिक जरूरत पूरी करना। सारे कामों से निपटकर इन निपट देहाती औरतों का थकान मिटाने का अंदाज भी कुछ यूरोपीयन-सा है। महुए की शराब के नशे में धुत्त होकर मर्दों के साथ राने

जवां-राने जवां या रे रेला रेला रे बाबा की धुन पर सुबह होने तक थिरकना। पति की छाया बनकर घूमने का बंधन नहीं। युवाओं के लिए तो पहले बाकायदे नाइट क्लब की तर्ज पर 'घोटुल' हुआ करते थे। अविवाहित जोड़ों के लिए समझ लीजिए खास तरह के ट्रेनिंग सेंटर। यहां घर बनाने से लेकर दांपत्य जीवन के लिए जरूरी सभी तरह की शिक्षा। गोबर से आंगन लीपने से लेकर खाना रांधना और यौन शिक्षा तक। घोटुल के अंदर कोई यौन वर्जना नहीं होती थी और सचमुच प्रेमजाल में पड़कर किसी जोड़े के विवाह की नौबत आ जाए तो समझिए पूरी इज्जत के साथ हमेशा के लिए उनकी विदाई। विवाह हुआ नहीं कि जोड़ा घोटुल के लिए पराया हो गया। ऐसी भी मिसालें हैं जिसमें कई संतानों की मौजूदगी में जोड़े दांपत्यसूत्र में बंधे। इन आदिवासियों के बीच जिंदगी का बड़ा हिस्सा गुजर गया। बैलाडीला की फूलमती और हिड़मे, कुटरू के जोगे, मादी, चंपी बिज्जे, कोंटा का बारे, किलेपाल का डोरा-डौका और मोलसनार का भूगोड़ी मांझी। इनके चेहरे और आवाज आज भी यादों में ऐसे बसे हैं जैसे आज की ही बात हो। न जाने कितने परिचित थे जिनके बीच स्कूली छुट्टियां, उन्हें एयरगन से चमगादड़, पंडूकी या हरियल मारकर भेंट करके कांटी। बस्तर के जंगलों में तब शिकार की तलाश में 12 बोर की बंदूक लिये घूमना भी बचपन का खास शगल था। कुटरू और मोलसनार के जंगलों में घूमकर बिताए दिन भला कैसे भुलाए जा सकते हैं। अपने आफत के परकाले मामाओं के साथ बस्तर और वैसे ही आदिवासी जिले मंडला में न जाने कितनी बार शेर से लेकर चीतल तक के शिकार में गई, याद नहीं। एक बात और बता दूं, इस शिकार प्रकरण को सलमान खान से न जोड़ें क्योंकि तब शिकार पर सरकारी रोक नहीं थी।

उस पर रही-सही कसर बस्तर के राजपरिवार में आवाजाही ने पूरी कर दी। राजा प्रवीरचंद भंजदेव, छोटे कुंवर, बड़े कुंवर, राजगुरु परिवार में तब जो देखा उसे बखानने बैठूं तो भरोसेमंद नहीं लगेगा। मुझे अच्छी तरह याद है बस्तर गोलीकांड में शहीद होने के बाद दुनियाभर में जाने जाने वाले महाराजा प्रवीरचंद के रहन-सहन का विलायती अंदाज, उनकी टूटी-फूटी हिंदी और अंग्रेजीदां महिला मित्र। कुंवर गणेश सिंह की पत्नी जिन्हें हम नानी कहते थे, की फिल्मी सितारे की-सी छवि। संगमरमर के टेबल पर अपनी लंबी उंगलियों में थमी सिगरेट के कश लगाते हुए पत्ते खेलना। उन्हीं के घर की शशि की मां (नाम याद नहीं) और ठुन्नू बाबा (शायद पद्मा नाम था उनका) महारानी हितेंद्र कुमारी के हाल्टरनुमा ब्लाउज। कुटरू जमींदारिन नानी की हाथी मार बंदूक। उनके वह शाहखर्च बेटे छत्रपाल शाह उर्फ बाबा जिन्होंने देश में सबसे कम उम्र में मंत्री बनने के

साथ-साथ घर की पूरी प्रॉपर्टी अपने चेलों पर लुटाकर यह मिथक तोड़ा कि नेतागिरी कमाई का जरिया है। परलकोट जमींदारिन का पान की जुगाली करना।

समानता की मिसाल देखिए, बस्तर में लड़कियों को तब 'बाबा' कहा जाता था। लड़की होने का अहसास तब भी नहीं जागा। पिता के तबादले के साथ शहर और कॉलेज बदले। यह जागरूकता तो इस दिल्ली ने दिलाई जिसे लोग महानगर कहते हैं। इसी महानगर में आकर जाना कि लड़कियों को दिन ढलने से पहले घर लौट आना चाहिए। लड़कियां बतातीं, मां ने फलां जगह जाने को मना किया है। शाम का शो नहीं देखना या मेरे भाई का जन्मदिन है, धूमधाम से मनेगा तो ताज्जुब होता। ये छोटी सोच का कैसा महानगर है। अपने सेकेंड सेक्स होने का अहसास तब और गहराया जब पत्रकारिता में कुछ कर गुजरने का जज्बा मुझे पटना ले गया। 1984 की बात है। एक मुख्यमंत्री की मिल्कियत वाले अखबार में जब काम करने पहुंची तो पता लगा कि लड़की हूं लिहाजा रिपोर्टिंग कैसे कर सकती हूं। खासी हुज्जत के बाद रिपोर्टिंग मिली तो हजारों नसीहतें फलां से बात मत करना, फलां के साथ क्या कर रही थीं, मानो बात न हुई कोई स्कैंडल हो गया। उस पर आशियाने की तलाश में मेरी जाति से लेकर मेरा प्रोफेशन और उससे भी बढ़कर लड़की होना कैसे बाधक बना, अब सोचती हूं तो लोगों की बुद्धि पर तरस आता है। दिल्ली में बैठे मेरे माता-पिता को यह तनिक भी अंदाज न होगा कि पटना जाकर मुझे क्या-क्या झेलना पड़ेगा। पर पटना का हर राह चलता इनसान जैसे मेरा जबरिया हमदर्द था। उन्हें यह बात हजम नहीं होती थी कि सिर्फ कॅरिअर और जज्बे की खातिर कोई मां-बाप अपनी युवा बेटी को एक अनजान शहर में जाने की छूट दे सकते हैं। लिहाजा वे अटकलें लगाते, बेचारी बहुत गरीब होगी। कहीं घर से भागी तो नहीं है। आम राय यही बनती है कि किसी आर्थिक तौर पर बेहद तंग परिवार की होने के कारण मुझे इतनी दूर नौकरी करनी पड़ रही है। लोग खोद-खोदकर मेरे परिवार का ब्यौरा मुझसे लेते और जब मैं बताती कि मेरे पिता भारत सरकार में बड़े ओहदे पर हैं तो वे ऐसे अविश्वास से देखते जैसे किसी पहले दर्जे की झूठी से पाला पड़ा है। मेरी जिंदगी के सफर का ये एक ऐसा पड़ाव था जिसने मुझे औरत होने की जमीनी हकीकत से रूबरू कराया। पटना पहुंचकर लगा जैसे लड़की होकर मैंने कोई पाप किया हो। इस नाते मेरी महत्त्वाकांक्षा का रास्ता शादी के गलियारे में भटक जाता है। आसपास की आंखों में मैं यह सवाल कि क्या मैं इलिजिबल हूं, साफ पढ़ लेती थी।

पटना के इस दमघोटूं माहौल की काली रातें जल्द कट गईं। एक राष्ट्रीय अखबार में मेरी नियुक्ति हो गई। मुझे जयपुर भेजा गया। नया शहर, नए साथी,

मनपसंद काम और पटना से हटकर खुला-खुला माहौल। मेरे लिए तो जैसे जन्नत। पर जन्नत की ये खुशगवारी ज्यादा दिन न रह पाई। शहर में घरों के दरवाजे लड़की किरायेदारों के लिए खुले थे। इसके पीछे तर्क ये था कि लड़कियां दंदी-फंदी नहीं होतीं। शराबखोरी और मंडलीबाजी का लफड़ा नहीं। ऐसी आम सोच थी पर दफ्तर का माहौल तब भी उतना उदार न था। 25 लोगों के बीच दो लड़कियां। उस पर हमारे सर्वेसर्वा का पक्षपातपूर्ण रवैया। मेरी चाल-ढाल से लेकर काम-काज तक पर टिप्पणी और वजह शायद यह कि कभी बिना जरूरत उनसे मुखातिब नहीं हुई। कभी खुद के लड़की होने की दलील देकर कभी कोई फेवर नहीं मांगा। उलटे तब इस्तीफा देने पर आमादा हो गई जब पता लगा कि मेरा लिंग और कम उम्र मेरे कर्तव्य के रास्ते में बाधक है। इसके सिर्फ दो मतलब थे पहला मेरे आचरण पर आशंका या मेरे साथियों के चाल-चलन पर भरोसा न होना। मानो मैं इन विश्वामित्रों की कर्तव्यपरायणता में कहीं रोड़ा न बन जाऊं। वह मामला कैसे निपटा और मैं कैसे काम पर लौटी इसकी एक अलग कहानी है। बहरहाल, इसी दफ्तर ने मुझे बताया कि लड़के और लड़की के बीच सिर्फ प्रेम हो सकता है, दोस्ती की बात बकवास है। नतीजतन मेरी दोस्तियों पर टीका-टिप्पणी के दौर चल पड़े और अपने एक सहयोगी से मैं शादी कर बैठी। आज भी उस घड़ी को कोसती हूं जब मुझ जैसे बेबाक इनसान पर माहौल हावी हो गया। मेरी परवरिश, मेरे जीवन मूल्य कभी मुझे ऐसी दहलीज पर ला खड़ा करेंगे यह कभी सोचा न था। हालात कुछ ऐसे बने कि मुझे अपने ही अखबार के दिल्ली दफ्तर आना पड़ा।

दिल्ली में दिलों के दायरे और सिमटे हुए थे। जितना बड़ा दफ्तर उतनी छोटी सोच। दिल्ली दफ्तर में काम करने का मेरा खुमार चंद महीनों में उतर गया। काम का जज्बा तो वैसा ही था, पर लोग वैसे नहीं थे, जैसे पत्रकारिता में होने चाहिए। ऐसे लोगों की बड़ी तादाद थी जो लड़कियों की एक नजर के कायल थे, उनकी उम्र भर की ख्वाहिश होती कि एकांत में चाय के कप पर चंद लम्हे मिल जाएं। मुझे चाय पीने पर कोई आपत्ति नहीं थी, गिला इस बात का था कि ये सभी चाहते कि उनके बाकी साथियों को इसकी कानोकान खबर न हो। एक वरिष्ठ साथी ने जब मुझसे कहा कि तुम कैंटीन पहुंचो, मैं आता हूं तो उनका रवैया मुझे बड़ा रहस्यमय लगा। मैंने इस गोपनीयता पर सवाल उठाने शुरू किए तो लोगों को खटकने लगी। एक और सज्जन की अक्सर मेरे साथ नाइट ड्यूटी लगती (या शायद वे लगवाते)। इस दौरान वे मेरे दिमाग से लेकर रूप, गुण की तारीफ करते थकते नहीं। फलां रंग आप पर फबता है। फलां ड्रेस सूट करती है। आप चुप

क्यों हैं, बोलते हुए अच्छी लगती हैं और एक बार सार्वजनिक तौर पर जब उन्होंने मेरे बातूनीपन पर सवाल उठाया कि आप इतना बोलती क्यों हैं और मेरे पलटकर उन्हीं की बात कहने पर उनके चेहरे का उड़ा रंग देखने वाला था। बस तभी से मैंने उनसे बोलचाल बंद कर दी। इसी संस्थान ने मुझे बताया कि औरत होने के नाते मैं पुरुष साथियों की बराबरी करूं बल्कि बढ़-चढ़कर काम करूं तो भी मेरी सीमाएं हैं, मेरी सामर्थ्य हमेशा उनसे कमतर है। और मर्द होने के नाते उन्हें मुझे मोनिका लेविंस्की के फोटो दिखाकर आपस में अश्लील फब्तियां कसकर सताने का हक है। एडीशन निकालने से लेकर मेरी चाल-ढाल, व्यवहार तक में मुझे मेरी दोयम दर्जे की हैसियत का अहसास कराया जाता। इन हालातों के बीच मेरी परवरिश ने मुझे हमेशा पूरी ताकत और विश्वास से जूझने का हौसला दिया। मैं माहौल से परेशान अपनी साथिनों की तरह संस्थान छोड़कर भागी नहीं (जब तक कि उन्होंने मुझे निकाल न दिया)। शायद यही वजह थी कि मैं कामयाबी की ऊंचाइयों की तरफ बड़ी तेजी से बढ़ रही थी। उस संस्थान में सबसे कम समय में दो प्रमोशन पाने की हैरतअंगेज मिसाल कायम करने वाली अकेली कर्मचारी थी पर मेरी यही काबिलियत, मेरा जुझारूपन लोगों की आंख की किरकिरी बन गया। कल तक जो लोग कितनी प्यारी लड़की है, बड़ी मेहनती है, दौड़-दौड़कर काम करती है, कहते नहीं अघाते थे, दौड़ में मुझे अपने समानांतर पाते ही बहकने लगे। दरअसल, हमारे पारंपरिक परवरिश ने पुरुषों को लड़कियों को सिर्फ मातहत के तौर बर्दाश्त करना सिखाया है। बराबरी या वरिष्ठता की बातें उनके जीवन की सिर्फ मजबूरी है।

पत्रकारिता की दुनिया में लड़की होना ऐसा गुनाह है, जिसकी कोई सीधी सजा नहीं है, सिर्फ घुट-घुटकर बर्दाश्त करने की नियति, काम आप करें क्रेडिट आपका पुरुष साथी ले जाए। वह सारी कवायद कुछ ऐसे पेश करे जैसे कर्ता-धर्ता वही और आप हक्के-बक्के पर इस दुनिया की ये दरीदंगियां भी मुझे अपने लक्ष्य से डिगा नहीं पाईं। आदिवासी जिले बस्तर की एक मामूली स्कूल की इस लड़की को बहुत आगे जाना था, पर स्वाभिमान से, लगन और मेहनत से। कहीं कोई शार्टकट नहीं। लिहाजा लड़कर हमेशा अपने हिस्से का हक पाया। हिंदी पत्रकारिता में न्यूज डेस्क पर शायद उस समय पहली महिला चीफ सब-एडीटर थी। अपने काम और मातहतों से भाई-बंदी के स्वभाव ने मेरे इतने प्रशंसक तैयार कर दिए थे कि विरोधी फौज मेरी खबरें फेंके या फोटो गायब करें पर एडीशन बिरले ही लेट हुआ होगा। पूरा सपोर्ट सिस्टम था मेरे पीछे। अब उस टीम के सामने यही चारा था कि सीधे आबरू पर हमला बोल दिया जाए। मुझे मेरी

योग्यता और लोकप्रियता की एवज में जिस तरह जलील होना पड़ा और छोटी-छोटी और बड़ी से बड़ी अदालतों तक लड़ाई लड़ी उसकी अलग कहानी है। ऐसी कहानी जिससे न्यायालयों और मानवाधिकार की पैरोकार कंपनियों की पोल खुल जाए। इस पूरी लड़ाई के नतीजे के तौर पर मुझे नौकरी से निकाल दिया गया।

फिलहाल, देश के बड़े हिंदी अखबार में ठीक-ठाक पद पर हूं पर अब भी यही लगता है कि औरत के लिए यहां भी गली तंग है। बस्तर की परवरिश की वजह से अब भी ठठाकर हंसती हूं, साथियों से ठिठोली करती हूं और जोर से नाराजगी दिखाती हूं। लेकिन इसमें बस्तर के दिनों की स्वच्छंदता नहीं है। मेरे पिता से विरासत में मिली आजादी नहीं है। काश कि मेरे पिता यह जान पाते की उनकी बेटी जिस दुनिया में गुजर कर रही है वहां औरतों की बेबाकी सिर्फ कंटेंट है। यहां अरुंधति राय या किरण बेदी के सिर्फ इंटरव्यू छप सकते हैं, वे खुद आ जाएं तो उनकी हालत पुलिस की नौकरी से कोई खास अलग न होगी। औरतों की बेबाकी यहां अब भी बड़बोलापन है। यहां औरतों को फैशनपरस्ती पर लिखने की तो छूट है पर ठाठ-बाट से रहना ऐसी आभिजात्य की निशानी है जिससे ज्यादातर लोगों का बैर है। बस काम किए जाइए और लोगों को क्रेडिट लेने दीजिए। फल की चिंता से बेपरवाह आपने अपने हक का सवाल उठाया नहीं कि न जाने कितनी आवाजें किस्सागोइयों के साथ कितने कोनों से उभरेंगी और आपके बुलंद हौसलों को मटियामेट कर देंगी। हिंदी पत्रकारिता का यही उसूल है। औरत कराहे तो वाह-वाह और आवाज उठाए तो-?ऽऽ मैंने कहा न यहां की गलियां बड़ी तंग हैं पर पूरे माहौल में मैं अब भी और औरतों से अलहदा हूं। मेरी यह उन्मुक्तता किसे कैसी लगती यह साफ पढ़ लेती हूं। इस खुलेपन के साथ इन तंग गलियों में गुजर कैसे हो, पता नहीं, यह कब सीख पाऊंगी?

केवल स्त्रियों के लिए

लता शर्मा

कुछ विषय केवल लड़कियों के लिए होते हैं जैसे गृहविज्ञान। यह ऐसा वैकल्पिक विषय है जिसे लड़के कभी नहीं चुनते। क्यों? गृहविज्ञान की जानकारी की जरूरत लड़कियों को है, लड़कों को नहीं। इसी तरह अखबार में केवल स्त्रियों के लिए ही एक पृष्ठ होता है। एकाध अपवाद को छोड़कर उन सबकी सामग्री एक-सी होती है। सुंदर कैसे दिखें, बढ़िया खाना कैसे बनाएं, घर कैसे सजाएं आदि। कुछ पत्रिकाएं भी हैं—केवल स्त्रियों के लिए। उनकी सारी विषय सामग्री यही होती है। शिशु का पालन-पोषण कैसे करें, पारिवारिक संबंध मधुर बनाने के तरीके, एक-दो लेख नौकरी संबंध जानकारी के और बस।

कुछ पत्रिकाएं केवल पुरुषों के लिए भी होती हैं लेकिन इनमें फाइलें जल्दी कैसे निपटाएं, बॉस के साथ संबंध कैसे रखें, कमीज धोकर इस्तिरी कैसे करें और बटन कैसे लगाएं जैसे लेख नहीं होते। इन पत्रिकाओं के प्रत्येक पृष्ठ पर, प्रत्येक कोण से, प्रत्येक संभव प्रकाश व रंग संयोजन से स्त्री देह परोसी जाती है। दोनों का कार्यक्षेत्र कितना भिन्न है।

नैतिकता किसी भी स्तर पर हो, केवल स्त्रियों के लिए है। ऐसा कौन-सा लक्षण, अवधारणा, निर्भीक, साहसी और अविजित होना चाहिए। इस तथ्य को ऐसे नहीं कहा जाता। जो बलवान, वीर निर्भीक, साहसी और अविजित है पुरुष है। हां, निर्बल कायर, डरपोक और हारनेवाले जरूर औरतों की तरह हैं और उन्हें चूड़ियां पहनने की सलाह दी जाती है। इन दोनों वाक्यों में कितना अंतर है।

पुरुष को रोना नहीं चाहिए।

स्त्री मातृस्वरूपा है।

होना नहीं, चाहिए है! पूर्णविराम! स्त्री है तो मातृत्व अनिवार्य है। जैसे अंतर्राष्ट्रीय स्तर पर गोरा रंग, सुनहरे बाल और नीली आंखें श्रेष्ठत्व का प्रमाणपत्र हैं, उसी तरह शिश्न भी श्रेष्ठत्व मिथ्या दंभ है। इस दंभ का सर्वाधिक वीभत्स

प्रदर्शन देखना हो तो किसी गिफ्ट शॉप में चले जाइए। वहां कतार दर कतार गुड्डे मिलेंगे।... फूले गुलाबी गाल, नन्ही-सी नाक, अधखुला मुंह और सुनहरे बालों से ढंकी नीली आंखें। कुछ नितांत नग्न, कुछ चड्ढी नीची किए अपने यौनांगों का प्रदर्शन करते हुए। अभी तक गुड्डे-गुड़िया कपड़े और बालों से पहचाने जाते थे। खिलौनों को यौनांग देने की किसे और क्यों सूझी? गुड़ियां सुंदर फ्रॉक, जूते-मोजे पहने, हैट लगाए बैठी हैं। क्या ये सब भी यौनांगसंपन्न हैं? नहीं। स्पष्ट विरोधाभास है। करोड़ों का खिलौना उद्योग बाजार सर्वेक्षण और उपभोक्ता सर्वेक्षण के बिना नहीं चलता। क्या सर्वेक्षण में यह तथ्य सामने नहीं आया कि नग्नता स्त्री की बिकती है, पुरुष की नहीं। जरा फैशन उद्योग, विश्व सुंदरी उद्योग और सर्वोपरि फिल्म उद्योग की ओर देखिए। धड़ल्ले से बिक रही है स्त्री की नग्न देह। फिर गुड़िया की नग्नता से परहेज क्यों? शायद इसलिए कि बेजान नग्न गुड़िया ग्राहकों को आकर्षित नहीं करेगी। नग्न स्त्री देह तब ही कलदार बटोरती है, जब वह जानदार हो और कम से कम आठ-दस साल की हो। फिर ये गुड्डे कैसे बाजार में आ गए? यह सोची-समझी रणनीति है। पौरुषेय, श्रेष्ठत्व का, शिश्न दंभ का एक और नमूना। नग्न गुड्डा सुंदर है, सजावट की वस्तु है। छोटे-छोटे बच्चे उन्हें देखें, अंग विशेष के महत्त्व और बाजार भाव को समझें। उसकी कीमत, उपयोग, उपभोग क्षमता और बाजार भाव को जानें। समाज में अपनी भूमिका निबाहने की तैयारी है यह। व्हाइटमैन्स वर्डन की तरह पुरुष बेचारा स्त्री का संरक्षक बना हुआ है, बहुचर्चित कविता की पंक्ति है जिसकी दुम उठाकर देखा उसको मादा पाया (शायद कवि महादेय आकाश से टपके थे। मादा होना मात्र गाली है, एक मात्र गाली है। सारी गालियां शत्रु पक्ष की स्त्रियों को दी जाती हैं, सारी शत्रुता उन्हीं से निकाली जाती है। रावण सीता को उठा ले गया, राम ने शूर्पणखा के नाक-कान काट लिये।)

दुनिया के सारे धर्म, नीतिशास्त्र, साहित्य, इतिहास और अवधारणाएं पुंसवादी दृष्टिकोण से लिखे गए हैं, स्त्री विद्वेष पर आधारित हैं। कार्येषु मंत्री...अच्छी पत्नी को नर्स की तरह होना चाहिए...पत्नी के अतिरिक्त एक प्रेमिका भी होनी चाहिए। ऐसी सुविधाजनक व्यवस्था स्त्रियों के लिए नहीं है। उनके लिए तो सपनेहु आन पुरुष मन नाहिं का आदेश है।

यौन शुचिता को केंद्र मान लें, बाकी सारा कार्य व्यापार परिधि है। या कहें यौन शुचिता का आग्रह समुद्र में डूबते-उतराते विशाल हिमखंड की नोंक मात्र है।

अबोध बच्चियों को विषकन्या बनाने का सारा आयोजन पितृसत्ता ने किया। आज भी किसी न किसी रूप में स्त्री देह का प्रयोग शत्रु दुर्ग को भेदने के लिए

किया जाता है। पति की आज्ञा से (अनुरोध नहीं) अतिथि को यौन सुविधाएं देने वाली स्त्री का महिमामंडन किया गया। जब भी ईश्वर, ब्राह्मण और पुरुष की आज्ञा से स्त्री ने यौन सेवाएं दीं, उसका यशोगान हुआ। पवित्र पंचकन्या द्रौपदी, कुंती, तारा, अहल्या और मंदोदरी वंदनीय हैं।

स्त्री के लिए नैतिकता वह जो पितसृत्ता कहे। पुरुष की इच्छा के विपरीत जाना अनैतिक है। वह कहे दूधो नहाओ पूतो फलो तो यही है नैतिकता। वे गर्भनिरोध के साधन उपलब्ध करवा दें, गर्भपात विधि-सम्मत बना दे, तब नैतिकता का अर्थ यही है। लिंग अनुपात बिगड़ने से ढंग की लड़की नहीं मिल रही, जिसे मोटे दान-दहेज के साथ ढोल दमामे बजाकर ब्याहकर ले आए। कोई बात नहीं, धड़ल्ले से बिक रही हैं लड़कियां। सत्ता आंखें मूंद, दूसरी ओर देख रही है। अंतर्राष्ट्रीय व्यापार चल रहा है। एक परिवार में एक लड़की बहुत है। सब भाई उससे ही काम चला लेंगे। उसका काम परंपरागत है। बच्चे पैदा करना, रोटी पकाना, पशुओं और बुजुर्गों की देखभाल करना। कितनी सुविधाजनक है यह व्यवस्था। बूढ़ी, बीमार और बेकार होने पर कहीं छोड़ आओ। इनके बाप-भाई पूछताछ करने नहीं आएंगे। खरीदी हुई लड़कियां जो ठहरीं। यह सब घटित हो रहा है सत्ता की नाक के नीचे। न जाने कितने गांव में कितने ऐसे घर हैं जहां उपयुक्त लड़की के अभाव में खरीदकर लड़की की व्यवस्था की गई है। चार-तीन या पांच भाई—एक औरत। कहां है यौन शुचिता का आग्रह! जो हो रहा है पितृसत्तासम्मत है।

देह व्यापार में निरंतर वृद्धि हो रही है। लड़कियां पकड़ी जाती हैं। सत्ता संपन्न ग्राहक बेदाग बच जाते हैं। इसी असुविधा के चलते अब वेश्या को सेक्स वर्कर कहा जाने लगा है। स्त्री को श्रमिक का दर्जा देने, देह व्यापार को उद्योग मानने की बात चल रही है।

न जाने कब से काशीवास की परंपरा चली आ रही है। किसी को इन आठ से अस्सी बरस की स्त्रियों की यौन और उदर पूर्ति की चिंता नहीं। जैसे चाहे करें, जो चाहे करें...शास्त्रसम्मत है। जब काम्य, स्त्री का अपहरण होता है, यौन शुचिता का प्रमाणपत्र कौन मांगता है? हेलेन हो या अहल्या! अंबा, अंबिका, अंबालिका का भीष्म द्वारा अपहरण, उत्तराधिकारी के लिए नियोग पुरुष की व्यवस्था उस पुरुष का दासी को भी वीर्यदान...सब शास्त्रसम्मत यानी पितृसत्तासम्मत था और हुआ।

जो पितृसत्ता की चाल को चुनौती दे, उसकी नीयत पर गंभीर संदेह है। लाहौर में जन्मा व्यक्ति प्रधानमंत्री बन सकता है। इटली में जन्मा व्यक्ति नहीं! क्यों? एक से एक अयोग्य राजा फ्रांस के सिंहासन पर बैठे। कोई बात नहीं। मगर जब

जोन ऑफ आर्क (1412-1431) ने फ्रांसीसी सेनाओं का नेतृत्व करना चाहा तो कौमार्य परीक्षा देनी पड़ी। यही परीक्षा लेडी डायना (1961-1997) ने विवाह वेदी पर चढ़ने से पहले दी। प्रिंस चार्ल्स के लिए ऐसी कोई अनिवार्यता नहीं थी।

लाख वैज्ञानिक प्रगति हुई हो, इक्कीसवीं शती में भी कोई तरीका नहीं कि किसी अभिषेक बच्चन या राहुल गांधी का कौमार्य परीक्षण हो सके... ईश्वर, गॉड, खुदा सब पुरुषवाची शब्द हैं।

जब मातृसत्तात्मक व्यवस्था थी (आज भी जहां है) यौन शुचिता का आग्रह नहीं था। निरंतर मातृत्व के अधिभार ने स्त्री को अधिक समय तक सत्ता में नहीं रहने दिया। जब पुरुष सत्ता हथियाने में सफल हो गया तो नकेल, लगाम और बेड़ियां पहनाने में देर नहीं की। एक बार फंस जाएं तो शेर रस्सी पर चलता है। आग का चक्र लांघ कुर्सी पर बैठकर दिखाता है, स्त्री की क्या औकात? अपदस्थ स्त्री का शोषण एक बार आरंभ हुआ तो नित्य नवीन अध्याय उसमें जुड़ते चले गए।

नीयत वही पुरानी है, हथियार जरूर नए हैं।

हमारे लिए नैतिकता के मायने?

शब्दकोष कहता है धर्म, मर्यादा, विवाह, निष्ठा। नैतिक अर्थात नीति संबंधी। नीति का अर्थ है अपना हित हो, दूसरों को हानि या कष्ट न पहुंचे। यह शब्दकोष भी पुरुषों ने बनाया है। भला इस परिभाषा के साथ कितनी दूर तक जाया जा सकता है। मैं सुंदर हूं, सड़क पर निकलती हूं तो दर्शन मात्र से जनता को कष्ट होता है। पाप प्रवृत्ति पनपती है। तो नीतिसम्मत है, बुर्का पहन लूं, घूंघट डाल लूं और घर में बंद रहूं।

अब यह नहीं चलेगा।

आज सक्रिय स्वतंत्रचेता स्त्री के लिए नैतिकता का अर्थ यह है—अपना हित करो। दूसरों को निष्कारण हानि या कष्ट मत पहुंचाओ और कृपया ध्यान दें। निष्कारण! अगर कारण दिया तो असीमित कष्ट के लिए प्रस्तुत रहें।

तो नैतिकता अर्थात निष्ठा अपने प्रति, अपने काम के प्रति, अपने संबंधों के प्रति। इनके संरक्षण-संवर्धन के लिए जूझना! मृत्युपर्यंत!

जब भी स्त्री अपनी संरचना और अपनी समग्रता का प्रश्न उठाती है, संपूरक नहीं, एकल पहचान की ओर अग्रसर होती है, उसकी चुनौती उसके अस्तित्व को खारिज करने के लिए पुंसवादी समाज सक्रिय हो जाता है। देकार्त का कथन कि मैं सोचता हूं इसलिए मेरा अस्तित्व है, सर्वस्वीकृत है। आज स्त्री भी सोचती है, वो है। यहीं स्त्री-पुरुष का मौलिक अंतर स्पष्ट हो जाता है। पुरुष है, यह सबने

मान लिया, स्त्री है यह मानना तो दूर, वह नहीं है—यह सिद्ध करने में विद्वजन लग गए। वह छाया है, माया है, नरक का द्वार है, आदम की पसली है, न जाने क्या-क्या है। नहीं है तो इनसान। शतपुत्रवती भव। पर इन शत्रुओं को जन्म देने के लिए स्त्री आएगी कहां से! कन्या भ्रूण हत्या स्त्री के ताबूत में ठोंकी गई अंतिम कील है। जिसे जन्म से पहले ही पूर्वग्रहग्रस्त मृत्युदंड मिला हो वह कहां से अपनी यात्रा आरंभ करे। कन्या भ्रूण हत्या पर सरकारी नारे बहुत हैं, पर किसी महान लेखक, आलोचक कवि की कोई रचना नहीं है। क्यों हो? यह उनका सरोकार ही नहीं है। यह विषय लेखिकाओं ने ही उठाया है। हिटलर ने जाति विशेष को नष्ट करना चाहा। वह मानवता का अपराधी घोषित हुआ। जो संपूर्ण प्रजाति को ही नष्ट कर रहे हैं वे क्या हैं? स्त्री की नैतिक यात्रा, अपनी प्रजाति को बचाने से आरंभ होती है। इस प्रजाति को संरक्षण-संवर्धन की घनघोर आवश्यकता है। इस अंकुर के उमगते ही पितृसत्ता परंपरा का पत्थर उस पर रख देती है। अच्छा भोजन, कपड़े, खेल-खिलौने सर्वतोन्मुखी उन्नति के साधन पुसंवादी सत्ता के लिए है। स्त्री को मिला मातृत्व, घर और घर वालों की सेवा। बदले में दो-चार तारीफ के शब्द, और हो गया। जो आदर्श उसके सामने रखा गया, कितना उदात्त है। वे सबके बाद बचा-खुचा खाती है, सबके बाद सोती है, सबसे पहले जाग जाती है। उसकी सारी शिक्षा-दीक्षा पुरुषोपयोगी होती है।

अंकुर पत्थर के नीचे से रेंग आया और धूप की ओर पंख पसार दिए। आज स्त्री हर जगह चुनौती झेल रही है और अंतरिक्ष की ओर अग्रसर है। उसके सामने विश्वभगिनीवाद, वैश्विक नारी जगत के उदात्तीकरण का लक्ष्य है। *मनुस्मृति* और *रामायण* पाठ बहुत हुआ। अब जरा सीमोन द बोउवार से लेकर प्रभा खेतान तक पढ़ें। 'मुझे मर्द की चापलूसी करने की कोई जरूरत नहीं वो मुझे कुछ नहीं दे सकता (वर्जीनिया वुल्फ)।'

जब जन्म पर ही आपत्ति हो तब किस अतिरिक्त सुविधा की आशा पुंसवादी सत्ता से की जाए। भारत सरकार के ही आंकड़े देख लीजिए। प्राथमिक शाला से ही लड़कियों का प्रतिशत कम है और यह निरंतर गिरता जा रहा है। स्त्री शिक्षा में किसी की रुचि नहीं। क्यों हो? सरकार की रुचि किसी जनकल्याण की योजना में नहीं है। स्त्री कल्याण की बात कहां से आ गई? अनपढ़ जनता को साधना भारी पड़ रहा है। नंदीग्राम, सिंगूर और अब मध्य प्रदेश, राजस्थान में भी किसान अपने हक के लिए ताल ठोंक लड़ने खड़ा हो गया है। नहीं देगा अपनी जमीन, अपना पानी। मुसीबत यह कि न्यायालय भी उसकी शिकायत का संज्ञान लेते हैं। स्त्री को और पढ़ा दें! तो जो दो वक्त की रोटी, धुले कपड़े और निःशुल्क यौन

सेवा मिल रही है, उससे भी जाएं। स्त्री अनपढ़ रहे, पुरुष पर निर्भर रहे, कभी आर्थिक स्वतंत्रता की बात न सोचे, इसी में पुंसवादी सत्ता का लाभ है। और स्त्री मुक्ति का मार्ग आर्थिक स्वतंत्रता से ही आरंभ होता है। स्वयं अपने लिए और अपनी बहनों, बेटियों के लिए। बड़ा उत्तर आधुनिक आंदोलन, या कहें—शोर था कि विवाह संस्था आउट डेटेट हो गई है। पुरुष ने कहा (उसे इतर वैवाहिक संबंधों का लाइसेंस चाहिए न) स्त्री को चाहिए—मान लें। आज स्त्री को विवाह की क्या आवश्यकता? जितना समय, श्रम और शक्ति स्त्री विवाह और तज्जनित समस्याओं से जूझने में निःशुल्क व्यर्थ करती है, उसका उचित नियोजन स्त्री को उन्नति के नए आयाम दे सकता है। आर्थिक रूप से स्वतंत्र स्त्री अपनी रोटी भी बना लेती है और घर भी चला लेती है। बच्चे? बहुत बच्चे हैं भारत देश में। किसी भी रूप में उनसे जुड़ा जा सकता है। अपने बच्चे? जिनके हैं उनसे पूछिए कि अपने बच्चे कितने अपने होते हैं? आर्थिक रूप से सुदृढ़ स्त्री को अपनी पूंजी का कुछ अंश धर्म खाते अर्थात अपनी प्रजाति के संवर्धन में लगाना होगा। 'स्वतंत्र समृद्ध स्त्री को राष्ट्र के दायरे में कुछ कदम और चलना पड़ेगा लेकिन उसकी यह यात्रा निकासी के दरवाजे की तरफ होगी। स्थानीय के माध्यम से वह सार्वभौम की ओर जाएगी और सार्वभौम के जरिए स्थानीय को स्पर्श देगी। इसमें हमारे अकेले की मुक्ति नहीं, बल्कि यही जीवन का आनंद है' (प्रभा खेतान, *उपनिवेश में स्त्री*, पृष्ठ 18)।

न स्त्री का जन्म लेना आसान है, न शिक्षा प्राप्त करना। तो जीवनयापन कैसे सरल होगा? प्रत्येक क्षेत्र में स्त्री श्रम की कीमत पुरुष श्रम से कम है। यौन शोषण भी है, यौन हिंसा भी। पुंसवादी समाज की स्त्री विरोधी मानसिकता का कहीं अंत नहीं। स्त्री का नौकरी करना आज भी संदिग्ध आचरण का प्रतीक माना जाता है। उसके द्वारा अर्जित धन सबको चाहिए। पर नौकरी का उत्तरदायित्व निभाने में घर उसकी कोई सहायता नहीं करेगा। घर की अपेक्षाएं अपनी जगह कायम हैं। उधर दफ्तर स्त्री से कर्मनिष्ठा, सजी-संवरी देह, आकर्षण मुस्कान सब चाहेगा। लेकिन पालनाघर की सुविधा कोई नहीं देगा। वामपंथी सरकार भी नहीं। स्त्री की सेवाएं सब चाहते हैं, सत्ता श्रम सब चाहते हैं, लेकिन सुविधा के नाम पर पानी सहित शौचालय बहुत बड़ी विलासिता है। अपने काम के प्रति नैतिकता कैसे निबाहे स्त्री? उसे वोट देने का अधिकार है, पर उसे पीछे धकियाकर पुरुष ही प्रतिनिधि बन बैठता है। संसद में स्त्री का प्रतिनिधित्व नगण्य है। उसकी सक्रिय भागीदारी नहीं है। 1947 में सक्रिय राजनीति में दसों उंगलियों पर गिनने लायक स्त्रियां थीं पर उनका निरंतर परिधिकरण किया गया। अब स्त्री के सामने

दो ही विकल्प रह जाते हैं। जीवनपर्यंत रिरियाती रहे या आगे बढ़कर इन पितृसत्तात्मक प्रतिनिधियों के मुंह पर दो झापड़ रसीद कर, अपना हक छीन ले। एक से एक काबिल महिला राजनीतिज्ञ जो अपने दमखम पर चुनाव जीतती है, अपना असली लक्ष्य—स्त्रियों का सशक्तीकरण भूल जाती है। उधर पुंसवादी सत्ता तुरंत इस टिक-टिक करते टाइम बम को पहचान उसे हथियाने को आतुर हो उठती है। पहले राज्यमंत्री, फिर मंत्री और अपनी प्रजाति के हित और लक्ष्य भूल जाती है। उधर पुरुष के लिए अपना हित सर्वोपरि है। अपनी व्यक्तिगत सत्ता के लिए वह दल तो क्या, देश भी बदल सकता है। पुरुष की राजनीतिक सफलता जोड़-तोड़, अवसरवादिता, खरीदने-बेचने का कौशल, गुटबाजी, विरोध और विद्रोह की क्षमता पर आधारित है। कोई भी राजनीतिक दल स्त्री को समान अवसर नहीं देगा। क्योंकि सत्ता मूलतः पितृसत्ता का ही विस्तार है। जब-जब इन दलों को स्त्री की सुंदर सजावटी उपस्थिति की जरूरत पड़ेगी, उसे पुचकार लिया जाएगा। निर्णायक क्षण आते ही पुरुष मंच संभाल लेगा, स्त्री पुनः परिधि पर। अगले उत्सव की प्रतीक्षा में, सजने-मुस्कराने को तत्पर। सोनिया गांधी के विरुद्ध चुनाव लड़ना था। सुषमा स्वराज से योग्य भला कौन होगा? वह दिल्ली मुख्यमंत्री के पद से त्यागपत्र दें। चुनाव लड़ने और हारने के लिए पहुंची। इनाम में क्या मिला? कुछ नहीं। उन्हें आज तक भाजपा प्रशासित राज्य में मुख्यमंत्री का पद नहीं मिला, न गृह मंत्रालय। वह भी कहीं प्रधानमंत्री पद की दावेदार हो सकती हैं ऐसा स्वप्न भी देखने की हिम्मत नहीं है। और कब तक यह तमाशा झेलेगी स्त्री? जरूरत है एक अपने राजनीतिक दल की। स्त्रियों का, स्त्रियों के लिए, स्त्रियों द्वारा संचालित दल।

क्यों? इसमें ऐसा विचित्र क्या है?

न जाने कितने राजनीतिक दल इसी आधार पर बने। आज उनकी आवाज सबसे ऊंची है। जब संख्या के आधार पर दल बन रहे हैं, आरक्षण प्राप्त कर रहे हैं, तो स्त्री क्यों चुप है? ग्राम पंचायत स्तर पर प्रयोग हो चुका है। जो पिछला रास्ता अपने ही लोगों के लिए खोला गया था। (इन्हें टिकट नहीं दे सकते। इनकी पत्नी को दे दो, काम तो इन्हें ही संभालना है।) वहां से सक्रिय सबल, व्यावहारिक, बुद्धिसंपन्न स्त्रियों की भीड़ अंदर घुस आई। एक बार अपनी ताकत का अंदाजा होने के बाद वो इस रास्ते से हटना नहीं चाहती। यही नजारा संसद में नजर आएगा। अगर तैंतीस प्रतिशत महिला सांसद संसद में आ बैठीं तो जोड़-तोड़ की राजनीति और गठबंधन सरकार के लिए गंभीर चुनौती बन जाएगी स्त्री। यही चुनौती आगे बढ़ स्वीकार करनी है। यह नहीं कि जो इक्की-दुक्की स्त्रियां सत्ता

के गलियारे में पहुंचीं अपनी प्रजाति का हित साधने की जगह, अपने संपूर्ण पुरुषीकरण में व्यस्त हो गईं। वे स्त्रियां रही ही कहां? चाशनी की कड़ाही में गिरकर खुद बताशा बन गईं। सीमित उपयोग की वस्तु। आज ब्राह्मण आरक्षण मांग रहे हैं और राजनीतिक दल गोल-मोल उत्तर दे रहे हैं। मात्र पैंतालीस लाख मतदाताओं की (राजस्थान में) अवहेलना करे, इतना साहस किसी राजनीतिक दल में नहीं। तो फिर स्त्री की संख्या शक्ति का क्या हुआ? स्त्री सशक्तीकरण की मांग स्त्रियों से ही करनी चाहिए। और स्त्रियां ही इसे पूरा करें। स्त्री की बात स्त्री के मुख से, सबके लिए। दबाव और दरार की राजनीति के चलते मार्ग कठिन अवश्य है। असंभव नहीं।

जैसे आर्थिक स्वतंत्रता से ही अन्य सब तरह की स्वतंत्रता निस्सृत होती है, उसी तरह सत्ता के केंद्र (जहां स्त्री के प्रति पक्षपातपूर्ण निर्णय लेने की परंपरा है।) तक पहुंचे बिना स्त्री के लिए नैतिकता का अर्थ कभी नहीं बदलेगा।

आज काम-काजी स्त्री सीधे भूमंडलीकरण से टकरा रही है। जो वॉलमार्ट कर रहा है, वही रिलायंस भी करना चाहता है। मॉल संस्कृति का विस्तार। अगर भूमंडलीकरण को कोई चुनौती देगा तो वह है स्थानीय संस्कृति और परंपराएं। वही भूमंडलीकरण के आक्रमण का पहला शिकार है। परंपरागत रूप से स्त्री ही संस्कृति की संवाहक है। अतः उसे ही विरोध करना है। नहीं...अमिताभ बच्चन नहीं। लटके जबड़े और सफेद बाल वाला बूढ़ा भले ही रीड एन टेलर के सूट में तन लेता हो। वह युवतियों को आकर्षक नहीं लगता। इस विज्ञापन प्रदूषण से लड़ना ही है। दाग अच्छे हैं। क्यों? दाग लगे और सर्फ खर्च हो। दर्द में भी कुछ बात है, दर्द श्वेत है, दर्द श्याम है, कभी धूप, कभी छांव है, यह केवल भाषायी कलाबाजी है। उपभोक्ता को चाहिए, सावधान रहे। फटी एड़ियां, फटे होंठ, सूखी त्वचा केवल स्त्रियों की ही समस्या है? अधिकतर विज्ञापन केवल स्त्रियों को ही संबोधित होते हैं अतः अस्वीकार भी स्त्री को ही करना है। मेहनत की कमाई, नई तकनीक सीखने, प्रौद्योगिक क्षमता प्राप्त करने में खर्च हो, गोरेपन की क्रीम पर नहीं।

संबंधों के प्रति नैतिक निष्ठा की अपेक्षा स्त्री से कैसे की जा सकती है? उसके सारे संबंध तो पुरुष के माध्यम से ही व्यक्त होते हैं। जीवन भर स्त्री को अधीनस्थ रहना है।... पिता रक्षति कौमार्य...। दासी से स्वतंत्रचेता नागरिक जैसे व्यवहार और मूल्य बोध की आशा-अपेक्षा अनुचित है। गुजरात में यही हुआ। स्त्री को लूटपाट में लिप्त देख समाज की प्रतिक्रिया यही थी। अरे! स्त्रियां भी यह सब कर रही हैं? अब इस देश का क्या होगा? हमारी संस्कृति का क्या होगा? घर

के चूल्हे से लेकर संस्कृति तक का भार स्त्री के कंधों पर है। जरा चूकी और गया देश रसातल में। पुंसवादी सत्ता का सनातन रंडुआ विलाप अब कर्णकटु हो चला है। पहले स्त्री के असूर्यंपश्या गहने कपड़े में व्यस्त, पुरुषों को रिझाने में त्रस्त होने का रोना था। अब विश्व सुंदरी और नग्न देह-अल्पवस्त्रों संस्कृति का स्यापा चल रहा है। पुरुष कुएं पर लंगोट पहनकर नहाए तो कुछ नहीं, स्त्री को भड़काऊ वस्त्र नहीं पहनने चाहिए। आर्यपुत्रों के विचलन का खतरा है। यह सब मूलतः पुंसवादी चिंतन का परिणाम है। पुरुष मुख्य स्त्री गौण। पुरुष सक्रिय, स्त्री निष्क्रिय। पुरुष दाता, स्त्री याचक। इन स्थापित द्वित्वों को तोड़ना है। आगे-पीछे ऊपर-नीचे नहीं, साथ-साथ! एकल या स्वयंसिद्ध इकाई की ओर बढ़ना है। स्त्री तो है ही, थोड़ा पुरुष भी उसमें मिलाना है। स्त्री की यात्रा वैयक्तिक से सामूहिक की ओर उन्मुख हो। संबंधों को पुनः परिभाषित किया जाए। विरासत में मिले संबंधों का नकार आरंभ हो चुका है। अपने संबंध स्वयं बनाने के अधिकार का शंखनाद हो चुका है। प्रेमी युगल को पेड़ से लटकाए या जिंदा जला दें। अब यह बाढ़ थमने वाली नहीं है। स्त्री के पास एक विकल्प और भी है। अप्रिय संबंध ढोने के स्थान पर अकेले जी लेना। परिवार नियोजन के साधनों ने मातृत्व पर नियंत्रण स्त्री के हाथ में दे उसे अमूल्य उपहार दिया है।—समय। धीरे-धीरे स्त्री इसका सदुपयोग भी सीख जाएगी। दूसरा उपहार विज्ञान ने दिया है एक्सएक्सवाईवाईएक्सवाई की गुत्थी सुलझाकर। अब बांझ, निपूती जैसे शब्द अपनी तीक्ष्ण धार खो रहे हैं। यदि स्त्री के प्रति रवैया न बदला तो वह दिन दूर नहीं जब पितृसत्ता के पास स्वयंसेवा के अतिरिक्त कोई विकल्प ही न रहे। अवांछित, अयाचित संबंधों को उतार फेंकना नैसर्गिक अधिकार है। छोटी-से-छोटी उपलब्धि के लिए लंबी लड़ाई। स्वतंत्र देश के संविधान ने ही मूलभूत असमानताएं छोड़ दीं। कुछ लिखित कुछ अलिखित है। फिर भी हर नीति नियम निषेध तोड़ती स्त्री आगे बढ़ रही है। अब जो हाहाकार पितृसत्ता की ओर से सुनाई दे रहा है, वह मृत्यून्मुखी की कातर चीत्कार है।

अपने-अपने स्तर पर संघर्ष जारी है। फूल उगाकर, पढ़ाकर, लिखाकर!

स्त्री लेखन : नैतिकता के कोलाहल में देह विमर्श की धमक

डॉ. रोहिणी अग्रवाल

स्त्री मुक्ति के साथ अविभाज्य रूप से जुड़ी देह मुक्ति की धारणा ने आज भारतीय समाज में गहरी हलचल मचा दी है। दोयम दर्जे की नागरिक मानी जाने वाली 'अन्या' स्त्री मुक्ति एवं देह-मुक्ति का संबल पाकर ठीक वही करे जो सदियों से पुरुष समाज करता आया है—यह बात किसी भी तरह पुरुष श्रेष्ठता दंभ के गले नहीं उतर रही है। उसके सामने गहरी दुश्चिंता है कि श्लाघा और तिरस्कार के दो अतिरेकी खूंटों से बंधकर नाचने वाली स्त्री कहीं उसे ही तो भालू की तरह नचाने नहीं लगेगी? स्त्री की शक्ति और सहिष्णुता से वह बेहद खौफजदा है। एंगेल्स की पुस्तक *द ओरिजन ऑफ फेमिली, प्राइवेट प्रॉपर्टी एंड स्टेट* की मानें तो सृष्टि के प्रारंभ से ही दरअसल, पितृसत्तात्मक व्यवस्था का सारा संजाल और जंजाल स्त्री की उसी उन्मुक्त चेतना और गति को बाधित करने के लिए रचा गया था। भारतीय ही नहीं, समूचा वैश्विक इतिहास पौराणिक ग्रंथों-मिथकों-संस्कृतियों के जरिए बताता रहा है कि पुरुष तंत्र का अर्थ है स्त्री की स्वायत्तता और अस्मिता पर पुरुष की नृशंसता और शारीरिक सबलता और षड्यंत्रकारी मानसिकता की विजय का महानुष्ठान। परिवार, विवाह, न्याय, धर्म जैसी संस्थाएं इसके बाद की सामाजिक संरचनाएं हैं जो तत्परता से पुरुष के निजी हितों की रक्षा और संवर्धन के कार्य में जुट कर उसी अनुपात में स्त्री को हीन और कुलटा साबित करती रहती हैं। चूंकि किसी भी व्यक्ति के मनोबल को तोड़ने के लिए उसकी देह को ही हथियार बनाया जाता है, अतः पुरुष तंत्र ने स्त्री के मातृत्व को उसकी दुर्बलता, योनि को कलंक और यौन उन्मुक्तता को नैतिक वर्जना बनाकर इस रूप में प्रस्तुत किया कि तमाम प्रतिरोध मूल आदर्श नारी के रूप में वह स्वयमेव इन आरोपित मानदंडों की कसौटी बन बैठी। इसके बाद लड़ाई के नाम पर विजय अभियान को पुख्ता कर लेने के उपक्रम ही शेष रहते हैं।

उल्लेखनीय है कि स्त्री के देह अवयवों को शील, चरित्र और नैतिकता के साथ संबद्ध कर देने के बावजूद पुरुष इसके उद्दाम आकर्षण के प्रति स्वयं को उदासीन नहीं कर पाया। ऐसा संभव भी नहीं, क्योंकि नर-मादा के देह-संबंध सृष्टि की जीवंतता और अनवरतता का मूल मंत्र हैं। इसलिए देह-सुख की व्यर्थता का संस्कार देकर उसने स्त्री को इस प्रकार दैहिक अस्तित्व का पर्याय बनाया कि उसका अंग-प्रत्यंग, भाषा-भंगिमा, लक्ष्य और संवेदना पूरी तरह पुरुष की कामलोलुपता को समर्पित हो गई। कहीं सुन्नत के रूप में, कहीं चेस्टिटी बेल्ट के रूप में तो कहीं मर्यादा के नाम पर उसने स्त्री की यौनिकता को कब्जे में कर लिया। वह निजी सुख-संवेदना-जीवन से कटी रति-क्रीड़ा के लिए प्रस्तुत इकाई भर रह गई जिसके 'होने' को नखशिख वर्णन, बारहमासा वर्णन और कैनवस पर वक्ष की गोलाइयों में कलात्मक ढंग से उभारा जाने लगा। साहित्य और कला में उत्कीर्ण यक्षिणी-सी उन्मादिनी यह स्त्री सुदीर्घ परंपरा के सिंहासन पर बैठकर मानो आने वाले वक्त को भी अपने प्रवाह में बहा ले जाना चाहती है। अकंलक सौंदर्य की स्वामिनी बुद्धिहीन इस स्त्री पर पुरुष लट्टू है, कामक्रीड़ा के दौरान उसकी कोटि-कोटि उत्तेजक मुद्राओं का वर्णन कर प्रमुदित है और मन भर जाने पर किसी अन्य तरुणी की ओर आकृष्ट हो जाने की स्वतंत्रता पर तुष्ट। अलबत्ता घर में इस काम-व्यापार का ठीक विलोम रचती बंधनों में कसमसाती स्त्री पर अपनी चौतरफा मर्दानगी का प्रक्षेपण उसे क्रूर आनंद से सराबोर भी करता है जो कभी कंधे पर लाद कर कोढ़ी पति को वेश्यालय तक ले जाने के 'आदर्श' रचने में अभिव्यक्त होता है, कभी सोलह हजार सौतों के साथ सामंजस्य बैठाने के नैतिक निर्देश में तो कभी भोग के बाद भुजंगिनी का खिताब देकर अवहेलना करने में। कहना न होगा कि साहित्य, धर्मशास्त्र और समाजविज्ञान की विविध शाखा-प्रशाखाओं में ठीक वैसी ही स्त्री छवि रूढ़, स्वीकृत और प्रतिष्ठित हुई है जैसी पुरुष ने अपने आनंद और सुविधा के लिए बनानी चाही। ऐसी स्त्री छवि जिसमें स्त्री ही नहीं, परिवार, समाज एवं वक्त सभी सिरे से गायब हैं। है तो मात्र पुरुष—कर्त्ता, भोक्ता, दर्शक/श्रोता के रूप में अपनी अ-चुनौतीपूर्ण सत्ता को भरपूर जीता पुरुष। यह स्त्री के ठोस भौतिक अस्तित्व का अमूर्तीकरण करने की षड्यंत्रकारी महीन प्रक्रिया है जो पहले स्त्री की अस्मिता को उसके दायित्वबोध में केंद्रित करती है और फिर उस दायित्वपूर्ति को पुरुष सापेक्ष विविध भूमिकाओं में बांध कर नैतिकशास्त्र की रचना करती है। 'विदेह' हो जाने पर 'निजता' और 'स्वायत्तता' जैसे सवाल मायने नहीं रखते, इसलिए देश-काल के पुख्ता आधार पर घटने वाली वैचारिक क्रांतियां एक सुसंबद्ध शृंखला का रूप लेकर न स्त्री छवि के

समक्ष कोई बेचैनी पैदा करती हैं, न स्त्री को 'विचारशील प्राणी' के रूप में उभरने का अवकाश देती हैं। यह स्त्री को 'स्त्री' बनाए रखने का मनोहारी सांस्कृतिक अनुष्ठान है जिसकी लक्ष्मण रेखा के बाहर स्पंदन और गति, सपने और आकांक्षाएं सब अनैतिक हैं।

बेशक स्त्री छवि को मनचाही गढ़ंत दी है पुरुष तंत्र ने, किंतु क्या स्त्री को नियंत्रित-अनुशासित कर पाया है वह? सीमोन द बोउवार इस तथ्य को स्वीकारती हैं कि स्त्री पैदा नहीं होती, बनाई जाती है लेकिन साथ ही बलपूर्वक रेखांकित भी करती हैं कि स्वतंत्र छोड़ दिए जाने पर स्त्रियां अनिवार्यतः पुरुष के आदर्श का विरोध करती हैं। क्या इसलिए कि आरोपित स्त्री छवि के बावजूद उसके भीतर कहीं एक स्त्री जिंदा है? यदि हां तो क्या इसीलिए वह जिंदा स्त्री पुरुष तंत्र की आंख की किरकिरी है कि उसके अहं और तिकड़म दोनों को करारी चोट देकर अपनी आचार संहिता खुद बनाना चाहती है। दरअसल, अनैतिकता का सवाल और कुछ नहीं खंभा नोच डालने की खिसियाहट है क्योंकि अपसंस्कृति का रोना रोने वाले भी जानते हैं कि स्त्री मुक्ति से न घर टूटते हैं, न प्रेम-विश्वास जैसी संवेदनशील मानवीय पारस्परिक अपेक्षाएं। टूटता है पुरुष अहं, नैतिकता की गढ़ी गई नृशंस संरचनाएं और सांस्कृतिक उत्कर्ष के थोथे दंभ। उसी अनुपात में तीव्रतर होता है संस्कृतिवादियों का दमन चक्र जो देह को रौंद कर स्त्री की 'मनुष्यता' और 'चेतना' दोनों को ठूंठ कर देना चाहता है। नैतिकता की दुहाई देकर अनैतिकता का प्रसार। स्त्री का अस्मितामूलक मुक्तिकामी संघर्ष नैतिक-अनैतिक को अपनी दृष्टि से पुनर्परिभाषित करने का प्रयास है जहां पुरुष तंत्र के पूर्वग्रह और मानदंड दोनों औंधे मुंह गिर पड़ते हैं। शायद इसीलिए स्त्रीवादियों की दृष्टि में उनकी लड़ाई नैतिक, मानवीय एवं सर्जनात्मक है और परंपरावादियों की दृष्टि में अनैतिक और विध्वंसात्मक। राजेंद्र यादव के लेख 'होना/सोना एक खूबसूरत दुश्मन के साथ' को लेकर चाहे स्त्री वर्ग में ही रोष और विरोध का बवंडर उठा था, किंतु सत्य यही है कि आदमी की निगाह में औरत 'देह' से अधिक कुछ नहीं और तमाम दैवीय स्तुतियों/अमूर्तनों के बीचोबीच वह सिर्फ वक्ष और जांघ है। फिर क्यों नहीं देह की तथाकथित अश्लील सच्चाइयों के बीच से अपनी अस्मिता और ताकत पाए स्त्री? क्यों नहीं इन दैहिक उपादानों का उपयोग कर समाज में अपने लिए पूंजी और अस्तित्व अर्जित करे स्त्री? मुख्यधारा को नचाने का सामर्थ्य होने के बावजूद क्यों हाशिये पर कृपायाचना-सी करती खड़ी रहे वह? परंपरा का पालन नैतिक नहीं, जड़ता का सूचक है।

[1]

इन्हीं अंतर्ध्वनियों से अटा पड़ा है आज का स्त्री कथा लेखन। अपनी देह पर स्त्री के ऐकांतिक स्वामित्व की घोषणा के साथ। जाहिर है, रूढ़िवादियों का एक बड़ा जत्था स्त्री विमर्श और देह विमर्श को एक-दूसरे का पर्याय बता स्त्री मुक्ति संघर्ष को प्रतिगामी और नकारात्मक घोषित करने की 'सफल' कोशिश करेगा ही। किंतु क्या किसी भी दौर के साहित्य में निबद्ध सामाजिक-सांस्कृतिक-राजनीतिक-आर्थिक विमर्शों को देश-काल की व्यापकता से काट कर इकहरे ढंग से देखा-सुना जा सकता है? क्या उनके पीछे वक्त की अखंड श्रृंखला और उसमें कतरा-कतरा अपने को तलाशती 'दमित' अस्मिता को आकार लेते देखना अनिवार्य नहीं? स्त्री लेखन फुरसती लेखन नहीं। (हालांकि यह विशेषण भी पुरुष के स्त्री-द्वेष का उदाहरण भर है जो 'नारी की झाईं परत अंधा होत भुजंग' सरीखी कुंठित उक्तियों में अभिव्यक्ति पाकर स्वीकृत/प्रतिष्ठित होता रहा है।) यह टुकड़ों और पलों में विभक्त कर दिए जाने की पीड़ा भोगती स्त्री की सर्जनात्मक व्याकुलता का परिणाम है जो पल-पल और कण-कण को जोड़कर अपने स्त्रीत्व को साबुत और समग्रता में पा लेना चाहता है। वक्त की अखंडता में पूरे दबाव और घनत्व के साथ जीती है स्त्री। वह क्षण के एक ठहरे फ्रेम में नहीं जीती, उसमें गहरे रच-बस जाती है और फिर उस पल को सेतु बनाकर अगले पल में दाखिल भी हो जाती है—अनवरतता के संधान के लिए। शायद इसलिए कि अनवरतता में उसके शोषण के कारणों का इतिहास छिपा है और मुक्ति की राहों का नक्शा भी। एक जुझारू योद्धा की तरह अपने अनुभवों से वह सीखती है और अनुभूति के साथ अंतर्दृष्टि को गूंथ कर भविष्य का सृजन करने की रणनीति बनाती है। कदम दर कदम मंजिल की ओर बढ़ते हुए वह नए-नए विजय-अभियानों के साथ अपनी मानवीय आकांक्षाओं और अहंजन्य लिप्साओं के बीच धूसर-सफेद मानव-सत्य को रचती-जीती चलती है—पुरुष की तरह पुरुष सत्य जैसा कोई 'दर्शन' देती हुई। अलबत्ता यह 'दर्शन' पुरुष द्वारा प्रस्तुत स्त्री सत्य से भिन्न है और उलटा भी। इसी में निहित है स्त्रीवादी लेखन की बहुप्रचारित अस्वीकृति का रहस्य। यह अस्वीकृति एक सहमति की ओर अवश्य संकेत करती है कि किसी भी रचना और परंपरा के मूल्यांकन का सारा दारोमदार 'पाठ' पर निर्भर करता है क्योंकि स्त्रीवादी पाठ और पुरुषवादी पाठ रचना के टेक्स्ट के भीतर छिपे समाजशास्त्र, मनोविज्ञान और धर्मशास्त्र को अपने-अपने ढंग से अनूदित और प्रतिष्ठित करते चलते हैं।

स्त्री-लेखन स्त्री-द्वेष से भयभीत नहीं। पुरुष की बर्बर 'ताकत' से भयभीत जरूर है और अपनी हीन स्थिति को लेकर कुंठित भी। अकुंठ और भयमुक्त हो

जाना उसका स्वप्न है और अपने को चौहद्दियों में घिरे पाना सामाजिक-सांस्कृतिक नियति का साक्षात्कार। द्वंद्व और संघर्ष के जरिए वह स्वप्न-पूर्ति के संकल्प की ओर बढ़ती है तो साक्षी भाव से एक साथ स्वयं को कर्त्ता और भोक्ता की सक्रिय-निष्क्रिय भूमिका में देखकर चिहुंकती है। कोमलता के रूप में गढ़ी गई स्त्री छवि उसे अनुभूति की तरलता से ओत-प्रोत करती है तो दूरगामी परिणामों की चिंता किए बगैर वह उस पल को शिद्‌दत से जी-पा लेना चाहती है—अपनी तरफ से, अखंड और साबुत। इसलिए अपने 'होने' और 'पहचाने' जाने के सवाल को लेकर वह इतनी आक्रांत रही है कि लेखन के प्रारंभिक दौर में सैक्सुअलिटी पर बात करने के लिए उसके पास अवकाश ही नहीं। सभी महिला रचनाकारों ने परिवार एवं समाज के संदर्भ में अपने जीवित होने और जीवन की सार्थकता के सवाल को उठाया है। इस क्रम में परंपरा के नाम पर चली आ रहीं सामाजिक कुरीतियां, धर्म के नाम पर चली आ रही प्रवंचनाएं और प्रकृतिगत विशिष्टता के नाम पर कूटनीतिक साजिशों को उसने बेनकाब करना शुरू किया है। रुकैया सखावत हुसैन की कहानी 'सुलताना का सपना' हो या रशीदजहां की 'दिल्ली की सैर', अज्ञात हिंदू महिला की पुस्तक *सीमंतनी उपदेश* हो या महादेवी वर्मा की *शृंखला की कड़ियां,* पुरुष तंत्र के षड्‌यंत्र समझकर उनके खिलाफ आवाज उठाने का विवेक उन्हें निस्सहाय व्यक्ति से कुशल रणनीतिकार के रूप में तब्दील करता है। ऐसे में देह और दैहिक जरूरतों के प्रति क्रमिक सजगता अस्वाभाविक नहीं। आज यदि देह को हथियार बना कर पुरुष को 'छलती-रौंदती' स्त्री दिखाई देने लगी है तो वह इस जागृति का परिणाम भी है और सदियों की शोषण परंपरा को उलटने का उपक्रम भी।

हिंदी साहित्य का इतिहास साक्षी है कि जब-जब स्त्रियों ने अपनी दैहिक जरूरतों को अपनी भाषा में पाठकों के सामने रखा है, उसकी निर्लज्जता पर अभिजात वर्ग ने छाती कूटी है। 'देवर तुम्हारा, मेरा रोग नहीं पहचानता।...बहुत हुआ तो हफ्ते-पखवारे...और मेरी इस देह में इतनी प्यास है, इतनी प्यास है कि मछली-सी तड़पती हूं।' मित्रो की यह स्वीकारोक्ति उसके दुष्कर्म की बानगी बनाकर प्रस्तुत की जाती है, इस तथ्य को भूलकर कि इससे पूर्व पुरुष द्वारा रचित साहित्य में अप्सराएं और यक्षणियां, पद्‌मिनी नायिकाएं और देवियां, विषकन्याएं और राक्षसियां इससे भी अधिक कामोत्तेजक मुद्राओं में संभोगरत दिखाई देती हैं। वहां लेखक-पाठक-आलोचक अश्लीलता नहीं, कलात्मकता देखता है क्योंकि कामोद्दीपन की उपादान बन वे उन्हें मानस-मैथुन का आनंद देती हैं। लेकिन कृष्णा सोबती की मित्रो के तमाम आवेग और उच्छ्‌वास, क्रीड़ाएं

और मुद्राएं पुरुष के रस-रंजन के लिए नहीं, अपनी तृप्ति के लिए हैं। पुरुष का आनंद महत्त्वपूर्ण नहीं, अपनी 'उपलब्धि' महत्त्वपूर्ण है यानी भोग में सम–बराबरी–की ठोस मांग जो स्त्री के बिना शर्त समर्पण की मांग का विलोम रच कर 'काम' को संतानोत्पत्ति के आरोपित दायित्व से मुक्त कर 'आनंद' का स्रोत भी बनाती है। जाहिर है, यहां पुरुष की निरंकुश सत्ता छिन्न-भिन्न हुई है। आखेटक बने रहने की अभ्यस्त उसकी हस्ती 'आखेट' कर लिए जाने की पीड़ा से बिंध-बिंध जाने लगी है। बेशक कृष्णा सोबती ने किसी पूर्व नियोजित विमर्श के तहत *मित्रो मरजानी* के बाद *सूरजमुखी अंधेरे के* नहीं लिखा, लेकिन आज की बदलती परिस्थितियों के आलोक में एक साथ संबद्ध करने पर दोनों का संयुक्त पाठ इस तथ्य की ओर संकेत करते हैं कि बलात्कृता रत्ती की फ्रिजिडिटी नहीं, वरन् उसके संगी पुरुषों द्वारा उसकी यौनिकता पर कब्जा करने की अधिनायकवादी मानसिकता उनके यौन संबंधों को बंजर और वीरान बनाने का सबब रही है। उल्लेखनीय है कि कोठे की सीढ़ियां उतर कर सीधे पति सरदारी की बांहों में समाती मित्रो और दिवाकर के आह्वान को ठुकरा कर अपने कमरे के निर्जन एकांत में जाती रत्ती के उन्मुक्त यौन संबंध नैतिक मर्यादाओं का अतिक्रमण करते प्रतिशोध को रेखांकित करने के लिए नहीं, बल्कि इन संबंधों के जरिए अपनी मानवीय इयत्ता को तमाम कमजोरियों और अपेक्षाओं के साथ स्थापित करने के लिए हैं। यह स्त्री को देवी-भोग्या-माया जैसे अतिरेकों से बचा कर जीवन के स्पंदन से जोड़ने की मानवीय आकांक्षा का परिणाम है जिससे सदियों का पुरुष समाज अपरिचित रहा है। साथ ही, यह पुरुष के कुत्सित अनैतिक आचरण का विरोध भी है जो स्त्री को पुरुष के शुक्राणु सहेजने वाले बर्तन में रिड्यूस कर देता है।

प्रमाद एवं दृष्टिदोष जैसे विकारों को जन्म देकर अपरिचय अक्सर मनुष्य में असुरक्षा एवं भय की सृष्टि करता है। ऐसा नहीं कि पुरुष समाज या व्यवस्था स्त्री की सेक्सुअलिटी की प्रचंडता से परिचित नहीं। दांपत्येतर संबंध बनाते हुए स्त्री की इस अद्भुत शक्ति पर वह मोहित भी होता रहा है लेकिन निरपेक्ष भाव से उसे कभी स्वीकार नहीं कर पाया। (अलबत्ता नैतिक वर्जनाओं को उग्रतर कर वह उसे अनुशासित अवश्य करता रहा है।) इसलिए मित्रो या रत्ती के रूप में अपना मानवीय दाय मांगती स्त्री उसे पितृसत्तात्मक व्यवस्था के दुर्भेद्य दुर्ग पर प्रहार करती नजर आई। देह-मुक्ति का स्वाद क्या पुरुष के तिलिस्म को तोड़ नहीं देगा? नैतिक वर्जनाओं की धज्जियां उड़ा कर क्या वह एक नई आचार संहिता रचने की स्थिति में नहीं आ जाएगा? यौनिकता पर स्त्री का निजी

स्वामित्व क्या परिवार, विवाह, मातृत्व के स्वरूप को ही नहीं बदल देगा? वेश्याओं और सेक्स वर्कर्स के बल पर ग्लोबल बाजार से पैसा और ताकत अर्जित करती उसकी सत्ता क्या तहस-नहस नहीं हो जाएगी? प्रश्न और चिंताएं! स्त्री के प्रति अदम्य आकर्षण को सनातन घृणा में तब्दील करने के लिए पुरुष स्त्रीद्वेषी युक्तियों, मिथकों, छवियों का दुष्प्रचार कर अपने को 'निरीह' और 'निर्दोष' साबित करता रहा है लेकिन अब प्रतिपक्ष के आक्रामक ढंग से मुखर हो जाने के उपरांत बचाव की कोई संभावना नहीं। इसलिए ज्यों ही स्त्री सेक्स के जरिए अपनी 'जैनुइन' समस्याओं को सामाजिक परिप्रेक्ष्य देकर समाजशास्त्रीय पड़ताल का प्रश्न बनाती है, पुरुष फतवा लेकर उसका मुंह बंद करने आ खड़ा होता है। *चितकोबरा* को अश्लील रचना करार देकर लेखिका मृदुला गर्ग को कानूनी गिरफ्त में लेना और तसलीमा नसरीन को फांसी की सजा सुनाना इसके प्रमाण हैं।

गौरतलब है कि महिला रचनाकारों का सेक्स चित्रण रति-क्रीड़ा का सामान नहीं जुटाता, उन सामाजिक विसंगतियों और अमानुषिकताओं की ओर संकेत करता है जो सदियों से उसकी मानवीय अस्मिता और अधिकारों का हनन कर रही हैं। इस दृष्टि से यह सघन सामाजिक सरोकारों से अनुस्यूत है। जितेन की पत्नी के रूप में मधुकर का आकर्षण और मधुकर की पत्नी के रूप में जितेन के प्रति समर्पण की लालसा—*उसके हिस्से की धूप* (मृदुला गर्ग) न तो मनीषा की चरित्रहीनता का भाष्य रचता है, न सैक्सुअल अतृप्ति का। वह विवाह जैसी बुनियादी संस्था की अमानवीय संरचना को कठघरे में खड़ा करता है कि क्यों स्त्री अपनी संवेदना, सपने और भविष्य भूल कर पुरुष की परछाईं मात्र बन जाए? जाहिर है, जितेन से जितेन तक लौटने की मनीषा की यह यात्रा अपने पूर्व निर्णय पर पश्चात्ताप नहीं, आत्मसार्थकता की बौखलाहट भरी तलाश है जो संबंधों की तंग जमीन पर संभव नहीं। इसे ही *चितकोबरा* में महेश-मनु-रिचर्ड के त्रिक् में विन्यस्त कर मृदुला गर्ग ने दांपत्य संबंधों के मौजूदा ढांचे की समीक्षा का रूप दिया है। दरअसल, महिला कथा लेखन में सेक्स संबंधों के जितने भी अंतरंग चित्रण हुए हैं, वे इसी समस्या का विकल्प ढूंढ़ने की कोशिशें हैं। इस्मत चुगताई की कहानी *लिहाफ* से लेकर उषा प्रियंवदा का उपन्यास *अंतर्वर्षी* हो या लवलीन, जयंती, कविता सरीखी युवा लेखिकाएं—लैस्बियन संबंध और लिव-इन-रिलेशनशिप के जरिए एक तरल संवेदनात्मक धरातल पर अकुंठ भाव से सेक्सअलिटी को पा लेना चाहती हैं लेकिन महसूस करती हैं कि व्यवस्था के दबाव इन संबंधों को स्वाभाविक नहीं, विकृति मानने का संस्कार ही दे रहे हैं

उन्हें। परिणामस्वरूप उसी अनुपात में तीव्रतर होता चलता है एक कसैला अपराधबोध जो अकेलेपन की दुर्वह यंत्रणा (जयंती की कहानी *अकेली स्त्री का सच* तथा लवलीन का उपन्यास *स्वप्न ही रास्ता है*) में जाकर समाप्त होता है; या यंत्रमानव बन जाने की त्रासदी (*कठगुलाब,* मृदुला गर्ग) अथवा आत्महत्या की कोशिश में (सुषमा बेदी, *हवन*)। अलबत्ता कविता की कहानियों में हड़बड़ी में कोई भी निष्कर्ष देने की अपेक्षा यह सवाल भीतरी अकुलाहट के साथ गुंथा हुआ है कि लिव-इन-रिलेशनशिप जैसे एकमात्र विकल्प के साथ जीती स्त्री का आचरण अनैतिक क्यों? अनैतिक तो पूरी समाज व्यवस्था है जो उसकी भरी-पूरी मानसिक इयत्ता को भेड़-बकरी की मिमियाहट में बदल किसी भी 'खूंटे' से बांध देने को आतुर है। व्यक्ति से अपने वर्तमान और भविष्य को लेकर फैसले करने का अधिकार छीनने वाली व्यवस्था की निरंकुशता और अमानुषिकता से टकराना सर्वाधिक नैतिक मानवीय दायित्व है क्योंकि स्वयं 'मनुष्य' हुए बिना मानव समाज और मानवता दोनों की परिकल्पना असंभव है। कविता स्थिति के अंतर्विरोध को देख कर चकित भी हैं कि परंपरा पालन की चहारदीवारी के बीच तिरते सुरक्षा कवच को पा लेने की उमंग में लिव-इन-रिलेशनशिप को ऐंठ के साथ जीता हर क्रांतिकारी स्त्री-पुरुष युग्म अंततः विवाह की सुपरिचित संस्था में 'घर' बना लेना चाहता है। सुपरिभाषित भूमिकाएं, सुनियोजित जीवनशैली। जोखिम-खतरा कुछ भी नहीं। यह व्यक्ति की आंतरिक दृढ़ता का विघटन है या सामाजिक संस्थाओं की जकड़बंदी?

कविता की स्त्री स्वतंत्र है और पुरुष तंत्र की इस मान्यता की विरोधी भी कि 'हर स्वतंत्र स्त्री वेश्या होती है'। सामाजिक मानदंड के हिसाब से लिव-इन-रिलेशनशिप बना कर यह स्त्री अनैतिक आचरण को बढ़ावा दे रही है, किंतु भीतर ही भीतर किसी भी औसत स्त्री की तरह पुरुष के पौरुष की आक्रामक नैतिकता से बेहद संत्रस्त और तनावग्रस्त भी है। ट्रेन में सफर करते वक्त सहयात्रियों के बीच स्वयं को अकेली स्त्री यात्री पाकर असुरक्षा-बोध से सनसना उठना दरअसल पूरी व्यवस्था की नैतिकता पर सवाल है जिसे कविता अपने ढंग से उभार कर नैतिक-अनैतिक आचार संहिता की पुनर्परिभाषा पर बल देती हैं। पुरुष के दुर्दांत आचरण की जस्टीफिकेशन के बरक्स स्त्री नैतिकता की किन अतल गहराइयों में धंसती चले? और क्यों?

एक अन्य कोण से युवतर स्त्री-लेखन स्त्री के भीतर सांस लेते 'मनुष्य' को पहचानने की कोशिश करता है तो पुरुष के संदर्भ में स्त्री-संसर्ग की कामना सेक्सुअलिटी का घनीभूत दबाव हो सकता है किंतु तरलता से ओत-प्रोत अपनी

आंतरिक संरचना के कारण स्त्री संवेदना, साहचर्य, विश्वास और हार्दिकता की ही तरह सेक्स एक मनोभाव बन कर उस तक पहुंचता है। अतः देह के जरिए देह सुख को पाना और दूसरे के अस्तित्व को बिसरा कर निर्द्वंद्व आगे बढ़ जाना उसने नहीं सीखा। बेशक सेक्स पोर-पोर को विश्रांति देने की अनुभूति है लेकिन वह तन-घर्षण की यांत्रिक क्रिया हरगिज नहीं, प्रेमासिक्त अवस्था में कोमल अहसास की समानांतर दुनिया सिरजने का विश्वास है। एक-दूसरे का विलोम रचती *उलटबांसी* (कविता) और *रंगमहल में नाची राधा* (नीलाक्षी सिंह) की स्त्रियों के लिए सेक्स के यही मायने हैं। प्रेम उनके जीवन की सबसे बड़ी आवश्यकता है। रूहानी, अशरीरी प्रेम नहीं, विशुद्ध भौतिक प्रेम—देह और व्यक्ति के संदर्भ में—अपनी ठोस पहचान बनाता प्रेम। 'उसने कहा था' की सूबेदारनी का प्रतिरूप और विस्तार है *रंगमहल में नाची राधा* की दीवानबाई। 'तेरी कुड़माई हो गई' जैसा सवाल पूछने वाला बुद्धू प्रेमी उसके भीतर आज भी जीवित है—अपनी तमाम ऐंद्रिकता के साथ। दीवानबाई भी सूबेदारनी की तरह प्रेम के अंकुर को किसी अंधेरे तलघर में दफन कर पति और गृहस्थी में रम गई है। लगभग चालीस बरस से दांपत्य संबंधों का निर्वाह कर नाती-पोतों के बीच पुरखिन हो गई है। इंतजार है, परलोकगमन का। किसी भी वक्त। जिस निष्ठा से उसने पारिवारिक दायित्व निभाए हैं, किसी को उसकी नीयत और नैतिकता पर शक नहीं। वह आदर्श स्त्री है—अनुकरणीय उदाहरण। लेकिन नहीं, तलघर में दफन सच्चाइयां मरती नहीं और सदियों की उम्र पाकर भी स्मृतियां बूढ़ी नहीं होतीं। दीवानबाई अपने भीतर की स्त्री की आंख में आंख डाल कर बात करती है तो सोलह-सत्रह वर्ष की उम्र का नया-नया अंकुराता प्रेम, प्रेमी की छवि के साथ सीने में टीस पैदा करता है। अपने अदद वर्तमान और अधेड़ वय के साथ प्रेमी उसी शहर में पंद्रह मिनट के फासले पर मौजूद है। विपदाओं का कहर टूट पड़ा है उस पर। दुर्घटना में पत्नी और बच्चों की मृत्यु। अपने परिवार में तृप्त-संतुष्ट दीवानबाई खबर सुन भीतर की हौलनाक वीरानगी से टूक-टूक हो गई है। प्रेमी की छवि शिशु बन कर जब-तब गोद में आ बैठती है। कब तक अपने को सांकलों में कसती रहे वह? कब तक जिंदा दीवार में चुनवाती रहे स्वयं को? कामातुर रसिक और भग्नहृदय प्रेमी को वेश्यालय तक खींच ले जाने वाली 'पुरुष कामनाएं' स्त्री के भीतर भी पलती हैं। प्रणय निवेदन कर वह भी स्पर्श सुख से भीगना चाहती है अंदर तक। फिर लाज की पहरेदारी उसी पर क्यों? मर्यादा के नाम पर अपने जीने को मुल्तवी करती रहे वह? न! कर्त्तव्य और दायित्व के साथ ख्वाहिशें और सुख भी हैं उसके। नितांत निजी

और तीव्रतर। पल-पल-तिल-तिल अपने को कुतर-कुतर कर अदृश्य करते रहना आत्मघात नहीं तो और क्या है? आत्मघात अपराध नहीं तो और क्या है? और अपराध यानी अनैतिक कर्म। देह और मन के ऐश्वर्य के बीच अपनी मनुष्यता को जीती दीवानबाई के भीतर की विशुद्ध स्त्री का सममोहित अवस्था में प्रेमी के घर के दरवाजे तक चले आना स्त्री मुक्ति के नाम पर किसी उच्छृंखल बेहयाई को जीना नहीं, स्त्री हृदय के भीतर पलती कोमल संवेदनाओं को रेखांकित करना है जिन्हें आज तक पुरुष समाज अनदेखा करता आया है। अनदेखा करने की यह आदत 'परंपरा' का महिमामंडन पाकर जब मर्यादा और विवाह के नाम पर अकारण स्त्री-संवेदन की हत्या करने लगे तो इसमें अंतर्निहित अनैतिकता के खिलाफ स्त्री ही उठेगी न! और स्त्री रचनाकार न! लेखन में स्त्री-पुरुष दोनों बराबर के प्रतिभावान बेशक हों, एक से 'मनुष्य' नहीं होते। हो भी नहीं सकते क्योंकि 'मनुष्य' होने का स्वाद स्त्री ने कभी चखा ही नहीं। उसके अनुभव जगत में हीन-पराधीन होने के जो दशा और अपमान हैं, वे दूसरे पलड़े पर बैठे पुरुष के अनुभव-जगत के दर्प, अहं और स्वामित्व भाव से मेल नहीं खाते। भय, असुरक्षा, तनाव और अपराधबोध को लेकर चलने वाली स्त्री में पसरा बेचारगी के साथ कुटिल चौकन्नापन पुरुष की आक्रांत कर देने वाली निर्द्वंद्वता और आक्रामकता को कभी पा ही नहीं सकता। इसलिए गुलेरी जी के पुरुष पूर्वग्रह सूबेदारनी को आदर्श पत्नी और मां की भूमिकाओं से विलग कर निखूट स्त्री के रूप में देखने ही नहीं देते। सूबेदारनी के अंतर्मन में क्या सिर्फ सूबेदार और बेटा है? घर की चहारदीवारियां और मर्यादाएं? दायित्व और जवाबदेही के कठिन व्रत? क्या ब्याह के एक संस्कार के साथ ही विगत को धो-पोंछकर निर्मल कर लिया होगा उसने? मन क्या मांजकर शुद्ध कर लिया जाने वाला धातु का बर्तन है? होता तो पत्नीत्व की मर्यादा से दिपदिपाती सूबेदारनी लहना सिंह के साथ बचपन के अंतरंग क्षणों को याद क्यों करने बैठती? घर की बैठक में सूबेदार से मिलने आए लहना सिंह को देखकर जब सूबेदारनी ने उसे 'पहचाना' तो इस पहचान में क्या अपने भीतर की आतुर प्रेमिका को नजरअंदाज कर दिया होगा? क्या प्रेम के इंद्रधनुषी रंग उसके मानस के अंग-प्रत्यंग को भी अल्हड़ गुलाबी छटा में सराबोर नहीं कर गए होंगे? गर्हास्थिक मर्यादा के बीच हिरणी-सी कुलांचें भरती अतृप्तियां क्या बौराई न होंगी? लेकिन हाय! सूबेदारनी न स्त्री है, न मनुष्य। वह पत्नी है, मां है। रूढ़ स्त्री छवियों का संजाल, इसलिए अपने को खारिज कर वह पति-बेटे की हिफाजत के लिए लहना सिंह से बचपन की स्मृतियों की दुहाई देती है। लहना सिंह के भीतर उमड़ते-कलपते प्रेमी से संवाद

नहीं, स्मृतियों का दोहन और शोषण करने की विकल्पहीन कुटिल बेचारगी। अपने को खारिज करने की परंपरागत जीवनशैली में सूबेदारनी और लहना सिंह दोनों त्याग के रोमानी आदर्श तले एक झूठ को महिमामंडित करते हैं जो तमाम नैतिकताओं की भीतरी विकृतियों का पर्दाफाश करता है। आज का स्त्री लेखन झूठ की दलदल से निकाल कर सच को सूखी सख्त जमीन पर नंगा रख देना चाहता है ताकि उसे चीन्हना और अपनाना आसान हो जाए—स्त्री-पुरुष दोनों के लिए।

स्त्री लेखन पर अनैतिकता का आरोपण दरअसल पुरुष-निर्मित स्त्री छवि के बरक्स अपना वजूद पाती नई स्त्री छवि को अपदस्थ करने का नया राजनीतिक-सांस्कृतिक षड्यंत्र है। यह आरोपण इस झूठ को सच बना देना चाहता है कि लैंगिक भिन्नता के कारण स्त्री-पुरुष की दृष्टि में पाई जाने वाली भिन्नता स्वाभाविक एवं प्राकृतिक है, किन्हीं सांस्कृतिक षड्यंत्रों और सामाजिक व्यवस्थाओं का परिणाम नहीं। यह आरोपण साहित्यिक परंपरा में पुरुष लेखकों द्वारा रचित स्त्री मानस की उन स्थितियों को न देखने का 'संस्कार' भी देता है जिनका स्त्री संस्करण (veion) एक नई स्त्री छवि को परिदृश्य में लाता है। कमलेश्वर की कहानी *तलाश* और कविता की *उलटबांसी* में समस्या और चिंता एक ही है कि वैधव्य का अभिशाप भोगती स्त्री क्या यूं ही तिल-तिल कर अपने तन और मन को मारती रहे? कमलेश्वर 'ममी' के रूप में स्वतंत्रचेता आधुनिक स्त्री को रचते जरूर हैं जिसकी सेक्सुअलिटी सांकेतिक रूप में कुलीग की सिगरेट के धुएं के छल्लों, बांह पर पड़े नीले दाग और बगल के खाली बिस्तर के सिरहाने में पड़े हलके से गड्ढे से व्यक्त हुई है। लेकिन सुमी के रूप में मुखर है ममी की नई जीवन शैली के प्रति असहमति। नए संबंध बनाने का अर्थ है पुराने नैतिक संबंध से मुक्ति। सुमी के लिए (और कमलेश्वर युगीन पुरुष के लिए भी) दो और दो चार की तरह संबंधों का गणित बेहद साफ है। वर्किंग वूमेन हॉस्टल में रह कर वह ममी को मुक्त नहीं करती, अजनबी बन कर उनके अपराधबोध को गाढ़ा करती है। न अभियोग, न कटाक्ष। शिला की तरह पसरी चुप्पी के बीच मेढक की तरह उछले एक-दो संवादहीन जुमले। नजरों से बींधने की आक्रामकता नहीं, नजरें चुरा कर निर्लिप्त होने की शहीद चालें। हिपोक्रेसी के शालीन आवरण तले प्रचंड रूप से खदबदा रही हैं पुरुषवादी तंत्र की वही मर्यादाएं, परंपराएं, वर्जनाएं। स्त्री की सेक्सुअलिटी को कुचल कर उसे अपराधबोध की असह्य यंत्रणा में डुबोती। कविता ममी नहीं, सुमी से नाराज हैं कि ममी के भीतर की स्त्री को उसकी संवेदना क्यों नहीं छू पाती? क्या इस स्त्री

के सहारे नई स्त्री छवि गढ़ी जा सकती है? नाती-पोतों से भरे परिवार में अकेलेपन का त्रास भोगती मां यदि अपने अतीत और मृत पति की स्मृतियों के साथ वर्तमान को भी संवारना चाहे तो अनुचित क्या है? भाई-भाभियों का विरोध यदि उनके तईं जायज है तो मां के समर्थन में उठी उसकी आवाज भी तो सच हैं न।

[2]

यह स्त्री इतनी प्रौढ़ और परिपक्व है कि समलिंगी पति (बांग्ला कथाकार नवनीता देवसेन के उपन्यास *वामा बोधिनी* की नायिका) के साथ घृणा नहीं, दोस्ती का रिश्ता कायम कर सकती है। बेशक *नदी के द्वीप* की रेखा की तरह इस रहस्योद्घाटन के बाद पहली बार प्रतिक्रियास्वरूप हताश और संज्ञाशून्य हुई है लेकिन परास्त और पराश्रित नहीं। 'हम बेहद मजबूत औरतें हैं... हमें कोई नहीं हरा सकता, तकदीर भी नहीं' की दृढ़ इच्छाशक्ति लेकर चलने वाली मालिनी और अंशुमाला (*वामा बोधिनी*) शून्यता के अंधकूप को अपनी सृजनशक्ति का अंतहीन उत्स बना डालना चाहती हैं। दोनों के पति दोस्ती को समलिंगी संबंधों तक ले आने के बाद समाज में प्रकटतः सहजीवन व्यतीत कर रहे हैं। अंशु और मालिनी पीड़ा, हताशा और अपमान झेल कर अब जिस बिंदु पर जा पहुंची हैं, वहां समलैंगिकता की गिजगिजाती घृणा संवेदना और सहानुभूति में तब्दील हो गई है। रिश्तों की आंतरिक बुनावट में फर्क आने पर परिवार और जीवन का ढांचा बेशक बदल गया है लेकिन दोस्ती का रिश्ता तो अपरिवर्तित रह सकता है न! 'अच्छा, एक बार फिर से, पहले जैसे, हम चारों दोस्त नहीं हो सकते?'—यह हूक अपने-अपने स्तर पर चारों की है जो सेक्स को ग्रंथि या वर्जना से मुक्त कर जीवन की सहजात नैसर्गिक जरूरत के साथ जोड़ने के विवेक से उपजती है। शिवशंकरी के उपन्यास *नकेल* की नायिका में हालांकि यह वैचारिक परिपक्वता समझौते के रूप में द्रष्टव्य नहीं है किंतु अपनी ही स्टेनो से खुलेआम रासलीला रचाते पति के उन्मुक्त सेक्स किस्सों के दुष्प्रभावों से जवान होते बेटा-बेटी को बचाने की दुश्चिंता उसे अवश्य है। समझाने-बुझाने या मायके चली जाने की युक्तियां यानी अरण्य रोदन कारगर होतीं तो 'वो' के रूप में उभरने वाली स्त्रियां बसी गृहस्थियों की दहलीज के भीतर कभी न आ पातीं। वह जानती है कि स्टेनो की अतिरिक्त आमदनी के लिए अपने प्रेम को बेंचने की विवशता या पति की कामलिप्सा अपने-अपने वृत्त में बंध कर एक-दूसरे के जरिए अपना उल्लू साध रहे हैं। यह

एक 'एडहॉक' व्यवस्था है जिसमें कुछ क्षण साथ गुजार कर खाद-पानी के लिए वे अपने-अपने ठिकानों की ओर लौट जाते हैं। असल में यही 'ठिकाने' उनकी उन्मुक्तता की सबसे बड़ी शक्ति हैं—उनकी निजी अस्मिता का आगार; सुरक्षा-संसाधनों एवं भविष्य का आधार! इसी ठिकाने की नींव हिला देना चाहती है। अपनी ओर से पहल करके वह पति और उसकी प्रेमिका को ब्याह के लिए राजी करती है, अपनी बिरादरी और मित्र समाज के सामने उन्हें परिणय सूत्र में बांधती है और दोनों को एक नया आशियाना बना कर नई जिंदगी जीने की स्वतंत्रता भी देती है। बस, जिस 'घर' को उसने पिछले कई सालों से अपने खून और स्नेह से सींच कर अपनी अस्मिता का पर्याय बनाया है, उसे बच्चों समेत अपने पास रखती है। निश्चय ही वह जानती है कि घर की छांव के बिना स्त्री-पुरुष संबंध काम और राग का आलाप नहीं, वहशियत का चीत्कार बन जाते हैं इसलिए एक-दूसरे को 'पहचान' जाने के बाद मोहभंग की अवस्था में खंड-खंड होते पति और उसकी प्रेमिका की यंत्रणा को देखकर वह जरा भी द्रवित नहीं। सेक्स संबंध आग की तरह हैं, धीमी और अनुशासित रहे तो जीवन और ऊष्मा दोनों देते हैं; अपनी सीमाओं का अतिक्रमण करने लगें तो सर्वभक्षी क्षुधा बनकर अपना-पराया सब कुछ लील लेते हैं। शिवशंकरी सेक्स के उन्मुक्त खेल में स्त्री की बलि देने को तैयार नहीं।

मैत्रेयी पुष्पा शिवशंकरी से सहमत हैं लेकिन उनकी नायिकाएं नैतिकता के खोल में दुबकना नहीं चाहतीं। वे तो, असल में, नैतिक वर्जनाओं और यौन शुचिता की अवधारणा को ही खारिज कर देना चाहती हैं। गांव-समाज में विधवा की यौनिकता पर स्वामित्व पाने के लिए घर के ही देवर/ पुरुष द्वारा 'चादर ओढ़ाने/ बिछिया पहनाने की प्रथा परंपरा से चली आ रही है। स्त्रियां अपनी बेचारगी में गाय की तरह इस या उस मालिक का पगहा गले में बांधती भी रही हैं। लेकिन *चाक* की रेशम यदि बिगड़ैल सांड की तरह बिफर कर इसका विरोध करने लगे तो समाज कैसे चले? तिस पर मनचाहे मर्द के 'अवैध' बच्चे को जन्म देने का हठ!

सरेआम बगावत!

पीट-पीट कर कुचल न डाले संभ्रांत समाज तो, क्या ऐसी रेशमाओं की पनीरी रोपता फिरे? न, रेशम के गर्भ में अपना बीज डालने वाले मर्द के 'अवैध' कृत्य पर सब चुप हैं क्योंकि इस चुप्पी में उनके अपने 'सुकृत्यों' की पैरवी भी छिपी है। इसलिए रेशम के कातिलों को मजा चखाने का ऐलान करने वाली सारंग पर पति रंजीत समेत सारा पुरुष समाज टूट पड़ता है—'आत्मरक्षा' के लिए। मैत्रेयी

पुष्पा की स्त्री-पक्षधरता अक्सर तसलीमा-सी आक्रामकता का आह्वान करने लगती है हालांकि उनकी नायिकाएं तसलीमा की स्त्रियों की तरह न अति संवेदनशील हैं, न ईमानदार। आवेश को भावुकता, ईमानदारी और टूटे सपनों की किरचों में सान कर वे आक्रोश का रूप नहीं देतीं बल्कि अपनी ही विरासत के प्रति निःसंग-निर्मम हो अपनी दैहिक-भौतिक ख्वाहिशों से दो-चार होती हैं। जो सामने है, वही सत्य है; जिसकी पूर्ति के लिए इंद्रियां अकुला-अकुला पड़ती हैं, वही आनंद है। वे त्याग-समर्पण जैसे संस्कारों को अंगूठा दिखा कर अपनी इच्छाओं का शास्त्र लिखती हैं। इसे अभिजन समाज स्त्री-निजता का शास्त्र कह ले या देह मुक्ति का भटकाव, उसे परवाह नहीं। इसलिए अस्वाभाविक नहीं कि दुरदुराई-खंडित अवस्था में भी मैत्रेयी पुष्पा की स्त्रियां अपने मनोबल को तिनका-तिनका जोड़ मनवांछित पाने की दुर्धर्ष लड़ाई लड़ती हैं। *झूला नट* की पति-परित्यक्ता शीलो में जो ठसका है, वह उमड़ते यौवन के बूते अपने को अपरिहार्य बनाने के दम पर है। असल में स्त्री के उन्मुक्त सेक्स संबंधों को लेकर जो हाहाकार मचा है, वह मैत्रेयी की इसी कूटनीतिक स्त्री की वजह से है। शीलो स्वयं विषकन्या नहीं, लेकिन मासूम लड़कियों को विषकन्या के रूप में प्रशिक्षित करती पुरुष-मानसिकता की कार्यशैली से भलीभांति परिचित है। पुरुष के इशारे पर वह अब तब काम-पोटली बन कर उसके शत्रु को मटियामेट करती रही है तो क्यों न अब अपने विवेक से 'शत्रु' को चीन्ह कर उन्हीं दांवों को उस पर चलाए? कम से कम सफलता का स्वाद तो चख पाएगी। इसलिए न तो वह पति सुमेर को तलाक की रजामंदी देती है, न देवर बालकिशन से बिछिया पहन कर उसकी ब्याहता की पदवी लेती है। अलबत्ता बालकिशन को देह-रस पिला कर इस कदर भरमा दिया है कि अतृप्ति और तृष्णा के बीच देवी की मूर्ति को ही शीलो समझ संभोग पर उतारू हो जाता है। न, शीलो इस पुरुष तंत्र में घुसपैठ करने वाली कोई अजीब जंतु नहीं, सदियों से हरमों और हवेलियों में सत्ता के खेल निष्पादित करती रही है। लेकिन तब वहां उसकी पहचान थी कुटनी, घरों की संभ्रांत देहरियों से बाहर तमाम नकार और विद्रूप के साथ थू-थू की हकदार कलंकिनी। मैत्रेयी पुष्पा की गुस्ताखी यही है कि वे इसे नायिका बना कर मर्यादा और शील से लिपे-पुते घर में बहू-पत्नी के रूप में प्रतिष्ठित करती हैं। वे उसकी किसी भी हरकत को गलत नहीं मानतीं चूंकि उसके पास भी एक अदद देह और पांच इंद्रियां हैं, इसलिए सुख-सुविधाएं पहली जरूरत हैं। चूंकि अब तर्क और कामना जैसे बोध भी जग गए हैं, इन सुख-सुविधाओं को स्वयं ही छीनना और जुटाना है। बिछिया पहन कर यदि वह ब्याहता की तरह बालकिशन की सेज पर

आ बैठती तो सुमेर अपने हिस्से की जमीन-संपत्ति लेकर चंपत हो जाता; बालकिशन उसे संपत्ति बनाकर भोग-चर जाता और दो-दो बेटों की मां परंपरागत सास बन कर पीट-कूट कर उससे अपना हुक्का भरवाती रहती। अब चारों खूंटे और सारे पांसे उसकी मुट्ठी में हैं। सरकारी नौकर सुमेर दूसरे ब्याह की खबर छुपाए रखने के लिए शीलो का पानी भर रहा है; सास इस हरियाली बहू के तेवर देख-देख कर अपने बुढ़ापे की खैर मना रही है और सम्मोहित बालकिशन उसके पल्लू को कस कर थामे रखने की जुगत में पसीने-पसीने हो गया है।

रोती-झींकती प्रताड़िता बहू की छवि को निरस्त कर शीलो जिस नई स्त्री छवि को गढ़ती है, उसे मैत्रेयी पुष्पा *सारंग* और *अल्मा* के जरिये एक पुख्ता सामाजिक आधार भी देती हैं। रेशम की पक्षधरता से शुरू हुई सारंग की लड़ाई को समूची स्त्री जाति की लड़ाई बना कर प्रस्तुत करते हुए वे सबसे पहले उसे सामाजिक-नैतिक वर्जनाओं से मुक्त होने की चेतना देती हैं। चूंकि उनकी गंवई स्त्री घर और बाहर जब्बर पुरुष की वासना को झेल कर चुप रहने की आदी रही है, (असूर्यपश्या स्त्री का मिथक या पत्नी की मर्यादा की रक्षा के लिए खून की नदियां बहा देने वाली राजपूती शौर्य कथाएं खेत में खटने वाली इस स्त्री के लिए किसी दूसरे ही लोक की कथाएं हैं—परम अविश्वसनीय एवं बचकानी!), इसलिए कामशास्त्र के सहारे अपना नीतिशास्त्र खुद रचना सीख गई है। बेशक गुरुकुल से नैतिकतावादी आर्यसमाजी संस्कार लेकर सारंग सामंतवादी जकड़नों में स्वयं को सुरक्षित महसूस करती रही है, किंतु कलावती चाची ऐसी किसी नैतिक प्रवंचना की शिकार नहीं। वह जानती है कि सारंग के मान-सम्मान की खातिर अखाड़े में कैलासी सिंह का जीतना जरूरी है लेकिन दिग्-दिगंत का वह नामी पहलवान नामर्दानगी के अहसास से गुजरने के कारण शारीरिक-मानसिक-नैतिक तीनों दृष्टियों से हत्बल हो गया है। लड़ने की कौन कहे, वह अपनी इस ग्रंथि को दूर किए बिना किसी को मुंह दिखाने को भी तैयार नहीं। क्या करे कलावती चाची? कैलासी सिंह का मनोपचार ही न! जब निर्णय स्पष्ट है तो कैलासी जीजा के यौनांग की मालिश कर परीक्षण हेतु स्वयं साथ लेटने में बुराई क्या है? दुनिया इस कृत्य को स्त्री के दुष्चरित्र और जाट बिरादरी की नैतिक प्रतिष्ठा के साथ जोड़ आग उगलती रहे, मैत्रेयी की स्त्रियां फिजूल आवाजों पर कान नहीं देतीं। इसी प्रकार बीमार-घायल मास्टर श्रीधर के प्रति सारंग का पूर्ण समर्पण मन्नू भंडारी की कहानी 'ऊंचाई' की याद दिलाते हुए एक स्तर पर कृतज्ञता ज्ञापन और रंजीत की मक्कारी का प्रायश्चित है तो गहरे स्तर पर जीवन को अर्थ देने वाले गुरु के संग जीवन की पूर्णता और आनंद को भोग लेने की नैसर्गिक लालसा भी। मैत्रेयी

पुष्पा की स्त्रियां जिस प्रकार बलात्कार को दुर्घटना का नाम देकर अपराधबोध से पीड़ित नहीं होतीं, उसी प्रकार ऐसे सेक्स संबंध को व्यभिचार मानने से इनकार भी करती हैं। पूर्ववर्ती रचनाओं से वे इस अर्थ में परिपक्व और आधुनिक हैं कि इन दांपत्येतर संबंधों को मांग और पूर्ति के भौतिक अर्थशास्त्र से मुक्त कर दांपत्य संबंधों की जड़ता और सड़ांध का रूप नहीं देतीं। शर्तहीन समर्पण, अपेक्षाहीन संबंध और अपनी अलग-अलग राहों पर बढ़ चलने की स्वतंत्रता! मैत्रेयी पुष्पा *संगसार* (नासिरा शर्मा) की आसिया की भांति इस नाम-आकारहीन संबंध को 'जन्नत' का नाम देना चाहती हैं, साथ ही उतनी तीव्रता से इसे दांपत्य संबंध का विकल्प मानने से भी इनकार करती हैं लेकिन आसिया की तरह न तो इसके सामाजिक दुष्परिणामों को लेकर आशंकित हैं और न तमाम लेखकीय जस्टीफिकेशन के साथ रंगे हाथों पकड़ी गई नायिका को पाठकीय न्याय देने की गुहार लगाती हैं। दरअसल, पाठक की अपेक्षाओं से उन्हें कुछ लेना-देना नहीं। या यूं कहें कि पाठक को मर्मांतक चोट देकर उसका नया यज्ञोपवीत संस्कार करना चाहती हैं। मैत्रेयी पुष्पा की नायिका के सेक्स संबंध बेचारे पाठक/आलोचक पर सबसे ज्यादा भारी पड़ते हैं। *अल्मा कबूतरी* में जैसे उसके सामंती दंभ को चटखाने के लिए वे कदमबाई और मंसाराम के यौन संबंध का खुल कर चित्रण करती हैं—इस अतिरिक्त टिप्पणी के साथ कि देह के परस से ही कदमबाई जान गई थी कि संगी पुरुष पति जंगलिया नहीं, मंसाराम है। कदमबाइयों को रौंदने वाले मंसाराम यह जान कर क्या स्वयं को 'बलात्कृत' महसूस नहीं कर रहे होंगे? नैतिक बिलबिलाहट कहीं पुरुषत्व के इस अपमान पर चोट की तीखी प्रतिक्रिया तो नहीं? न, मैत्रेयी सेक्स चित्रण का मोर्चा खोल लेने के बाद कदम पीछे नहीं लौटातीं। वे जानती हैं कि बलात्कृता अल्मा की बेचारगी भरी हर तड़फड़ाहट को एक क्रूर आनंद के साथ भोगा होगा रसिक पाठकों ने। अल्मा के प्रतिवाद ने सूरजभान की तरह हिंसात्मक कामोत्तेजना से भर दिया होगा उसे भी। नहीं तो रोज अखबारों-टी.वी. पर बलात्कार के बढ़ते आंकड़ों को देख-सुन कर स्त्री की वेशभूषा और 'चेतना' को गरिया कर चुप न हो जाता वह। बलात्कारी चेहराविहीन-संबंधविहीन 'जानवर' नहीं होते जो ढूंढ़े न जाएं, वे उसी की जमात में उसी का चेहरा और संबंध लिये बेखौफ बैठे रहते हैं। अतः ऐसे ही रसिक पाठक को खौफ, गजालत और अपमान से भरने के लिए वे आवश्यकता न होते हुए भी धीरज (अल्मा का सहयोगी सवर्ण युवक) के बलात्कार के बीभत्स दृश्य की नियोजना करती हैं। यह बिसात को उलट देना है जिसकी पैरवी तसलीमा नसरीन के इस कथन से बेहतर नहीं कि 'कभी मेरी बहुत इच्छा थी कि जिस तरह शादियां करके पुरुष एक घर

में चार बीवियां रख कर जीवनयापन का अधिकार रखता है, उसी तरह मैं भी चार शादियां करके चार पतियों के साथ जीवन बिताऊं। ऐसी घटना से बहुत-सी लड़कियां उत्साहित होतीं और तभी लोगों में यह चेतना जागती कि जो नियम इस समाज में प्रचलित हैं, उन्हें उलट देने पर कैसा लगता है। कहां का पानी कहां जाकर ठहरता है? बादलों के बीच बिजली कैसे खेलती है? 'नियम' को जब बेहतर बातों से नहीं बदला जा सकता तो उसकी खामियां भी विपरीत नियम के सहारे ही समझनी पड़ती हैं।'

अपनी समकालीनों से अलग मैत्रेयी पुष्पा सेक्स चित्रण को 'मैं' की तलाश या विवाह संस्था के परीक्षण तक सीमित नहीं रखतीं बल्कि दो कदम आगे चलकर इसे राजनीतिक भागीदारी का अस्त्र भी बनाती हैं। *इदन्नमम* में मंदा की कर्त्तव्यनिष्ठा, ईमानदारी और लगन उसे राजनीतिक ऊंचाई के जिस मुकाम तक नहीं ले जा पाई, उसी को अल्मा देह के जरिए हासिल करना सीख जाती है। शायद एक नैतिक ऊंचाई पर खड़े होकर उसे सतीत्व और मानवीय मूल्यों की हंता बता कर घृणा करे और अपनी असफलता पर शहादत भरी नजर डाल कर अहंकार से दीप्त हो उठे, लेकिन अल्मा के साथ नए बीहड़ वक्त में प्रवेश करती मैत्रेयी पुष्पा जान गई हैं कि मूल्य हाशिए पर पड़ी अस्मिताओं को नैतिक संतोष देने हेतु गढ़ी गई प्रवंचनाएं हैं। हाशिए और मुख्यधारा की दूरी तभी खत्म होगी जब दोनों का आचरण, कार्यशैली और रणनीतियां एक-सी होंगी। पीछे हटते-हटते दीवार तक जा लगने की बाध्यता हाशिए को और भी संकरा और दमघोंटू करती चलती है। इसलिए अल्मा दर्द की विभीषिका में दम तोड़ने की हिमायती नहीं, दर्द को दवा बना कर अपने लिए अमरत्व जुटा लेना चाहती है। रोज-रोज के बलात्कार ने उसकी संवेदना को खत्म नहीं किया, चेतना को जागृत किया है कि जब 'लुटना' ही है तो देह की सौदेबाजी का कर्त्ताभाव क्यों न अपनाए? इस रणनीति के साथ बलात्कारी नेता श्रीराम शास्त्री के साथ अपने संबंधों को अधिक आत्मीय एवं गरिमामय बनाते हुए वह उसकी विधवा के रूप में जब विधानसभा सीट से चुनाव लड़ने का निर्णय करती है तो असल में राजनीति के सहारे नीति-निर्धारण में स्त्री की सक्रिय भूमिका की अनिवार्यता को रेखांकित करती है। 'लठैत' पतियों द्वारा 'डमी सरपंच' बना दी गईं महिलाएं हों या सर्वदलीय सहमति के बावजूद संसद में सत्र-दर-सत्र टलता महिला आरक्षण विधेयक—स्त्री की सबसे बड़ी कमजोरी राजनीतिक मंच पर अल्पसंख्यकता है। उल्लेखनीय है कि सेक्स चित्रण के जरिए स्त्री मुक्ति का ऐलान करने वाली मैत्रेयी पुष्पा उसकी स्वच्छंदता और अधिकार सुख से उपजी मादकता को 'मर्द' हो जाने की पतनशीलता से प्रयासपूर्वक बचाए

रखती हैं। नैतिक स्खलन का स्पर्श करने के कारण उनका सेक्स चित्रण अश्लीलता की बेचैन (एंबैरेसिंग) प्रतीति तो कराता है और बहुत बार इसी कारण पहली तात्कालिक प्रतिक्रिया में इसे साहित्य से बहिष्कृत करने का सुझाव भी देता है लेकिन अंतिम परिणति में एक बहुत बड़े सामाजिक सवाल और अस्मिता को मानवीय संदर्भों में चीन्हने-प्रतिष्ठित करने का आह्वान है। स्त्री की मानवीय गरिमा की यही आकुलता इसे वैध और नैतिक दोनों बना जाती है।

उल्लेखनीय है कि हिंदी साहित्य में भले ही यह स्त्री बकलम मैत्रेयी पुष्पा नई-नई आई है, उर्दू साहित्य में वह वाजिदा तबस्सुम की कहानी 'उतरन' की चमकी के रूप में पहले ही दस्तक दे चुकी है। बचपन से शहजादी पाशा की उतरन पहनते-पहनते चमकी की आत्मदया आत्माभिमान की गरिमा से प्रदीप्त हो प्रतिशोध का रूप लेने लगी है। शहजादी पाशा के तुरंत बाद उसके उतारे जोड़े को पहन कर वह भी दुल्हन बनने वाली है लेकिन दूल्हे के सपने लेने के बजाय उतरन पहनने की कड़वाहट उसके मुंह और दिलोदिमाग में घुल गई है। सिर्फ एक बार अपनी उतरन शहजादी पाशा को पहना देने की लालसा और फिर सारी हूक-कसक शांत। सिर्फ एक अवसर! शहजादी पाशा के दूल्हे को शगुन का थाल देने जाते समय यही गुन-बुन रही है वह। अरे! उसके पास तो कंचन-सी देह और नरगिस-सा नूर है। फिर रंज कैसा? दूल्हे मियां को कामोद्दीप्त कर 'जुठला' देना तो उसके बाएं हाथ का खेल है। अब वह तुष्ट है—'हम मलीदे-वलीदे से मुंह मीठा करने के कायल नहीं हैं...हम तो...हां' और उन्होंने होंठों के शहद से अपना मुंह मीठा करने को अपने होंठ बढ़ा दिए और चमकी उनकी बांहों में ढेर हो गई... उनकी पाकीज़गी लूटने...खुद लुटने और उन्हें लूटने के लिए...विदाई के दूसरे दिन ड्योढ़ी के चलन के अनुसार जब शहजादी पाशा अपनी उतरन, अपना सुहाग का जोड़ा अपनी अन्ना, अपनी खिलाई की बिटिया को देने गई तो चमकी ने मुस्करा कर कहा, 'पाशा, मैं...मैं जिंदगी भर आपकी उतरन इस्तेमाल करती आई लेकिन अब आप भी मेरी इस्तेमाल करी हुई चीज जिंदगी भर आप भी...' उसकी हंसी थमती ही न थी।

तसलीमा के यहां यह स्त्री वैध वारिस की लालसा में कोख पर कब्जा करने वाली समूची पितृसत्तात्मक व्यवस्था के चौकस विधान को उस समय अंगूठा दिखा जाती है जब शादी के तुरंत बाद गर्भ में आए बच्चे को किसी और का 'पाप' घोषित कर शौहर हारून नूपुर को गर्भपात के लिए मजबूर करता है। यह उसकी निजता पर ही नहीं, नीयत और इनसानियत पर भी कुठाराघात है। वह प्रतिशोध लेना चाहती है लेकिन देह के अलावा उसके पास और कोई हथियार या पूंजी

नहीं। इसलिए जानबूझ कर पड़ोसी अफजल से देह का खेल खेल कर ठीक पति की नाक के नीचे लाड़-दुलार के बीच अवैध बच्चे को जन्म देती है। न, मां के लिए बच्चा अवैध होता ही नहीं। वह उसकी सर्जनात्मकता और जिजीविषा का विस्तार है, बस।

इस नई स्त्री से मर्दवादी स्त्री-पुरुष सारा समाज खौफजदा है। योनि-शुचिता की अवधारणा को अंगूठा दिखा कर यह स्त्री पुरुष शोषण के सभी हथियारों को भोंथरा किए दे रही है। अब *बेघर* की संजीवनी जैसी 'भोग कर छोड़ी गई' प्रेमिकाएं अकेले असमय बुढ़ा जाने को अभिशप्त नहीं रहीं, वरन् *आवां* की स्मिता की तरह हाथ और देह को पोंछ कर साफ और नई हो जाने के आत्मविश्वास से दीप्त हैं। खोंखिया-खिसिया कर सामंतवादी सबल पुरुष क्या करे? कपट, दमन, आतंक का चक्रव्यूह रचाए? या स्त्री की देह मुक्ति के स्वप्न में भागीदार हो 'देह' को अपने शिकंजे में कस ले?

[3]

उपभोक्तावाद की लहर और सांस्कृतिक राष्ट्रवाद के उन्माद ने बौखलाए पुरुष की हर मुराद पूरी कर दी है। मीडिया के जरिए बाजार घर के अंदर तक घुस गया है और विज्ञापनों में उत्पाद से ज्यादा अपने आपको परोसती स्त्री मॉडल एक नई स्त्री छवि की रचना करने लगी है, जहां छह गज की भारतीय साड़ी के स्थान पर बित्ता भर स्कर्ट/फ्रॉक है; सत्तर के दशक की आभूषण-शृंगारविहीन सूखी-सादी बुद्धिजीवी स्त्री के स्थान पर भारी-भरकम भारतीय जेवरों से लदी और अल्लम-गल्लम प्रसाधन सामग्री से लिपी-पुती मैडोना है; स्त्रीत्व की शाश्वत पहचान (झुकी नजरों और पैर के अंगूठे से जमीन कुरेदती लज्जालु स्त्री) के स्थान पर अपनी ओर से फ्लर्ट करती सेक्सी नवयौवना है। न, गोपन कुछ भी नहीं रहा। न स्त्री की दैहिक संरचना, न गर्भधारण-प्रजनन-गर्भनिरोधन जैसे वयस्क आचार। अब देह स्त्री के लिए न लज्जा का विषय है, न खामख्वाह का अपराधबोध पैदा करने वाली कोई ग्रंथि। देह उसकी पूंजी है, पहचान है और जीने का आधार भी। वह जानती है सौंदर्य प्रतियोगिताओं तक इस देह को पहुंचा कर वह मॉडलिंग व फिल्म क्षेत्र में नाम और दाम दोनों कमा सकती है और उपभोक्तावाद के इस दौर में शिखर पर वही है जो पूंजी का उत्पादन, निवेश और प्रबंधन करने में माहिर है। यह नई स्त्री छवि निर्द्वंद्व, निर्णयसक्षम, आत्माभिमानी, आत्मरतिग्रस्त स्त्री है जो टी. वी. सीरियलों में विवाह संबंधों की पवित्रता और एकनिष्ठा का मजाक

उड़ाती दीखती है, विवाहेतर प्रेम संबंध और अवैध मातृत्व को लेकर किसी भी तरह के अपराधबोध से मुक्त है, स्त्रियोचित गुणों को तिलांजलि दे साम-दाम-दंड-भेद से अपनी राह निष्कंटक कर लेना चाहती है और भौतिक लालसाओं के सामने अंतरात्मा जैसे अप्रासंगिक (ऑब्सोलीट) अमूर्तनों का मुंह नोंच लेती है। अक्षय यौवन, सौंदर्य, ऐश्वर्य और शक्ति की अधिष्ठात्री है यह स्त्री—ब्यूटी विद ब्रेन। महानगरों से लेकर कस्बों, गांवों तक इसी स्त्री की बोल्डनैस पर बलिहारी है समाज। कहीं इसे 'भोगने' के कल्पित आनंद से तृप्त, कहीं अपने परिवार की किसी कन्या के सहारे सारी नियामतों को पा जाने की मशक्कत में लिप्त। लगता है, सामाजिक-आर्थिक व्यवस्था के केंद्र में आ गई है स्त्री। लेकिन छलनाओं पर खड़ी उपभोक्तावादी संस्कृति की यह सबसे बड़ी छलना है। इस स्त्री छवि ने नैतिकता की परंपरागत मान्यताओं को तहस-नहस अवश्य कर दिया है, किंतु मर्दवादी व्यवस्था की नैतिक जकड़बंदी से मुक्त नहीं हुई है वह। पुराकालीन विषकन्या की तरह वह आक्रामक, आत्मनिर्भर और प्रशिक्षित जरूर दीखती है, स्वतंत्र नहीं। उपभोक्तावाद ने उसकी देह को कपड़ों और वर्जनाओं से मुक्त किया है किंतु साथ ही उसकी मानवीय अस्मिता को उभरने भी नहीं दिया है। वह आज भी वस्तु है, देह है। ऐसी देह जो भोगने का आमंत्रण देती है, बिकने के लिए मूल्य (प्राइस टैग) स्वयं निर्धारित करती है। इस संदर्भ में मल्लिका शेरावत को संबोधित अर्चना वर्मा की कविता विचारणीय है जो इस मनोवैज्ञानिक सत्य को रेखांकित करती है कि अकुंठ नग्नता, उत्तेजक सौंदर्य और दायित्वहीन आजादी का मिथक रचने वाली स्त्री-छवि बन कर मल्लिका शेरावत समाज में जिस लोलुपता की सृष्टि कर रही है, वह राह चलती आम लड़की की सुरक्षा और उन्मुक्तता को बाधित करती है। चूंकि कामोत्तेजना कामलोलुपता को जन्म देकर गुपचुप शांत नहीं होती, 'शिकार' की टोह में व्यभिचार एवं बलात्कार बन कर मासूम लड़कियों को अपने चंगुल में ले लेती है, अतः इस स्त्री-छवि के दूरगामी प्रभावों का आकलन बेहद जरूरी है। बेशक स्त्री विमर्श की इस मान्यता से विरोध की कोई गुंजाइश नहीं कि पुरुष-सा आचरण करने की स्वतंत्रता को स्त्री के संदर्भ में चरित्रहीनता क्यों माना जाए? यदि पुरुष के उन्मुक्त देह संबंध (जो स्त्री की भागीदारी के बिना संभव नहीं) परिवार एवं विवाह संस्था का अधिक नुकसान किए बिना पूर्ववत् चलते रह सकते हैं तो स्त्रियों के संदर्भ में परिवार-विवाह टूटने का काक-रौरव क्यों? यदि मूलतः एवं अंततः स्त्री भोग्या है तो 'भोग' का पूरा मूल्य स्त्री ही क्यों न अपने बटुवे में सुरक्षित रखे? पर्दे की ओट में दलालों-दुकानदारों की लंबी कतार खड़ी करने की मजबूरी में क्यों दैहिक शोषण के साथ-साथ आर्थिक शोषण भी

करवाए? बेशक देह की स्वामिनी बनकर, यौन संबंधों की प्रकृति और स्वरूप को सुनिश्चित करने की आजादी पाकर ही वह जीवन के हर क्षेत्र को विषाक्त करती यौन-वर्जनाओं से मुक्ति पा सकेगी। तभी वैचारिक उद्वेलन विश्लेषण बन कर उसे समाज एवं संबंधों के वर्तमान ढांचे की मीमांसा करने को प्रेरित कर पाएगा। लेकिन क्या यह सिद्धांत के स्तर पर गढ़ा गया 'भोला विश्वास' नहीं? निस्संदेह सेक्स जीवन की अनवरतता का मूल कारण है, लेकिन क्या जीवन का अंतिम सत्य भी इसे कहा जा सकता है? साथ ही यह सवाल भी मानीखेज हो जाता है कि फोकस शरीर पर होना चाहिए या विजन पर? कालजयी कृतियों के रूप में आज जो-जो रचनाएं याद की जाती हैं, वे देह संबंधों की गजालत से गुजर कर प्रेम के उत्तुंग शिखरों का स्पर्श करती हैं। प्रेम जो देह के होने-न होने को तवज्जो न देते हुए प्रिय पात्र के प्रति एकनिष्ठ समर्पण, त्याग एवं रागात्मकता का महाभाष्य रचता है और फिर एक व्यक्ति को इसका उपादान न मान कर समूची मानव जाति और सृष्टि के प्रति समर्पित हो जाता है। बेशक इसे ही राजेंद्र यादव सच्चाई का अमूर्तन करना और रोमानी सार्वभौमिकतावाद जैसी अवधारणाओं को बलवती करना कहें, लेकिन पुरु का यौवन ले लेने पर भी क्या ययाति की यौन लिप्सा शांत हो सकी? सेक्स की आक्रामकता ने क्या अपनी ही पुत्री सरस्वती को रौंद कर ब्रह्मा को हैवानियत में तब्दील नहीं कर दिया? लालसा और प्रतिशोध के कूलों में प्रवाहित सेक्स भोग बन कर अपनी ही रचनात्मकता को खाने लगता है। भोग की उपलब्धि न तृप्ति है, न मुक्ति, चिर-अतृप्ति की ज्वाला में घिर कर वह और अधिक उद्विग्न, अशांत, असुरक्षित, एकाकी, वहशी होता चलता है। क्षणिक तृप्ति की मृगतृष्णा में फंसा भोग मनुष्य की अखंड इयत्ता को खंड-खंड कर डालता है—व्यक्ति, समाज, मूल्य एवं भविष्य के प्रति वितृष्णा जगाते हुए। भोग चूंकि लालसाओं का उच्छृंखल विस्फोट है और लालसाएं 'स्व' में जकड़ी होने के कारण दूसरे के साथ एकीकृत होने की उदारता नहीं जानती, इसलिए अपने से पार व्यक्ति और वक्त को देखने-संवारने का नजरिया अर्जित नहीं कर पातीं।

महिला रचनाकार भोग सामग्री बन कर अपने को पा लेने वाली स्त्री से परहेज करती हैं। बेशक चित्रा मुद्गल *आवां* में स्मिता को ऐसी ही बिंदास स्त्री के रूप में चित्रित कर मर्दवादी नैतिक मर्यादाओं पर उंगली उठाती हैं कि हस्तमैथुन का आग्रह करने वाले अन्ना साहब से डरने-घबराने की क्या जरूरत। सौदा पटा कर कर दो उसकी तृप्ति। बाद में हाथ धोकर शुद्ध होने में देरी ही क्या लगती है। लेकिन अपनी ही भटकन में भटक कर शून्य होती स्मिता के त्रासद अंत का उल्लेख कर वे देह बनती स्त्री छवि का पुरजोर विरोध भी करती हैं। अलबत्ता

विज्ञापनी दुनिया की उच्छृंखल स्त्री छवि पुरुष रचनाकारों को खासी प्रिय है। उदयप्रकाश की कहानी 'पाल गोमरा का स्कूटर' हो या मुशर्रफ आलम जौकी की कहानी 'सदी को अलविदा कहते हुए'—देह बना कर स्त्री-अंगों का रीतिकालीन मजा खूब लिया गया है।

मुशर्रफ आलम जौकी बारह वर्षीया रिया के गर्भवती हो जाने की सूचना देकर यौन अतिचार जैसी नई सामाजिक विकृतियों का विश्लेषण नहीं करते, रिया को देह की दलदल में घसीट कर समृद्धि और ख्याति के शिखर पर बैठने को तड़पती उपभोक्तावादी मां की प्रताड़ना करते हैं जो नई स्त्री छवि को गढ़ती भ्रष्ट स्त्री का पुंजीभूत रूप है। पिता की भूमिका बगुला भगत-सी है—निर्लिप्त और सुविधाजनक। पत्नी के गलत साबित होने पर 'उपदेश' झाड़ने का नैतिक बल और सही साबित हो जाने पर अपने कुशल निर्देशन का डंका पीटने का गुमान। यह वही पुरुष है जो स्त्री की सोच, गति, उपलब्धि और भविष्य—सबको पूरी तरह नियंत्रित कर पाने के सामर्थ्य में उसकी हर स्वतंत्रता को 'नैतिक' की संज्ञा देता है, किंतु जैसे ही वह उसके अधिकार क्षेत्र से बाहर होती है, उसे 'मजा चखाने' में विलंब नहीं करता। भंवरीबाई और मुख्तार माई के रूप में ये स्त्रियां जब-तब उसके 'नैतिक विस्फोट' का शिकार होती हैं। उपभोक्तावादी सुविधाओं से तुष्ट-मुग्ध यह वर्चस्ववादी पुरुष घर में संबंधों के बदलते समीकरणों से संभ्रम की स्थिति में है। धर्म, कर्मकांड, परंपरा और भारतीय संस्कृति—गतिशील निर्णय सक्षम स्त्री को बांधने के लिए उसके पास अचूक हथियार हैं और मीडियापोषित बाजार की ताकत भी। बेहद बारीकी से विज्ञापनों में उभरती उन्मुक्त स्त्री की पाश्चात्य छवि के ऊपर वह घर-गृहस्थी, पति-बच्चों की देखभाल से बंधे स्त्रियोचित मूल्यों को चस्पां करने लगा है; अध्यात्म चर्चा के बहाने बाबाओं-साध्वियों के जरिए स्त्री धर्म और परिवार की पुरुषानुकूल प्राचीन व्याख्याओं का नवीनीकरण करने लगा है; संस्कृति के नाम पर स्त्री की देह और सोच को नाजुक और निष्क्रिय बनाते व्रत-त्योहारों का महिमामंडन करने लगा है और तकनीक के साथ-साथ भूत-प्रेत, जादू-टोना जैसे अंधविश्वासों की पुनर्प्रतिष्ठा कर रहा है ताकि सोचने वाली स्त्री को 'चुड़ैल-डायन' साबित कर जिंदा आग में झोंक सके। ग्लैमर और पूंजी की दौड़ में बदहवास दौड़ती स्त्री उसके आदेशों की मोहताज है। वह अपनी ही गुलामी के नए शास्त्र को आधुनिकता के रंगीन पैकेज में घर-घर पहुंचा रही है। स्त्री लेखन पुरुष व्यवस्था के इस नव्यतम षड्यंत्र को लेकर खामोश है। पुरुष लेखन सहानुभूतिपूर्वक इस दिशाहीन अंधी स्त्री की दुर्दशा का चित्रण कर इस स्त्री के खिलाफ जनाभियान भी चला रहा है और सफलता के मद में ठठा कर हंस

भी रहा है। ठगी जाती है स्त्री। बार-बार। क्या इसलिए कि सीमोन द बोउवार ने *द सैकेंड सेक्स* में कहा है कि सृष्टि के प्रारंभ से ही स्त्री पोषक रही है और पुरुष सर्जक। इसलिए दुनिया का प्रारूप और नियमावली तैयार करने का गुरु दायित्व पुरुष लेता रहा है और स्त्री अपनी तमाम उर्वरता और निरीह सकारात्मकता के साथ उसकी विध्वंसात्मक नकारात्मकताओं का संरक्षण-संवर्धन करती चलती है?

स्त्री लेखन स्त्री के सघन सामाजिक सरोकारों का लेखा-जोखा है जहां देह सुख या देह प्रदर्शन की ललक प्रमुख नहीं और न ही नैतिकता के मानदंडों को झकझोर कर अपनी निजी मुक्ति का आख्यान रचने की बदहवासी। अलबत्ता देह और नैतिकता के सवाल उसकी प्रत्येक समाजशास्त्रीय पड़ताल के साथ उघड़ पड़ते हैं। पुरुष की दृष्टि से देखें तो स्त्री की निर्लज्जता का उद्‌घोष करते और स्त्री की दृष्टि से पुरुष तंत्र के अनैतिक स्वरूप पर उंगली उठाते। बेशक नई स्त्री छवि लाज के दुर्वह बोझ से मुक्त हुई है, निर्लज्ज या अनैतिक नहीं। मुंह खोल कर अपनी जरूरतें और विरोध दर्ज करने लगी है, मुंहजोर नहीं हुई है। इसलिए सदियों से घर-बाहर अपनों-परायों का यौन-शोषण सहती मूक स्त्री को अपदस्थ कर वह यौन अतिचार करने वाले चेहरों को पहचान दिए जाने का आग्रह कर रही है। हर बलात्कारी अनिवार्यतः पारिवारिक रिश्तों में बंधा कोई पुरुष ही होता है। उसे बचा कर क्या वह परिवार संस्था की गरिमा बचा पाएगी? गाहेबगाहे आज भी यौन शोषण जैसे कुत्सित पुरुष-व्यभिचारों की शिकार हो रही है स्त्री। लेकिन अब न स्वयं को अपराधी महसूसती है, न उस हादसे के सदमे तले पूरे परिवार की सामाजिक मौत के साथ अपने तबाह भविष्य को स्वीकारने को बाध्य। उसका बोलना, न्याय की गुहार लगाना यदि बेहयाई बन जाए तो फिर नैतिक क्या है? असल में स्त्री विमर्श के साथ जोड़ा गया देह और नैतिकता का दुमछल्ला स्त्री चेतना के पंख नोचने की साजिश है। लुक-छिप कर स्त्री देह को आंखों ही आंखों में उघाड़ने और भोगने का आदी संस्कारी मन जब स्वयं स्त्री को निर्विकार भाव से देह उघाड़ते देखता है तो *सुनीता* उपन्यास के हरिप्रसन्न की तरह वहां से पलायन कर जाता है। नग्नता अश्लील या अनैतिक नहीं होती, नग्नता के साथ जुड़ी मानसिकता उसमें विकृत अर्थव्यंजनाएं भरती है। स्त्री लेखन में उभरती नई स्त्री छवि देह को पाप-पुण्य, मर्यादा-अमर्यादा, शील-अश्लील जैसी गढ़ी गई संरचनाओं से मुक्त कर विशुद्ध बायोलॉजिकल तथ्य के रूप में देखती है। पूरी आंतरिकता के साथ वह समाज और शास्त्र के अनैतिक आचरण को तो समाप्त कर ही डालना चाहती है। साथ ही कुछ मासूम से सवाल पूछ लेना चाहती है कि सरकारी-गैर सरकारी एजेंसियों-संगठनों द्वारा सर्वेक्षण के जरिए जुटाए गए घरेलू

हिंसा के आंकड़ों के बरक्स पुरुष की कल्पित बेचारगी के चुटकुले क्या घोर अनैतिक नहीं जहां बेलन से पति की पिटाई करती स्त्री सदियों से पितृसत्तात्मक समाज व्यवस्था के उपहास और मनोरंजन का पात्र बनी हुई है? क्या चुप्पी के घूंट के साथ बड़ी-बड़ी प्रताड़नाएं और अपमान गटक जाने वाली स्त्री को चपर-चपर करती कर्कशा छवि में बांधने की सामूहिक कोशिशें नैतिक हैं? जिसकी लाठी उसकी भैंस—यह जीवन-जगत का सत्य है, किंतु क्या इसी में अनैतिकता का उत्स निहित नहीं? दरअसल, स्त्री के संदर्भ में अनैतिकता की हाय-हाय और कुछ नहीं, लाठीवानों द्वारा भैंस हांक न ले पाने की करारी शिकस्त है। नैतिकतावादियों में नैतिकता का इतना ही दम-खम होता तो अपनी नपुंसक कायरता को छिपाने के लिए शिखंडी की तरह अर्जुन जैसे पराक्रमियों की आड़ न लेते फिरते। शिखंडियों से क्योंकर डरे स्त्री? वह तो उसके भीतर बैठी किसी अंबा के शाप को जी रहा है। रो-रोकर! छुप-छुपकर!

[4]

स्त्री विमर्श, देह-मुक्ति और वर्जनाहीन सेक्स चित्रण परस्पर संबद्ध होकर जिस वर्तुलाकार चक्र की सृष्टि करते हैं, वह उत्स और निदान खोजने की हर कोशिश को निर्मूल करते हैं। यदि स्त्री-अनुभव की प्रामाणिकता को स्त्री लेखन का केंद्रीय बिंदु मान भी लें तो इसका अर्थ हुआ—स्त्रियों द्वारा रचा गया साहित्य जो उनकी सक्रियता, दिशाबोध और स्वप्नशीलता को दर्शाता है और स्त्री मुक्ति को मानव-मुक्ति के साथ बहुत गहरे अनुस्यूत कर समस्या को संवेदना में सान कर जिस बृहद् परिसंवाद की ओर जाना चाहता है, वहां सकारात्मकता और सृजनात्मकता ही अंतर्भूत शक्तियों के रूप में सक्रिय रहती हैं। इनसे विच्छिन्न स्त्री विमर्श चालू मुहावरे का मुखौटा ओढ़ कर स्त्री सरोकारों और संवेदना को जानबूझकर क्षति पहुंचाने का सुविचारित अभियान है। अतः जब-जब देह-मुक्ति एवं चटखारेदार सेक्स चित्रण का संदर्भ आता है, यह विचार करना बेहद जरूरी हो जाता है कि तब समाज व्यवस्था का क्या होगा? आखिर दूसरे की जूती में पैर डाल कर बहुत दूर तक सफर नहीं किया जा सकता। पुरुष की उन्मुक्तता यदि सदियों तक स्त्री की अस्मिता और गरिमा को सालती रही है तो उनका ठीक वही आचरण क्या दूसरे की अस्मिता और गरिमा को अक्षत रख पाएगा? (इस सवाल का मकसद पुरुष की यौनिक उन्मुक्तता का समर्थन कदापि नहीं बल्कि सामाजिक इकाई के रूप में दोनों की यौन स्वतंत्रता की प्रकृति, स्वरूप और प्रभाव

पर व्यापक बहस के आयोजन की जरूरत का रेखांकन है) प्रतिशोध एक सहज मानवीय आकांक्षा है लेकिन उसकी व्याप्ति बहुत दूर तक नहीं जाती। घृणा एवं क्रोध की लपट के साथ दूसरे ही पल समाप्त हो जाती है। इसलिए सेक्स के सहारे अपनी शक्ति और मुक्ति का आख्यान रचने से पूर्व उसे खुद से यह पूछना होगा कि क्या देह-मुक्ति मानव-मुक्ति को साकार करने का सबब बन पाई है? कि देह-मुक्ति उसके लिए सवाल है या आस्वाद? हो सकता है कि देह-मुक्ति से समाज-सेवा तक की मृदुला गर्ग की अंतर्यात्रा *कठगुलाब* उन्हें 'बचकानी' लगे, किंतु देह-मुक्ति एवं अकुंठ सेक्स को एक रचनात्मक आधार तो देना ही होगा। बेशक मैत्रेयी पुष्पा फिलहाल जोर-शोर से प्रतिशोध और कूटनीति के रास्ते स्त्री की संघर्ष-गाथा लिख रही हैं लेकिन उन्हें अभी मंजिल तक पहुंचना शेष है। अधबीच रुकी यात्रा के आधार पर निर्णय देना जल्दबाजी होगी। या कहीं ऐसा तो नहीं कि *हासिल* (राजेंद्र यादव का कहानी संग्रह) उनका मुकाम है? 'सिद्धि', 'एक कटी हुई कहानी', 'एक खुली हुई सांझ' और 'दो दिवंगत' को अपवादस्वरूप छोड़ दें तो शेष कहानियां स्त्री की निर्लज्ज सेक्सुअलिटी का आख्यान हैं। अहंनिष्ठ सामंत की तरह भोग को लेकर आक्रांत (ऑब्सेस्ड)। यह ऑब्सेशन उसे व्यूह-रचना के लिए प्रेरित करता है और 'तिरिया चरित्तर' दिखा कर पुरुष को मुट्ठी में करने का विश्वास देता है। घर-समाज, समस्या-तनाव, दायित्वों-संकल्पों से दूर किसी इतर लोक की प्राणी-सी यह स्त्री सेक्स में ही जीवन का अर्थ और गति ढूंढ़ती है। 'नया फ्लैट' की श्वेता हो या 'सुधा की डायरी' की रेवा, विलास के जिस गहरे दलदल में उतरी है, वह देह-मुक्ति को मानव-मुक्ति के साथ जोड़ने की विचारशीलता नहीं देती, मुक्त देह का आस्वाद देकर अतिचार का प्रतिशोधात्मक सुख देती है, ठीक ड्रग-एडिक्ट-सी उन्मादी अवस्था। उल्लेखनीय है कि ड्रग-एडिक्शन स्वस्थ समाज के लिए घातक संक्रामक रोग है जिसका समय रहते उपचार (समूल नाश) किसी भी दृष्टि से अमानवीय नहीं।

देह-मुक्ति का आंदोलन स्त्री को जेंडर न मान कर सेक्स सिंबल में ढाल देने के खतरों से लबरेज है। जेंडर एक सामाजिक निर्मिति है और समाजशास्त्रीय संरचनाओं की पड़ताल करते हुए यह व्यक्ति (ह्यूमन) को जेंडर बना देने के षड्यंत्रों को उद्‌घाटित करती है। कहा जा सकता है कि देह-मुक्ति का आंदोलन स्त्री जेंडर को मानवीय गरिमा से दीप्त करने का उपक्रम है लेकिन यह तय है कि सेक्स बन कर मनुष्य (ह्यूमन) क्या, कोई प्राणी भी नहीं बना रह सकता। सेक्स एक मानसिकता है जो सामाजिकता का परिहार करती है। यह विश्रांति की वह भविष्योन्मुखी अवस्था नहीं जो एक सीधी नजर से तीनों कालखंडों को देखने

और गूंथने का विवेक दे बल्कि क्षण में विलीन होती उद्विग्नावस्था है। इसलिए इसकी प्राप्तियां अत्यंत 'क्षुद्र' और 'यंत्रणामयी' होती हैं। गोपन को अगोपन करने की प्रवृत्ति (नारा) आज आत्मकथा के नाम पर महिला रचनाकार जो साहित्य लिख रही हैं, वह सेक्स संबंधों के सहारे मुक्तिकामी स्वप्नों को साकार करने की निष्फल व्यग्रता ही है। विशेष रूप से प्रभा खेतान की आत्मकथा *अन्या से अनन्या तक* उन्हें एक ऐसी स्त्री के रूप में रचती है जो उन्हें उनकी अपनी ऊर्जस्वी संघर्षशीला औपन्यासिक नायिकाओं के विलोम में खड़ा करती है। *छिन्नमस्ता* की प्रिया कच्ची उम्र से अपने ही सगे भाई की हवस का शिकार होकर जिस ग्रंथि के साथ बड़ी हुई है, वह उसे संबंधों के प्रति तरल संवेदनात्मक ललक और विश्वास भंग के दौरान गहरे आत्मसम्मान की ऊर्जा एक साथ देती है। इसलिए अपने बूते अपने लिए नई राहों का अन्वेषण उसके जीवन की पहली शर्त बन जाता है। इसके विपरीत प्रभा खेतान (लेखिका नहीं, एक अदद स्त्री) ठीक ऐसे हादसे के बाद विवाह संस्था के प्रति अनास्थावान होती हैं, देह संबंधों के प्रति नहीं। डॉ. सर्राफ का चुनाव उनकी निजी रुचि है और इस संबंध में आने वाले उतार-चढ़ाव उनके निजी अनुभव। लेकिन निरंतर डॉ. साहब की 'रखैल' होने की अपमानजनक अनुभूति से त्रस्त रहना, आत्मनिर्भर होते हुए भी आत्माभिमान को ताक पर रख कर एक असहाय 'अबला' की तरह डॉ. साहब के आश्रय की भावनात्मक मांग में रिरियाते रहना—उन्हें विद्रोही स्त्री नहीं, आत्मलिप्त कामुक स्त्री का रूप देते हैं। यह संबंध सामाजिक-नैतिक वर्जनाओं पर आघात नहीं करता, अपने सुख के लिए समानांतर नैतिक-संहिताओं का निर्माण करता है।

देह संबंधों को एक सुनिश्चित आकार देकर दिनेशनंदिनी डालमिया जिस स्त्री को गढ़ रही हैं वह पितृसत्तात्मक व्यवस्था के शोषण की शिकार स्त्री का चीत्कार नहीं, 'कैलकुलेटिड गेम' को 'शहादत' का जामा पहना कर इसी व्यवस्था से वाहवाही लूटने की आकांक्षी मर्दवादी स्त्री का स्तुतिगान है। कहना न होगा कि ये तीनों उदाहरण देह-मुक्ति के नाम पर रचे गए सेक्स संबंधों की दृष्टिहीनता और दिशाहीनता के संकेतक हैं। इनके बरक्स अनायास सुरेंद्र वर्मा के उपन्यास *दो मुर्दों के लिए गुलदस्ता* की याद आ जाती है। यहां है बेरोजगार युवक की बेबसी दिखाने के बहाने जिंगैलो (पुरुष वेश्या) के रूप में उसका विघटन और फिर ग्राहकों के रूप में उच्चवर्गीय महिलाओं का मादक-विलास! सेक्स प्रसंगों की भरमार में डूब गई लेखकीय दृष्टि इसे ब्लू फिल्म में बदल डालती है, बस। यकीनन यहां इस तथ्य को रेखांकित करना बेहद जरूरी हो जाता है कि सामाजिक सच्चाइयों का दस्तावेज होते हुए भी क्यों हर रचना साहित्य नहीं होती। चूंकि साहित्य यथार्थ नहीं, यथार्थ

का पुनर्सृजन है और 'आत्म' के साधारणीकरण का व्यापक अनुष्ठान, इसलिए व्यक्ति के स्थान पर मनुष्य, घटना के स्थान पर अनुभूति और अनुभव के स्थान पर विजन न केवल महत्त्वपूर्ण हो जाते हैं बल्कि उन्हें मनुष्यता, मूल्य और समय के साथ जोड़ कर ऊर्ध्वमुखी भी बना देते हैं। जाहिर है स्त्री कथाकारों के लिए सबसे बड़ी चुनौती सेक्स चित्रण को सृजनधर्मी ऊंचाइयों तक ले जाने की है। अभी वे जिस मुकाम पर हैं, वह रीतिकाल की पुनरावृत्ति कर उन्हें 'राधिका कन्हाई सुमिरन कौ बहानो है' (यानी मुक्ति का दिवास्वप्न) भले ही दे दे, मनुष्य की भास्वरता कभी नहीं देगा। क्यों नहीं स्त्री के यौन संबंधों का समर्थन करती ऊर्जा पुरुष की ऐसी ही उच्छृंखलता के खिलाफ वैचारिक आंदोलन छेड़ती? कम से कम पितृसत्तात्मक व्यवस्था के एक अभिशाप को धो डालने की जंग तो होगी यह पहल। लेकिन पुरुषवादी नजरिए और नेतृत्व से मुक्ति क्या इतनी आसान होगी?

देह शुचिता की वर्चस्ववादी राजनीति

रंजना श्रीवास्तव

जीवन संदर्भ में नैतिकता की व्याख्या एक व्यापक विषय है। जीवन के अलग-अलग पक्षों पर नैतिकता की अवधारणा को अलग-अलग संदर्भों में ही परिभाषित किया जा सकता है। सामाजिक संरचना का नीतिशास्त्र व अर्थशास्त्र एक-दूसरे से भिन्न होते हुए भी एक-दूसरे के लिए प्रासंगिक व अनिवार्य हैं। नैतिकता शब्द का अभिप्राय ही उचित मानदंडों के उस सत्य की व्याख्या है जिसे न्यायसंगत कहा जा सके। किंतु यहां न्याय-अन्याय की परिभाषा भी व्यक्ति के भीतर पलते सत्य के साक्षात्कार से ही उद्घाटित होती है। स्त्री नैतिकता के सवाल पर उसका स्वयं का अस्तित्व ही नकार की स्थिति में पुरुष के हाथों की कठपुतली बनकर रह जाता है। स्त्री की नैतिकता पुरुष की सामंतवादी नीतियों का परिणाम है जो स्त्री के लिए कठघरे तैयार करती है। बड़ी ही चतुराई तथा धैर्य के साथ पुरुष द्वारा तय किए गए नीतिगत सिद्धांतों को स्त्री के ऊपर लादा गया और स्त्री पुरुष की जकड़बंदी का शिकार होती गई। यह ध्यान देने योग्य बात है कि स्त्री के अपने 'स्व' व 'विवेक' की पराधीनता आखिर इस हद तक कैसे पहुंची कि वह पुरुष के समस्त आदेशों को मानती चली गई। इस पराधीनता की जड़ें कितनी गहरी हैं और कहां जुड़ी हैं ये सवाल हमें अचंभित करते हैं। आखिर स्त्री ने उसका अक्षरशः पालन किया तो क्यों? शासक है और स्त्री शोषित। पुरुष का मानना है कि ईश्वर की दृष्टि में स्त्री हीन है और अपनी हीनता की वजह से शोषित है। ईश्वरीय सत्ता के आलोक में स्त्री की स्थिति पुरुष से कमतर है। पर यह ईश्वर कौन है? और उसका पुरुष से संवाद कैसे कायम हुआ? इस प्रश्न पर सोचे जाने की जहमत उठाने का कोई प्रयास स्त्री द्वारा नहीं किया गया। स्त्री पर दबाव की स्थितियां इस तरह से कायम रहीं कि स्त्री के सारे कर्तव्यों के बीच धर्म उसे भयभीत करता रहा, डराता रहा; वर्चस्ववादी नीतिशास्त्र में जब स्त्री के नैतिक-अनैतिक होने का सवाल प्रकाश

में लाया गया तो पूरे विवेक व चतुराई से पुरुष ने उसे धर्म से जोड़ा। पुरुष जानता था कि स्त्री नियति के धर्मशास्त्र में नैतिकता की जकड़बंदी यदि नहीं होगी तो स्त्री अपनी चेतना से काम लेना सीख जाएगी। ऐसे में आस्था-अनास्था के प्रश्नों के बीच धर्म का हंटर स्त्री की नियति पर इतने कोड़े बरसाता रहा कि अपने बारे में स्वतंत्र रूप से कुछ भी सोच पाना उसके लिए संभव न था। देह की शुचिता और पवित्रता का मंत्र, धर्म का सहारा लेकर स्त्री के अस्तित्व से जोंक की तरह लिपटा रहा और वह खुद अपनी देह के मकड़जाल में फंसती चली गई। स्त्री देह की शुचिता का सिद्धांत स्त्री की गुलामी का पर्याय बना। वह आजीवन अपनी पवित्रता के प्रति जरूरत से ज्यादा सतर्क बनकर अपने धर्म के निर्वाह में प्राण-पण से जुटी रही। सेवाभाव व दासत्वबोध ने मिलकर एक स्त्री के व्यक्तित्व को पूरी तरह से पराधीन बनाया। अपनी देह की सुरक्षा का भार पुरुष को सौंपकर उसने अपनी इच्छाओं और भावनाओं का गला पूरी तरह से घोंट डाला।

एलिन जैगर के अनुसार–'स्त्री के नैतिक अनुभवों को गंभीरता से लेने का यह अर्थ नहीं है कि स्त्री अपने अनुभवों के प्रति आलोचनात्मक दृष्टिकोण नहीं रखना चाहती। स्त्री हो या पुरुष सबका उद्देश्य इस दुनिया को एक बेहतर दुनिया में परिवर्तित करना है। अतः न केवल स्त्री के गुणों का महिमामंडन करना या उसके द्वारा किए गए कामों की वाहवाही की जरूरत है बल्कि स्त्री एक स्वायत्त नैतिक एजेंट के रूप में स्थापित हो सके, इसकी आवश्यकता है।' लेनिन लिखते हैं–'निश्चित ही साम्यवादी नीतिशास्त्री जैसी चीज होती है... लेकिन हम एक ऐसी नैतिकता को अस्वीकार करते हैं जो गैर मानव, गैर वर्गीय अवधारणा से ली गई हो...नैतिकता का काम मानव समाज को उच्च स्तर तक ले जाना और श्रम के शोषण से मुक्ति दिलाना है।' क्या लेनिन की यह परिभाषा स्त्री संदर्भ में सापेक्ष सिद्ध होती है? यदि होती तो स्त्री को अब तक अपनी गुलामी व शोषण से मुक्ति मिल गई होती। दरअसल, स्त्री शोषण के केंद्र में विवाह की प्रमुख भूमिका है। उसका ईश्वर, उसका सामंत व उसका मालिक कोई और नहीं उसका पति होता है। पति द्वारा निर्मित समाज व्यवस्था अर्थात उसका परिवार ही उसकी पराधीनता का केंद्रबिंदु है। द्रौपदी, सीता और अहल्या की कहानियों के मूल में उनका पति व परिवार ही है। यही नहीं हौआ व आदम की कथा उस प्रकृति व पुरुष की कथा है जिन्होंने सृष्टि रचना में सहयोग दिया, पर दरअसल यह कथा स्त्री के उस दमन की भी कथा है जो जागरूकता के पक्ष में अपने लिए समानता का भी अधिकार चाहती थी क्योंकि आदम और हौआ

के बीच में छिपी है लिलिथ की व्यथा-कथा जो आदम द्वारा वरण की गई पहली स्त्री है। इस कथा में सत्य क्या है? सवाल इतना भर नहीं है बल्कि सवाल यह भी है कि स्त्री के निम्नतर होने की कहानी सृष्टि की संरचना से संबद्ध है। शोषण की यह परंपरा और स्त्री के लिए सजा की नियति इस बात का साक्षी है कि भय के शासन तंत्र से स्त्री के अस्तित्व की कथा गढ़ी गई।

यहां इस तथ्य का उद्घाटन आवश्यक है कि चूंकि नैतिकता समाज की संरचना से संबद्ध होती है इसीलिए शोषण मूलक समाज की नैतिकता, जो वास्तव में अनैतिकता का ही रूप होती है, को ही सही ठहराने में शोषक वर्ग के न्याय को प्रतिरोपित करता है। अतः पुरुषप्रधान समाज में स्त्री की नैतिकता पुरुष की सामंतवादी नीतियों से उपजी वह व्यवस्था है जिसके द्वारा स्त्री को पुरुष के समकक्ष लाया जाना संभव न हो। इसीलिए स्त्री की नैतिकता पुरुष द्वारा परिभाष्य है। यह स्त्री के उस स्त्री धर्म की नैतिकता है जहां पर सारे कर्तव्य स्त्री के नाम और अधिकार पुरुष के खाते में सुरक्षित हैं। नैतिकता चूंकि धर्म से निकली है अतः यह द्वंद्व से जुड़ी होती है और द्वंद्व की स्थिति में विवेक की चैतन्यता पर निरंतर प्रहार होता है, यही वजह है कि व्यक्ति विशेष की बौद्धिक चेतना साकार रूप में प्रकट होने में संकोच का अनुभव करती है। यह हिचकिचाहट ही धर्मजनित वह भय है जो मानसिक हथियार की शक्ल में स्त्री की मानसिकता पर प्रहार करता है और उसकी चेतना पर धुंध की तरह छाकर उसके विवेक को कुंठाग्रस्त बनाता है।

स्त्री विमर्श के समकालीन स्थिति तक आने और सत्य को अपने विवेक से ग्रहण करने में स्त्री को लंबा समय लगा। स्त्री मुक्ति का पर्याय उन विचारों, भयों, बंधनों, दबावों से मुक्ति का उद्घोष है जिसमें उसकी दासता की छटपटाहट हमेशा-हमेशा के लिए खत्म हो जाए। यह मुक्ति बगैर देह की मुक्ति के संभव नहीं। फिर स्त्री शुचिता व पवित्रता के उन धार्मिक एवं नैतिक बंधनों का क्या होगा जो पुरुष की वर्चस्ववादी मानसिकता का पोषण कर अपनी स्वामिभक्ति का परिचय देती रही है। चूंकि स्त्री का दासत्व उसकी देह से शुरू होता है इसलिए उसकी मुक्ति भी इसी देह के जरिए संभव हो सकती है। देह नाम की जो यह संपत्ति स्त्री के पास है उसके प्रति आशंका एवं भय तथा उसे पवित्र रखने का प्रयास इतना दुरूह कार्य है कि स्त्री की सारी ऊर्जा इसी देह के इर्द-गिर्द घूमती हुई क्षरण की स्थिति में आ जाती है। अतः देह की मुक्ति को स्त्री की यात्रा का प्रस्थानबिंदु कहा जा सकता है। वह इस देह के भय से मुक्त होकर ही अपने अस्तित्व की पहचान बना सकती है। देह से जुड़े पाप और पुण्य

की व्याख्या में स्त्रियों का अधिकांश समय बीतता है और वह किसी परिवार की इकाई मात्र बनकर रह जाती है और वह भी एक ऐसी इकाई जिसका स्थान परिवार के मध्य भी पूरी तरह से उपेक्षित एवं पराधीन ही होता है। देश, समाज व राष्ट्र के लिए कुछ सोच पाने अथवा कर पाने जैसी नियति स्त्री के अस्तित्व का आईना कभी नहीं बन पाती। आज भी छोटी जगहों में रहने वाली कस्बाई मानसिकता वाली स्त्रियों की बड़ी तादाद है जो देह और मन की शुद्धता का राग चौबीसों घंटे अलापती रहती हैं। मेरे एक संबंधी हैं उनकी पत्नी की टिप्पणी यहां दर्ज करना चाहूंगी। उनका मानना है कि यदि कोई स्त्री विवाह के पूर्व भी किसी पुरुष को प्रेम की नजर से देख भर ले तो वह अपने भावी पति के प्रति अन्याय करती है और इससे उसकी पवित्रता नष्ट होती है। मैं आज के जमाने की उस लड़की की बात कर रही हूं जिसकी उम्र मात्र सत्ताईस साल है और जो पढ़ी-लिखी आधुनिका है। पुरुष किसी ऐसे पचड़े में पड़कर अपना वक्त बरबाद कभी नहीं करता। कस्बाई मानसिकता वाली स्त्रियों के दिलोदिमाग पर अब भी धर्म से पैदा भय चौबीसों घंटे छाया रहता है। मेरा एक पड़ोसी मुस्लिम परिवार भी इसी तरह की भयपूर्ण आशंकाओं से ग्रस्त है। पत्नी का मानना है कि नमाज के वक्त उन्हें पूरी तरह शुद्ध होना जरूरी है। इस शुद्धता के लिए उन्हें रात में संसर्ग की इच्छा के बावजूद पति से दूरी बरतनी पड़ती है क्योंकि इसके पश्चात जिस शुद्धता का ढोंग जरूरी है उसमें शरीर के अवांछित बालों तक को हटाने की दुर्लभ प्रक्रिया शामिल है व सिर से स्नान करके शुद्धता को मुकम्मिल करना पड़ता है वरना उन्हें नापाक समझा जाएगा। ये घटना भी आज की पीढ़ी की उस युवती की है जो मात्र उनतीस साल की ग्रेजुएट है। अब आप ही बताएं कि ऐसी मानसिकता के तहत कोई स्त्री अपनी अस्मिता के सवालों से कैसे टकरा सकती है। मेरे यह कहने पर कि यदि शादी आपके मजहब में पाक संबंध है तो उससे बनाए जाने वाला देह संबंध इतना नापाक कैसे हो गया, वह कुछ देर तक मुझे अचरज से देखती रहीं फिर बोल पड़ीं—'कह तो आप ठीक ही रही हैं पर मेरे मानने से आखिर क्या होगा क्योंकि इस तरह सोचने वाली औरत को हमारे मजहब में अच्छी निगाह से नहीं देखा जाता।' तो धर्म स्त्री की तमाम सोच पर इस कदर हावी है कि आप उसे आस्था का प्रश्न तो कतई नहीं मान सकते अपितु भय जरूर कायम रहता है जो स्त्री के मन व देह को नियंत्रित कर उसकी स्वतंत्र सोच विकसित करने में बाधित हो।

स्त्री की देह से मुक्ति का संकल्प ऐसा है जिसके जरिए स्त्री की हीनता व देह को लेकर असुरक्षा की भावना का अंत होगा। हालांकि यह इतना आसान

काम नहीं है पर स्त्री को अपनी खुद की संकीर्णता से उबरे बिना उसका लक्ष्य हासिल नहीं हो सकता। यहां तक कि उसे बलात्कार जैसी भीषण मानसिक प्रताड़ना से भी अपने आपको निस्पृह रखकर बिखरने व टूटने से बचाना होगा और तब देह के अपवित्र हो जाने की निर्मम यातना से गुजरकर आत्महत्या जैसे विचार उसके जीवन का अंत नहीं कर सकेंगे। पुरुष के लिए इससे बड़ी चुनौती और कुछ नहीं हो सकती कि वह बलात्कार जैसे कुकृत्य को अंजाम देकर भी स्त्री का कुछ नहीं बिगाड़ सका। स्त्री की संवेदनशीलता करुणा में पिघलकर पुरुष से अपनी इज्जत की भीख मांगेगी तो पुरुष का स्वाभिमान ऐसे ही नाग बनकर फुंफकारेगा। न ही वह दुनिया के संपूर्ण पुरुषों को अपनी संवेदनशीलता से सभ्य बनाकर उनके द्वारा किए जाने वाले ऐसे कुकृत्यों को कभी भी रोक सकेगी। अपने अस्तित्व की लड़ाई में उसे सारे प्रयास खुद ही करने पड़ेंगे। इस लड़ाई में पुरुष के सहयोग की आकांक्षा व्यर्थ है। उसकी मानसिक दृढ़ता ही उसे पुरुष की प्रताड़ना से उबार सकेगी। सामाजिक, आर्थिक मुक्तियों के मूल में भी देह से मुक्ति जरूरी है। स्त्री की देह पर जब खुद उसका दखल होगा तो पुरुष की यह तथाकथित नैतिकता धरी की धरी रह जाएगी और तब स्त्री उन सारे अवसरों को हथिया सकेगी जो उसके व्यक्तित्व के गठन में महत्त्वपूर्ण भूमिका अदा करते हैं। पुरुष देह से मुक्ति की इस इच्छा को देह के निर्बाध इस्तेमाल से जोड़कर देख रहा है इसीलिए वह भयभीत व आशंकित है। किंतु स्त्री को अब इस देह से मुक्ति का प्रयास जल्द से जल्द कर लेना चाहिए। स्त्री को सही मायने में आजादी तभी मिल सकेगी जब उसकी देह उसकी अपनी होगी, उसकी चेतना, उसके विचार, उसका विवेक इसी देह की गुलामी से लाचार व विवश हैं अतः उसे अपनी देह को हथियार बनाकर अपनी स्वाधीनता की लड़ाई लड़नी होगी। उसकी नैतिकता, उसकी वैधता-अवैधता उसके 'स्व' और 'विवेक' से जब संचालित होगी तभी उसके भीतर का दासत्व बोध तिरोहित होकर उसे एक स्वतंत्र इकाई के रूप में प्रतिष्ठित कर सकेगा। 'विवाह' और 'प्रेम' के समीकरण स्त्री के अपने नजरिए की पहचान बनकर उन तमाम वर्जनाओं से परे उसके लिए एक सुरक्षित स्पेस मुहैया कराएंगे। तब प्रेम की 'अवैधता' और विवाह की 'वैधता' को लेकर जो भ्रांतियां उसके मन में हैं उनसे जुड़े सारे प्रश्नों का हल उसे मिल जाएगा। नैतिकता के सवाल पर द्वंद्व की स्थितियां, जो अब तक सक्रिय रही हैं, उसकी सत्यता से साक्षात्कार का यही एक तरीका है। देह की मुक्ति का अर्थ पुरुष को बताने की जिम्मेदारी स्त्री की कतई नहीं है यदि उसे सीधे तरीकों से समझना नहीं आता तो वह ऐसे ही अंधकार में भटकता रहे...

वैसे भी सामंती मानसिकता वाले पुरुष को इस तथाकथित देह मुक्ति का अर्थ कभी भी समझ में आने वाला नहीं। आज स्त्रियां अपनी नियति को समझने लगी हैं। 'तीज-व्रत-कथा' आरोपित भय भी स्त्री की चेतन जागरूकता से यदि टकराएगा तो उसका पराजय निश्चित है। स्त्री धर्म के नाम पर स्त्री की अस्मिता से खिलवाड़ अब बंद हो जाना चाहिए। उसकी मानसिक कैद से मुक्ति ही उसकी स्वायत्तता का पैमाना बनेगा।

धर्मशास्त्रों की पाखंडी शिक्षा को नकारना होगा

डॉ. कुसुम मेघवाल

आज हमारा देश भारत भी पूरे विश्व के साथ 21वीं सदी के दौर से गुजर रहा है। उसकी गिनती भी विश्व के विकासशील देशों में होने लगी है किंतु इसे विडंबना ही कहा जाएगा कि आज भी हमारे देश में पुरुष और स्त्री के नैतिकता के सदियों पुराने दोहरे मापदंड अपनाए जाते हैं। पितृसत्ता में पुरुष की नैतिकता उसके पारिवारिक, सामाजिक, राजनीतिक, आर्थिक, शैक्षणिक, कार्यपद्धति, व्यापार और व्यवहार से तय की जाती है किंतु स्त्री की नैतिकता देह से शुरू होकर देह पर ही खत्म हो जाती है। स्त्री चाहे इन क्षेत्रों में कितनी ही निपुण, कितनी ही योग्य क्यों न हो, उसकी इस योग्यता और निपुणता का आधार, उसका मापदंड उसका चरित्र ही होता है। अपने क्षेत्र की उन ऊंचाइयों को छूने में उसे कितना संघर्ष अपने घर-परिवार वालों से, समाज वालों से करना पड़ा है, इसे वह भुक्तभोगी स्त्री ही जानती है। जीवन के इन शिखरों पर पहुंचने के लिए उसे न केवल सतत कर्मशील रहना पड़ा है वरन कदम-कदम पर अपने चारित्रिक हनन की गतिविधियों से भी सतर्क रहना पड़ा है, उनसे बचना पड़ा है। वह जानती है कि वह जीवन में कितनी ही सफलता की सीढ़ियां क्यों न चढ़ जाए, किंतु उसकी एक जरा-सी भूल इन सब पर पानी फेर सकती है और वह भूल अपने पुरुष सहकर्मी के साथ मात्र हंसकर बोलने की भी हो सकती है, बॉस द्वारा रात्रि में आवश्यक कार्य पर बुलाने पर जाने की भी हो सकती है।

आखिर स्त्री के चरित्र पर इतनी निगाहें क्यों रखी जाती हैं? क्यों कदम-कदम पर उस पर नियंत्रण रखा जाता है? क्या स्त्री को स्वयं अपने चरित्र की कोई चिंता नहीं है? क्यों कार्यालय से जरा-सा देर से आने पर उसे शक की नजरों से देखा जाता है? चरित्र की कसौटी पर उसे ही क्यों कसा जाता है? चरित्र के ये दोहरे मापदंड क्यों अपनाए जाते हैं?

स्त्री शोषण के विभिन्न रूप

कुंवारी मां बनने की सजा केवल लड़की को ही दी जाती है। उसका जीना हराम कर दिया जाता है। उसे कलंकिनी, कुलक्षिणी, पापिन आदि पता नहीं क्या-क्या कहा जाता है। कोई उससे शादी करने को तैयार नहीं होता, जबकि गलती दोनों की होती है किंतु लड़के का बाल भी बांका नहीं होता। ऐसी एकतरफा शिक्षाएं देने वाला शिक्षक कौन है? ऐसी व्यवस्थाएं देने वाला और उनका पालन कराने वाला कौन है? इसके जिम्मेदार कौन हैं? आज इसकी पड़ताल आवश्यक हो गई है।

भारतीय स्त्री के शोषण के ऐसे एक नहीं, अनेक रूप हैं। यह सर्वविदित है कि संतान के नाम पर चाहे बांझपन हो या केवल लड़कियां पैदा होने का, केवल स्त्री को ही दोषी करार दिया जाता है। इसके लिए चाहे पुरुष ही दोषी क्यों न हो?

कन्यादान के रूप में स्त्री का शोषण होता है। उसे संपत्तिविहीन रखा गया है। वह स्वयं ही वस्तु के रूप में, दूसरों की संपत्ति के रूप में है, उसे संपत्ति रखने या अर्जित करने का प्रश्न ही पैदा नहीं होता है। वह तो केवल भोग्या है।

वैधव्य का अभिशाप भी उसी पर लादा गया है। विधवा होने के बाद उसका मुंह देखना भी पाप समझा जाता है। सिंगार उसी का छीना जाता है। पुरुष को तो श्मशान में स्त्री की चिता के जलने के समय ही दूसरे विवाह की सोचने की अनुमति है। सती प्रथा, बाल विवाहों जैसी प्रथाओं को ही शास्त्रसम्मत बनाना, कम उम्र की कन्या से बूढ़े के विवाह को जायज ठहराना, उसे आजीवन परदे में रखना, देवदासी प्रथा को शास्त्रसम्मत बनाना, नारी शिक्षा को पाप बताना, लड़कियों को दहेज की बलि पर चढ़ाना, पिशाच एवं राक्षस विवाहों को शास्त्रसम्मत मान्यता देने आदि शिक्षाओं का आधार क्या है?

नैतिकता का सारा बोझ स्त्री के कंधों पर

'ढोल गंवार सूद्र पसु नारी। सकल ताड़ना के अधिकारी।' जैसी उक्ति लिखने वाले, स्त्री को इतना अपमानित करने वाले महाकाव्य *रामचरितमानस* और उसके कवि तुलसीदास को महिमामंडित करके हमारे प्रचार माध्यम स्त्री को ऐसी शिक्षा क्यों देना चाहते हैं?

भारत में स्त्री की नैतिकता उसकी देह पर लादे गए इन प्रतिबंधों से शुरू होकर देह पर ही खत्म हो जाती है। किंतु इसके मूल कारणों, आधारों पर किसी ने गहराई से नहीं सोचा। यदि सोचा होता और विश्लेषण किया होता तो इस बीमारी की तह तक पहुंच कर यह पता लगाया जा सकता था कि इसकी जड़ें हमारे धर्मशास्त्रों में हैं और इन धर्मशास्त्रों के रचयिता भी पुरुष ही हैं, जिन्होंने सारे विशेषाधिकार अपने हक में लिखे और धर्म, संस्कृति एवं नैतिकता का सारा बोझ स्त्री के कंधों पर डाल दिया।

उल्लेखनीय है कि इन धर्मशास्त्रों में पाखंडी शिक्षा के अलावा कुछ नहीं है। इन्होंने ही स्त्री को मात्र भोग्या और वस्तु बनने की शिक्षा दी है जो आगे चलकर इसी लेख में संक्षिप्त में पढ़ने को मिलेगा। ये धर्मग्रंथ कपोल-कल्पित हैं, झूठ और पाखंड के पुलिंदे हैं। पुरुष की कलम ने, उसके तानाशाही दिमाग ने ही यह अन्याय पर आधारित समाज व्यवस्था बनाई, जिसमें स्त्री को एक भावनाशील इनसान न मानकर मात्र देह माना गया। इन धर्मशास्त्रों ने स्त्री को पतन के इतने गहरे गर्त में डाल दिया है कि लाख हाथ-पांव मारने पर भी वह उससे निकल नहीं पाई है।

सत्य की खोज करनी होगी

इस समाज व्यवस्था को जानने-समझने के लिए हमें अपने इतिहास की ओर झांकना होगा। आखिरी इसकी शुरुआत कहां से हुई? स्त्री दासता क़े ये बीज किसने बोए? क्यों बोए? स्त्री ने इस दासता को क्यों स्वीकार कर लिया? उसमें दास्य भाव क्यों आ गए? इन बिंदुओं पर गहराई से अध्ययन किए बिना हम इस समस्या की तह तक नहीं पहुंच सकते। हमें इस सत्य को खोजना होगा और सत्य की खोज करना इतना आसान काम नहीं है।

भारत के लोग एक ओर नारी को देवी मानकर उसकी पूजा का ढोंग करते हैं और दूसरी ओर कन्या भ्रूण को गर्भ में ही खत्म कर देते हैं। उससे पैदा होने का अधिकार भी पुरुष ने छीन लिया। पैदा होने के बाद पढ़ी-लिखी लड़की को दहेज में लाखों रुपये, कई तोला सोने के आभूषण, आधुनिक ऐशो-आराम का समस्त सामान देने के बाद भी उसे जीवित जला दिया जाता है। कइयों को बिजली का करंट लगाकर, कइयों को फांसी लगाकर, कइयों को जहर देकर, कइयों को चाकुओं से गोद कर मार दिया जाता है और जो जिंदा रहती हैं, वे भी जलालतभरी, अपमानित, शोषित, पीड़ित होकर लाश की तरह अपनी जिंदगी जीने को मजबूर होती हैं। ऐसा क्यों होता है?

भारत की पढ़ी-लिखी नौकरीपेशा, आर्थिक रूप से आत्मनिर्भर महिलाएं भी अपनी इस अपमानित और दुखद स्थिति को अपनी नियति मान लेती हैं। परिणामों को लेकर छिट-पुट प्रतिक्रिया करने के अतिरिक्त वह अन्य कारणों को खोजना, चीन्हना नहीं चाहतीं। भारतीय नारी की यह दासता, जो दास्य अर्थात नारी द्वारा उसकी स्वीकारोक्ति में परिणित हो चुकी है, इनके कारणों को, इसके इतिहास को हमें जानना-समझना होगा।

स्त्री के गौरवमय इतिहास का प्रतीक मातृसत्ता

मनुष्य सृष्टि के अन्य प्राणियों की तुलना में अनेक विशेषताओं से संयुक्त है। इसमें प्रमुख हैं—उसका अति विकसित मस्तिष्क, अति विकसित शरीर, उसकी वाक्‌शक्ति और उसकी सामाजिकता। आखेटकाल का मनुष्य पशुओं की तरह यायावर और हिंसक रहा होगा। पशु चारण काल में पशु मानव समूह की साझा संपत्ति हुआ करते थे। कृषि काल उसके जीवन में स्थायित्व लेकर आया। इसके साथ ही निजत्व का अहसास हुआ जो धीरे-धीरे स्त्री के मातृत्व का वशवर्ती रहा। मातृत्व का स्वरूप पशुओं और मनुष्यों में भिन्न होता है। सद्यप्रसूता गौ अपने बच्चों के लिए वर्ग बेरी शेर से लड़ जाती है किंतु उसके बछड़े के बड़े होने पर आहार के लिए उसी से लड़ जाती है। बिल्ली अपने बच्चों के लिए कुत्तों से लड़ जाती है। मनुष्यों में ऐसा नहीं होता। इसी से संबंध बनते हैं। संबंध विकसित होते हैं। संबंध सत्ताओं को विकसित करते हैं। सबसे पहले मानव के व्यक्तिगत जीवन में जो सत्ता आई, वह सत्ता थी मातृसत्ता। कोई भी मनुष्य समाज इसका अपवाद नहीं रहा।

प्रकृति ने नर और मादा को समान रूप से बनाया। प्रकृति की व्यवस्था में दोनों को समानता, स्वतंत्रता का हक प्राप्त है। प्रारंभ में स्त्री-पुरुष बिना किसी बंधन के साथ रहते थे। जब परिवार और समाज अस्तित्व में आए तब स्त्री-पुरुष संबंधों को पति-पत्नी के रूप में स्वीकारा गया। आज भी अलग-अलग जातियों, संप्रदायों, देशों-विदेशों में विवाह का स्वरूप भिन्न-भिन्न है और भारत जैसे विशाल देश में भिन्नता और अधिक है।

प्रकृति ने मादा को न केवल नर के समान रखा है वरन् उसे नर से भी बढ़कर शक्ति और सामर्थ्य प्रदान किया। प्रकृति की यह व्यवस्था पशुओं में आज भी मिलती है। गायें, भैंसें, बकरी आदि की जीवनचर्या में इन प्रकृतिदत्त गुणों को आसानी से देखा जा सकता है। उनमें नर की जीवनाशा भी मादा से कम होती है। प्रकृति ने स्त्री को ऐसी ही जीवनाशा प्रदान की थी।

प्रकृति की यह वर्चस्ववान स्त्री, सत्ता की प्रथम अधिकारिणी स्त्री भारत में इस दयनीय स्थिति तक कैसे पहुंची? इसकी पड़ताल आवश्यक है। इसका इतिहास जानने के लिए हमें पांच हजार वर्ष पूर्व के इतिहास पर दृष्टिपात करना होगा।

दासता और दास्य में अंतर

दासता का अर्थ होता है गुलाम या दास, जिसका अपना कोई जीवन नहीं होता। उसे अपने लिए जीने की, अपने जीवन का कोई फैसला लेने की किसी भी प्रकार की कोई आजादी नहीं होती। इसलिए भारत में स्त्री दास्य को समझने, उसे परिभाषित करने के लिए हमें दासता और दास्य शब्दों के अंतर को, उनकी भावात्मक गहराई को समझना आवश्यक है। गुलामी का जीवन जीते-जीते उसकी आदत ही गुलामी करने की हो जाती है। वह उस गुलामी या दासता में आनंद का अनुभव करता है। उसे यह पता ही नहीं लगता है कि वह गुलामी में भी जी रहा है और अपना प्रकृतिदत्त अधिकार खो बैठता है। वह दासता को ही अपनी अच्छाइयां, अच्छे संस्कार मान बैठता है, उस पर गर्व करता है। तब वह दासता दास्य में बदल जाती है।

भारत में स्त्री दास्य

भारत में स्त्री दास्य का भी यही इतिहास है। भारत में धार्मिक संस्कारों के माध्यम से स्त्री की दासता को दास्य तक लाने में पुरुषप्रधान समाज व्यवस्था द्वारा बहुत बड़ा षड्यंत्र रचा गया और उस षड्यंत्र में ये लोग सफल भी हो गए। यही कारण है कि भारत की उच्च शिक्षित नारी भी अपनी स्वतंत्रता, समानता, शिक्षा, संपत्ति जैसे मानवीय अधिकारों से वंचित होते हुए भी स्वयं को वंचित नहीं मानती। वे उनके धार्मिक संस्कारों का गुणगान करते हुए उन्हें उचित ठहराने में पीछे नहीं रहतीं। वे इस अन्यायपरक धार्मिक व्यवस्था द्वारा लगाए गए पुनर्विवाह के प्रतिबंध को, अपनी ही जाति के घेरे में विवाह के प्रतिबंध को, दहेज को, परिवार में, समाज में नारी के शोषण को गलत नहीं मानती और इसी कारण वह इन प्रतिबंधों का विरोध भी नहीं करती। कुछ महिलाएं एवं महिला संगठन विरोध करते भी हैं तो वे मात्र दिखावाभर होते हैं, राजनीतिक दलों द्वारा प्रोजेक्ट होते हैं। उनके आधार पर वोटों की राजनीति अवश्य की जाती है। इस समस्या की जड़ ढूंढ़ कर, उन्हें

उखाड़ फेंकने और नष्ट करने की मूल बात की ओर किसी का ध्यान नहीं जाता। जिनका जाता है और जो वास्तव में नैसर्गिक अधिकारों की लड़ाई लड़ती हैं, दासता को स्वीकार नहीं करतीं, दास्य भाव नहीं अपनातीं, उसे इसकी बहुत बड़ी कीमत चुकानी पड़ती है। उसे परिवार से, समाज से बहिष्कृत होकर, अपमानित होकर जीना पड़ता है।

आर्यों के आक्रमण के पूर्व भारतीय नारी की स्थिति

आर्यों के आक्रमण के पूर्व भारत की नारी स्वतंत्र थी। वह दास कैसे बनी? गुलाम कैसे बनी? अपनी इस गुलामी को अपना गहना मानकर उसमें वह कैसे प्रफुल्लित-आनंदित रहने लगी? वह वर्तमान की स्त्री दास्य में कैसे परिवर्तित हो गई? यह इतिहास बहुत लंबा है और इस इतिहास को जाने बिना इसकी तह में पहुंचे बिना हम भारत में स्त्री देह की नैतिकता के इतिहास को नहीं समझ सकते।

मोहनजोदड़ो, हड़प्पा की सभ्यता

अगर हमें भारतीय संस्कृति और सभ्यता को आदर्श बनाना है तो हमें मोहनजोदड़ो और हड़प्पाकालीन सभ्यता-संस्कृति की ओर अग्रसर होना होगा, जब भारत में मातृसत्तात्मक परिवार थे। नारी की स्थिति बहुत अच्छी थी। उसे सम्माननीय माना जाता था। उस समय माता के पद को बहुत ऊंचा और पवित्र समझा जाता था। माता के पद के प्रति आदर भावना थी। उसे पिता से सहस्र गुणा अधिक प्रतिष्ठा योग्य माना जाता था।

मातृसत्तात्मक परिवारों में गृहस्थी का पूर्ण संचालन स्त्रियों द्वारा ही किया जाता था। वंश परिवार सभी नारी के नाम पर ही चलते थे। ऐसे परिवारों की मुखिया भी नारी ही होती थी।

आज से 5000 वर्ष पूर्व भारत में आर्यों के आगमन के पूर्व यहां के मूल निवासी स्त्री-पुरुष बड़े आनंद से रहते थे। उनमें आपस में कोई भेदभाव नहीं था। स्त्री-पुरुष को बराबरी से जीने का हक था। वे मौज-मस्ती, स्वतंत्रता और समानता से अपना जीवनयापन करते थे। भारत की इस आदि सभ्यता को मूल भारतीय सभ्यता, मोहनजोदड़ो सभ्यता, हड़प्पा संस्कृति और सिंधु साम्राज्य आदि नाम से भी जाना जाता है।

मोहनजोदड़ो और हड़प्पा की सभ्यता में जो प्रमाण मिले हैं, उनके आधार पर यह अनुमान लगाया जा सकता है कि उसके उदाहरणस्वरूप आज भी भारत के कुछ हिस्सों यथा आसाम, केरल आदि राज्यों में मातृसत्तात्मक परिवार मिल जाते हैं।

भारत के कई आदिवासी क्षेत्रों में आज भी मातृसत्ता परिवार मौजूद हैं। मूल भारतीय संस्कृति को आज भी इनमें देखा जा सकता है। वहां नारी को पूरी स्वतंत्रता प्राप्त है और सम्मान भी। वह अपनी सत्ता की मालिक है। इसके विपरीत आर्य दासत्व की शिकार महिलाएं हीन हो गई हैं। वे एक वस्तु, भोग्या, गुलाम और दासी बनकर रह गई हैं।

भारत में स्त्री दासता का प्रारंभ

भारत में आर्यों के आक्रमण के साथ ही स्त्री दासता का प्रारंभ हो गया। आर्यों ने भारत की महिलाओं को एक षड्यंत्र के तहत गुलाम बनाया।

ये लोग अपने साथ केवल अस्त्र और शस्त्र लेकर आए थे। आक्रमण करने वाले लोग अपने साथ कभी महिलाएं लेकर नहीं चलते हैं। अतः इन लोगों ने प्रजनन के लिए यहां की महिलाओं का इस्तेमाल किया और यही कारण है कि उन्होंने अपनी मां, बहन, बेटी, बीवी को भी शूद्रों की श्रेणी में रखा और उन्हें शूद्रों की तरह समस्त शिक्षा, संपत्ति जैसे मानवीय अधिकारों से वंचित कर दिया।

स्त्री को नरक के गर्त में धकेलने वाली मनुस्मृति *के स्त्री संबंधी कतिपय उद्धरण*

मनुस्मृति, जो हिंदुओं का एक मान्य ग्रंथ है उसमें स्त्री के लिए कितने निम्न स्तर के घिनौने विचार दिए गए हैं। यहां मात्र उसके कतिपय उद्धरण प्रस्तुत कर रही हूं ताकि इस धर्मशास्त्र से स्त्रियों का मोह भंग हो और वे भी इसे जलाकर इसकी व्यवस्थाओं को नकार सकें। जब जानकारी ही नहीं होगी तो नकार किसका होगा? स्त्रियों को अपने दुश्मनों की पहचान होना बहुत जरूरी है। बिना दुश्मन की पहचान के वे लड़ाई किसके विरोध में लड़ेंगी?

बाल्ये पितुर्वशे तिष्ठेत्पाणिग्राहस्य यौवने।
पुत्राणां भर्तरि प्रेते न भजेत्स्त्री स्वतन्त्र स्वतन्त्रताम्॥ **5-148**

अर्थात् नारी बचपन में पिता के अधीन, यौवनावस्था में पति के अधीन और पति के देहावसान के बाद पुत्रों के अधीन रहे। कभी भी स्वतंत्र न रहे।

अस्वतन्त्राः स्त्रियः कार्याः पुरुषैः स्वैर्दिवानिशम्।
विषयेषुः च सज्जन्त्यः संस्थाप्या आत्मनौ वशे॥ **9-2**

अर्थात् पुरुषों को अपनी स्त्रियों को कभी भी स्वतंत्रता नहीं देनी चाहिए। स्त्रियां रूप-रसादि में आसक्त हों तो भी उन्हें अपने वश में रखना चाहिए।

यस्मै दद्यात्पिता त्वेनां भ्राता चानुमते पितुः।
तं शुश्रूषेत जीवन्तं संस्थितं च न लंघयेत्॥ **5-151**

अर्थात् पिता या पिता की आज्ञा से भाई जिस पुरुष का हाथ पकड़ा दे, स्त्री जीवित अवस्था में जी-जान से उसकी सेवा करे और मरने पर भी धर्म का उल्लंघन न करे।

भार्यायै पूर्वमारिण्यै दत्त्वाऽग्नीनन्त्यकर्मणि।
पुनर्दारक्रियां कुर्यात्पुनराधानमेव च॥ **5-168**

अर्थात् पति के पूर्व मरने वाली स्त्री की अंतिम क्रिया में अग्नि दे चुकने के बाद वह पुनर्विवाह कर सकता है।

नैता रूपं परीक्षन्ते नासां वयसि संस्थितिः।
सुरूपं वा विरूपं वा पुमानित्येव भुञ्जयते॥ **9-14**

अर्थात् स्त्रियां रूप-रस की परीक्षा नहीं करती हैं और न ही आयु का ध्यान रखती हैं। सुंदर हो या कुरूप, मात्र पुरुष होने से ही वे उसके साथ संभोग करती हैं।

भर्तारं लंघयेद्या तु स्त्री ज्ञातिगुणदर्पिता।
तां श्वभिः खादयेद्राजा संस्थाने बहुसंस्थिते॥ **8-371**

अर्थात् जो स्त्री अपने बाप-दादा के धन और अपने रूप-गुण से गर्वित होकर पराए पुरुष के साथ शयन करके पति का निरादर करे, राजा उसे बहुत लोगों के सामने कुत्तों से नुचवा डाले। भारतीय स्त्रियों के लिए इतना वीभत्स और क्रूर विधान रचने वाला मनु आज भी *मनुस्मृति* एवं जयपुर हाईकोर्ट के सामने स्थापित मनु मूर्ति के रूप में जीवित है।

नारी को मूक पशु की स्थिति में पहुंचाने वाला मनु कहता है–

अधिविन्ना तु या नारी निर्गच्छेद्रुषिता गृहात्।
सा सद्यः सन्निरोद्धव्या त्याज्या वा कुल सन्निधौ॥ **9-83**

अर्थात् पति के दूसरा विवाह करने पर भी पत्नी कुछ नहीं बोल सकती। यदि भागे तो उसे पकड़कर घर में बंद कर देना चाहिए या उसके बाप के घर भेज देना चाहिए।

विशीलः कामवृतो वा गुणैर्वा परिवर्जितः।
उपचर्यः स्त्रिया साध्व्या सततं देववत्पतिः॥ **5-154**

अर्थात् यदि पति दुराचारी हो अथवा परस्त्री अनुरक्त हो या विद्यादि गुणों से रहित हो तो भी स्त्री को साध्वी की तरह रहकर सदैव देवता की तरह अपने पति की सेवा करनी चाहिए।

नास्ति स्त्रीणां पृथग्यज्ञो न व्रतं नाप्युपोषितम्।
पतिं शुश्रूषते येन तेन स्वर्गे महीयते॥ **5-155**

नारियों के लिए कोई अलग से यज्ञ नहीं है। व्रत नहीं है। पति की सेवा ही उसके लिए सर्वस्व है।

बालया या युवत्यां वा वृद्धया वाऽपि योषित।
न स्वातन्त्र्येण कर्त्तव्यं किंचित्कार्यं गृहेष्वपि॥ **5-147**

अर्थात् बालिका हो या युवती या वृद्धा स्त्री को स्वतंत्रतापूर्वक घर का कोई काम नहीं करना चाहिए।

मनुस्मृति विधवा-विवाह के पूर्णतः खिलाफ है

मनुस्मृति का असर भारतीय साहित्यकारों पर पड़ा और वे भी इसे पुष्ट बनाते चले गए। सूर और तुलसी जैसे तथाकथित महान कवियों ने भी नारी को दयनीय स्थिति में पहुंचाने में कोई कसर नहीं छोड़ी। इन शास्त्रों और पुराणों में स्त्रियों के साथ दुर्व्यवहार, अन्याय और अत्याचारों की विषैली शिक्षा और उपदेश भरे पड़े हैं।

हिंदू नारी के संबंध में विभिन्न सूत्रकारों के विचार भी देखने लायक हैं। स्मृतियों एवं धर्मशास्त्रों ने हिंदू नारी पर ढाए जाने वाले जुल्मों पर अपनी धार्मिकता की छाप लगाई और उन्हें प्रामाणिक बना दिया—

ब्रह्मा वैवर्त नामक पुराण में तो यहां तक कहा गया है कि अपने पति और भगवान में भेदभाव करने वाली नारी गोहत्या का पाप करती है।

पद्म पुराण में लिखा है कि स्त्रियां केवल इसलिए साध्वी रहती हैं कि उन्हें गुप्त स्थान, अवसर नहीं मिलता।

भागवत पुराण में लिखा है कि स्वार्थवश स्त्री अपने पति, पुत्र व भाई को भी मार डालती है।

जैमिनी ब्राह्मण में यह व्यवस्था है कि पत्नी को पति के पश्चात ही भोजन करना चाहिए।

वेदांत के पारंगत विद्वान स्त्री को नरक का मूल मानते हैं। शंकराचार्य ने नरक का एकमात्र द्वार नारी को बताया है।

कौटिल्य ने लिखा है–स्त्री के चरित्र और पुरुष के भाग्य को देवता भी नहीं जान सकते, फिर मनुष्य कैसे जान सकता है?

मनु का कहना है कि पुरुषों को दूषित करना ही नारियों का स्वभाव है।

चाणक्य नीति में कहा गया है कि स्त्री चाहे जितना दान करे, सैकड़ों व्रत उपवास रखे, सभी तीर्थों की यात्रा करे, वह पवित्र नहीं होती। केवल पति के चरण धोकर पीने से ही वह पवित्र होती है।

इस प्रकार शास्त्रकारों ने धर्म के नाम पर युगों-युगों से नारी का शोषण किया है। उनकी उन्नति के लिए, शोषण से मुक्ति के लिए जब भी कभी प्रयत्न किए जाते हैं उन्हें पुरुषों के समान अधिकार देने की बात की जाती है तो उन्हें यह कहकर चुप करा दिया जाता है कि भारतीय नारी तो पूजनीय है, उसे तो पुरुषों से उच्च स्थान प्राप्त है किंतु वस्तुस्थिति ठीक इसके विपरीत है। धर्म और व्यवस्था के नाम पर अपने साथ हो रहे जुल्मों और अत्याचारों को चुपचाप सहन कर लेने वाली नारी को समाज के सामने आदर्श रूप में रखा गया और उसी के अनुसार चलने वाली को धर्मपरायण एवं पतिव्रता स्त्री माना गया किंतु अपने ज्ञानार्जन एवं स्वतंत्रता जैसे मानवाधिकारों के साथ वाली नारियों को समाज ने सम्मान नहीं दिया।

भारत की विदुषी नारियां क्या सोचती हैं

मनुस्मृति एवं अन्य शास्त्रों द्वारा प्रतिपादित नारी संबंधी व्यवस्थाएं पढ़ने और समझने के बाद भी क्या भारत की विदुषी एवं सुविज्ञ महिलाएं इसे अपने स्वतंत्र देश में रखने की इजाजत देंगी? यह प्रश्न मन-मस्तिष्क को उद्वेलित किए हुए है कि भारत की विदुषी महिलाओं ने इस पुस्तक को एवं इनकी क्रूर व्यवस्थाओं को अभी तक भारत में क्यों रहने दिया? ऐसी अन्यायपरक एवं शोषणपरक व्यवस्थाओं को पुरुष प्रधान मनुवादी समाज आज भी उचित ठहराता आ रहा है। इसी कारण तो इक्कीसवीं सदी में आज नारियां मनु की समाज-व्यवस्था की शिकार बनी हुई हैं। मनुवादी व्यवस्था के विरुद्ध आंदोलन छेड़ने व समाज से ऐसी परंपराओं को उखाड़ फेंकने के स्थान पर आज भी मनु की प्रतिमा को जयपुर न्यायालय के प्रांगण में प्रतिष्ठित करने और इसकी पूजा करने की कार्रवाई की जा रही है। इस पर देश की विद्वान व शिक्षित नारियां भी चुप हैं। राजस्थान की

वर्तमान महिला शासिकाएं मुख्यमंत्री, राज्यपाल एवं विधानसभा अध्यक्ष भी इस मुद्दे पर अपने होंठ सीकर बैठी हैं अन्यथा ये सत्ता की मालिक महिलाएं यदि कहें तो पूरे सरकारी अमले के साथ इस मनु की मूर्ति को उखाड़ कर फिंकवा सकती हैं। जब सत्तासीन महिलाएं भी यह हिम्मत नहीं जुटा पातीं तो आम महिलाएं क्या कर सकती हैं?

देश की 90 फीसदी नारियां आज भी त्रासदियों में जी रही हैं, चाहे वे शिक्षित हों या अशिक्षित, नौकरीपेशा हों या गृहिणी, गांव की हों या शहर की। मनु का नारी विधान सर्वत्र व्याप्त है। पता नहीं वह दिन कब आएगा, जब अपने आपको जागरूक, बुद्धिजीवी और विवेकवान मानने वाली नारियां *मनुस्मृति* की सामूहिक रूप से होली जलाकर अपना विरोध प्रकट करेंगी और मनुवादी व्यवस्था को जड़-मूल से उखाड़ फेंकेंगी, तुलसीदास की जड़ता को चुनौती देंगी ताकि नारी की उन्नति का मार्ग निर्बाध रूप से प्रशस्त हो और वह भी इस स्वतंत्र देश की स्वतंत्र नागरिक की तरह स्वाभिमान के साथ जी सके। उसे भी समाज में वही सम्मान, वही वातावरण, वही सुविधाएं प्राप्त हों जो पुरुष को प्राप्त हैं। और जो संविधान द्वारा उसे दी गई हैं।

भारत में स्त्री दास्य के उद्गम का मूल कारण धर्म

भारत में स्त्री दास्य का उद्गम धर्म से होता है। यह धर्म धर्म नहीं होकर, धार्मिक षड्यंत्र है। *रामायण* की सीता हो या *महाभारत* की द्रौपदी, दोनों ही धार्मिक ग्रंथ नारी को दोयम दर्जे की नागरिक घोषित करते हैं। *रामायण* का मर्यादा पुरुषोत्तम राम पहले सीता की अग्नि परीक्षा लेता है और उस अग्नि परीक्षा में खरी सिद्ध हो जाने के बाद उसे गर्भावस्था में जंगल में छुड़वा देता है। ऐसे व्यक्ति पर अनेकानेक रामायणें लिखना और आज के वैज्ञानिक युग में भी उसकी कथाएं करवाना स्त्री में दास्य भाव पनपाते रहने को षड्यंत्र ही कहा जा सकता है और यह धर्म के नाम पर चलता रहा है। आज भी चल रहा है।

रामायण *की सीता*

पुरुष की कलम ने *रामायण* की सीता को भारत की स्त्री के सामने आदर्श बनाकर परोसा। सीता, जिसे एक तरफ महलों की महारानी माना और दूसरी तरफ उसके साथ एक आम महिला की तरह व्यवहार करके तथाकथित राजा

राम ने उसे जंगल में बच्चे पैदा करने के लिए अरक्षित छोड़ दिया। क्या कसूर था सीता का? यही कि वह लंकापति राजा रावण के यहां रही। लंकापति ने उसे किस तरह सुरक्षित रखा? इसकी चर्चा को किसी ने आगे नहीं बढ़ाया किंतु सीता लंकापति के महलों में इतने दिन रह गई, यही उस पर शंका का कारण बन गया और यौन शुचिता को आधार बनाकर उसकी अग्नि परीक्षा ले ली। इस अग्नि परीक्षा में खरी उतरने के बाद भी एक अदने से पुरुष के मुख से निकले वाक्य को अपने जीवन-मरण का, अपनी प्रतिष्ठा का प्रश्न बनाकर गर्भवती सीता को उसके देवर लक्ष्मण के साथ जंगल में भेज दिया। जो देवर सीता को अपनी मां मानता था, हमेशा उसके चरणों में ही नजरें रखता था, उसी लक्ष्मण का अपनी मां समान भाभी के साथ धोखा करते हुए दिल नहीं पसीजा? यह पुरुष अत्याचार की पराकाष्ठा है किंतु इसे भारत की स्त्रियों के सामने एक आदर्श बनाकर प्रस्तुत किया गया। इसी धर्मग्रंथ *रामायण* को अपना आदर्श मानकर पति और देवर अपने घर की बहू पर अत्याचार करते हैं तो क्या गलत है? इसीलिए बहुओं के रूप में स्त्रियों पर अनेकानेक अत्याचार हो रहे हैं। उनके हाथ-मुंह बांधकर, उन पर केरोसिन की पीपी उंडेली जा रही है। उसे जिंदा जलाया जा रहा है। उसे तंदूरों में भूना जा रहा है। तकिये से उसका गला दबाया जा रहा है। उसे करंट लगाकर मारा जा रहा है। उसे तलवारों से काटा जा रहा है, चाकू, छुरी से गोद-गोद कर मारा जा रहा है, कुल्हाड़ी और दरांती से उसके गले को रेता जा रहा है। और हम दुहाई देते हैं भारतीय संस्कृति की, उसकी मान-मर्यादा की। हमें सोचना होगा—क्या यही है हमारी भारतीय सभ्यता और संस्कृति? क्या यही है हमारी मान-मर्यादा? क्या मानते हैं हम स्त्री को? एक जानवर? एक निर्जीव वस्तु? एक भावना शून्य मिट्टी की माधो? एक चलती-फिरती पुरुषों का भार ढोती जिंदा लाश? आखिर हम क्या मानते हैं स्त्री को? हमें दो क्षण रुककर सोचना होगा। उसकी नैतिकता के आधार को बदलना होगा। उसकी यौन शुचिता के मापदंड बदलने होंगे। यह काम स्त्रियों की कलम ही कर पाएगी, पुरुषों की नहीं। स्त्रियों पर अत्याचार करने वाले ऐसे पुरुषों को जानवर की संज्ञा देना भी जानवरों का अपमान होगा। जानवरों को भी दया आ जाती है, अपने साथी के घायल होने पर। वह बोल नहीं सकता किंतु उदास होकर उसके पास बैठ जाता है, अपनी हमदर्दी जताता है, किंतु इन पुरुषों को दया कभी नहीं आती ऐसी घिनौनी हरकतें करने पर।

पुरुष चाहे स्वयं को कितना ही आधुनिक कह ले, मॉड से मॉड बना ले किंतु स्त्री की नैतिकता के प्रति उसके विचार वही दकियानूसी ही रहेंगे। उसके लिए

स्त्री की यौन शुचिता का आधार, उसका मापदंड *रामायण* की सीता ही रहेगी। सीता की पवित्रता के लिए उसकी दो-दो बार अग्नि परीक्षा ली गई किंतु राम की एक भी बार नहीं ली गई। वह भी तो बिना पत्नी के रहा था। उसकी पवित्रता पर भी उंगलियां उठनी चाहिए थीं? उसकी अग्नि परीक्षा भी ली जानी चाहिए थी? किंतु व्यवस्था का निर्माता, उसका नियामक पुरुष ही रहा और उसने अपने को सभी प्रतिबंधों से मुक्त रखा। उसने सभी नियम-कानून अपने हक में, अपने लाभ के लिए, अपनी सत्ता कायम रखने के लिए बना लिये और इन धर्म ग्रंथों के माध्यम से उसे बार-बार समाज प्रस्थापित करता रहा। उसने धर्म, संस्कृति, नैतिकता, परतंत्र, पराधीन बना दिया, जिसकी सजा स्त्री सदियों से भुगत रही है। वह सदियों से पुरुष की गुलामी की कारा में कैद है। उनकी बेड़ियों की जकड़ी हुई है। ये प्रतिबंधों की बेड़ियां अब उसे ही तोड़नी होंगी। कोई भी अपनी सत्ता इतनी आसानी से खोना नहीं चाहता। स्त्री को इसके लिए लंबी लड़ाई लड़नी होगी।

महाभारत *की द्रौपदी, गांधारी*

महाभारत का युधिष्ठिर धर्मराज कहलाता है। वह न केवल अपने छोटे भाई अर्जुन की पत्नी द्रौपदी पर हक जमाता है वरन् उसे पांच भाइयों की साझा पत्नी बनने को भी मजबूर कर देता है। नारी का इतना अपमान भी इस पुरुष प्रधान समाज व्यवस्था के नियामकों को पर्याप्त नहीं लगता। उसे यही धर्मराज युधिष्ठिर एक वस्तु की तरह दांव पर लगाकर जुए में हार जाता है। दुर्योधन उस एकवस्त्रा रजस्वला द्रौपदी को केशों से घसीटता हुआ राजसभा में लाता है और राजसभा में बैठे भीष्म, द्रोणाचार्य, कृपाचार्य जैसे बुजुर्गों के सामने उसे नंगी करके अपनी जांघ पर बैठाने का आदेश देता है। यह है हमारे धर्मशास्त्र की तस्वीर। यही शिक्षा देते हैं ये धर्मशास्त्र? इसीलिए आज की नारी को भी सरेआम सड़कों पर, कोर्ट के अहाते में, पुलिस थानों में, निर्वस्त्र करके घसीटा जाता है। उस पर अमानवीय अत्याचार किए जाते हैं। उन्हें यह सब गलत नहीं लगता।

महाभारत का दूसरा नारी पात्र गांधारी है जिसे अपने पति धृतराष्ट्र के अंधे होने पर पतिव्रता सिद्ध करने के लिए जिंदगी भर आंखों पर पट्टी बांधकर रहने को विवश किया जाता है। अन्यथा वह पतिव्रता नहीं कहलाती। पुरुष की कलम चाहती तो उसे बिना पट्टी बांधे भी पतिव्रता सिद्ध कर

सकती थी। वह धृतराष्ट्र का सहारा बन सकती थी। गांधारी को अंधा बनाकर उसे आदर्श के रूप में स्त्री के सामने परोस दिया गया। नारी इनसे उबरे तो कैसे?

कैसा समाज है यह? और कैसे धर्मशास्त्र हैं ये? ऐसा व्यवहार नारी के साथ तो क्या पशुओं के साथ भी संभव नहीं होता। नारी उत्पीड़न के ऐसे अनेकानेक घृणित विधानों को धर्मग्रंथ मानने-मनवाने की यह पुरुष प्रधान साजिश भारत में नारी दासता की जनक, नियामक और विज्ञापक रही है।

महिलाओं को गुलाम बनाने के लिए इन लोगों ने *रामायण, महाभारत, गीता, मनुस्मृति* जैसे ग्रंथ लिखे। उनको धार्मिक मान्यता दीं। उन्हें पवित्र ग्रंथों के रूप में प्रचारित किया। उनमें नारी पात्रों को गुलामों की तरह रहने को विवश किया। यौन शुचिता उनके ही ऊपर थोपी और उन्हीं नारी पात्रों को आदर्श के रूप में समाज के सामने रखा। इन ग्रंथों को प्रचारित करके भी वे चुप नहीं बैठे। उन्हें कानून में तब्दील कर दिया।

स्त्री को गुलाम बनाने वाला साहित्य रचा गया

भारत में जितना भी साहित्य अब तक रचा गया वह नारी को गुलाम बनाने का ही साहित्य है। वह साहित्य चाहे वैदिक हो या पौराणिक। वे नारी को निरंतर गुलाम बनाए रखने की न केवल शिक्षा देते हैं वरन उसे उचित भी बताते हैं। स्त्री की यौन शुचिता परीक्षण के लिए वे आग पर चलने जैसे कोई भी हथकंडा अपना सकते हैं इसीलिए वर्तमान में भी केवल 'स्त्री कौमार्य परीक्षण' किया जाता है। जरा-सी शंका होने पर उसकी हथेली पर लोहे के गर्म गोले रखकर उसे सात कदम चलने को कहा जाता है। स्त्री के साथ इतनी क्रूरता करने की शिक्षा धर्मशास्त्र ही तो देते हैं?

पुरुषों की संख्या बल बढ़ाने के लिए इन्होंने केवल पुत्रोत्पन्न की कामना की। दूधो नहाओ-पूतो फलो, पुत्रवती भव जैसे आशीर्वचनों की रचना की। पुत्र ही पिंडदान करेगा। पुत्र से ही पिता को गति मिलेगी, उसे मोक्ष मिलेगा? ऐसे विधानों की रचना करके क्या इन धर्मशास्त्रों ने पुत्री को महत्त्वहीन नहीं बना दिया?

यही नहीं, इन्होंने अन्न-वस्त्र के दान की तरह कन्या को भी दान की वस्तु बना दिया और इन दोनों में कन्यादान को सबसे बड़ा दान माना। विवाह के अवसर पर कराए जाने वाले इस कन्यादान संस्कार का एक घृणित इतिहास है

जो किसी से छिपा नहीं है। आज भी माता-पिता, भाई, मामा आदि कन्यादान को बड़ा पवित्र और धार्मिक कृत्य मानते हैं।

दान में प्राप्त हुई कन्या पर ये लोग हजारों प्रतिबंध लाद देते थे और अपने नियंत्रण में उसे दासी और गुलाम बनाकर रखते थे जो उनके लिए केवल बच्चे पैदा करने की मशीन होती थी। ऐसे बर्बर कृत्यों से इन लोगों ने भारत के समाज और सत्ता की स्वामिनी को न केवल वस्तु बनाया वरन उसमें एक ऐसा स्थायी दास्य भाव पैदा करके उसे उसमें इतना गहरा डुबा दिया कि आज इक्कीसवीं सदी की उच्च शिक्षित डॉक्टर, इंजीनियर, वकील, वैज्ञानिक, साहित्यकार, पत्रकार महिलाएं भी इससे उबर नहीं पाई हैं। वे भी अपनी मानवीय गरिमा खोकर इन कर्मकांडों, अंधविश्वासों में डूबी हुई हैं। वे भी करवा चौथ का व्रत करती हैं, गले में मंगलसूत्र डालती हैं, मांग भरती हैं। वे न नारी समानता के लिए लड़ती हैं, न दासता का विरोध करती हैं। वे तो स्वयं ही स्त्री की यौन शुचिता की प्रबल पक्षधर बनी रहती हैं।

स्त्री का शरीर चाहे 5 वर्ष का हो या 80 वर्ष का उस पुरुष रूपी भेड़िये को केवल उसका शरीर चाहिए। इसके लिए उसे अपनी बेटी की उम्र की 5 वर्षीय बच्ची की भावनाओं से भी खिलवाड़ करने में कोई शर्म नहीं है और न ही अपनी मां की उम्र की 80 वर्षीय महिला के साथ अपनी यौन क्षुधा तृप्त करने में कोई शर्म महसूस होती है।

तथाकथित बुद्धिजीवियों की घटिया सोच

मुझे उन तथाकथित बुद्धिजीवियों और पढ़े-लिखे लोगों की बुद्धि पर तरस आता है जो उनकी इन क्रूर हरकतों को सही ठहराते हुए समाज के लिए वेश्यावृत्ति को जायज ठहराते हैं। जो पुरुष अपने आप पर नियंत्रण नहीं रख सकते, वे नारी को नियंत्रण में रहने के उपदेश देते नहीं थकते। पुरुष चाहे हजार जगह मुंह मार कर आ जाए वह तो पवित्र ही बना रहेगा किंतु स्त्री ने यदि किसी से हंसकर बात भी कर ली तो उसे संदेह की दृष्टि से देखा जाएगा। शारीरिक संबंध तो बहुत दूर की बात है। यही लोग स्त्री की तरफ ललचाई नजरों से घूरते हैं और स्त्री से ही कठोर यौन शुचिता की आशा रखते हैं? क्या यह स्त्री के साथ घोर अन्याय नहीं है? क्या स्त्री मिट्टी की माधो है? क्या पुरुष की ओर आकर्षित होने में कोई अपराध है? यह तो स्त्री और पुरुष दोनों की प्राकृतिक आवश्यकताएं हैं। यदि यौन शुचिता नियम लागू करना है तो उसे पुरुषों पर भी इसी कठोरता से लागू किया जाना चाहिए।

इस बदलते परिवेश में स्त्री का घर से बाहर निकलकर अर्थोपार्जन करना आवश्यक ही नहीं, अनिवार्य हो गया है। उसके बिना बच्चों की उचित देखभाल, अच्छी और उच्च शिक्षा संभव नहीं हो सकती। वहां स्त्री दोहरे शोषण की, दोहरे अभिशाप की शिकार हो रही है। घर-परिवार वाले उसे नौकरी पर, व्यवसाय में भेजना चाहते हैं किंतु सहकर्मी से बात करने और उन्हें घर लाने पर ऐतराज भी जताते हैं। यह नियंत्रण क्या स्त्री के साथ अन्याय नहीं है?

पितृसत्ता का पूर्वग्रह और स्त्री को देखने का नजरिया तब तक नहीं बदला जा सकता जब तक पुरुषों की मानसिकता इन धर्मशास्त्रों की शिक्षा से ग्रसित रहेगी। बच्चों को जैसी शिक्षा मिलती है, वे वैसा ही आचरण अपने जीवन में करते हैं। सदियों से हमारे पुरुषों को स्त्री की नैतिकता का अर्थ उसकी यौन शुचिता से ही होने की शिक्षा दी जा रही है तो हम उनसे उम्मीद कैसे कर सकते हैं कि वे अपना नजरिया बदलेंगे? सदियों का असर कुछ वर्षों में जाने वाला नहीं है। फिर उन्हें वैसी शिक्षा देने वाले नए धर्मशास्त्र भी तो नहीं रचे गए जिनकी आज अत्यंत आवश्यकता है।

धर्मग्रंथों की सामूहिक होली जलानी होगी

यदि हम वास्तव में स्त्री की नैतिकता की समस्या के समाधान के प्रति गंभीर हैं तो हमें हिम्मत जुटाकर सामूहिक रूप से ऐसी शिक्षा देने वाले इन धर्मग्रंथों की होली जलानी होगी। इनकी व्यवस्थाओं को नकारना होगा। जैसे भारत के संविधान निर्माता बाबा साहेब डॉ. आंबेडकर ने *मनुस्मृति* की व्यवस्थाओं को नकार दिया था और उसका सामूहिक रूप से दहन कर दिया था। उनके बाद किसी ने वह हिम्मत नहीं जुटाई कि इन धर्मग्रंथों की सामूहिक होली जलाकर इनकी व्यवस्थाओं को नकारा जाए ताकि भारत की स्त्री भी स्वतंत्रता, समानता, बंधुता के आधार पर एक इनसान की तरह अपना जीवन जी सके।

इस काम के लिए किसी दूसरे की ओर मुंह ताकने की आवश्यकता नहीं है। जो व्यवस्था से पीड़ित होता है, समस्याग्रस्त होता है, वही लड़ाई भी लड़ता है और समस्या का समाधान भी देता है। वर्तमान परिवेश में स्त्री की नैतिकता को प्रस्थापित करने के लिए, उसे नया आयाम देने के लिए स्त्री को ही आगे आना पड़ेगा। इसके लिए राष्ट्रव्यापी आंदोलन चलाने पड़ेंगे। केवल वातानुकूलित कमरों में बैठकर कलम चलाने से, एनजीओ के भरोसे रहकर, राजनीतिक पार्टियों, नेताओं, तथाकथित महिला संगठनों की महिला अध्यक्षों के माध्यम से यह काम

नहीं होगा। इसके लिए तो आंदोलनों के माध्यम से सड़कों पर उतरना होगा। घर-परिवार से बहिष्कृत होना होगा, अपमानित होना होगा, उसका विरोध सहना होगा, अनेक कष्ट सहने होंगे।

कोई भी बड़ा काम दूसरों के भरोसे नहीं होगा। 'चैरिटी बिगेंस एट होम' अच्छे कार्य की शुरुआत अपने घर से करनी होगी। इसके लिए सबसे पहले अपने घर के पुरुष पिता, भाई, पति, बेटा, ससुर, देवर, जेठ ही हमारा विरोध करेंगे। उनके विरोध को नकार कर, घर की दहलीज लांघ कर ही हम इस कार्य को, इसके आंदोलन को अंजाम दे पाएंगे। जो असंभव तो नहीं किंतु बहुत कठिन है। फिर भी यदि हमारे हौसले बुलंद हैं, हमारा लक्ष्य ऊंचा है, रास्ता सत्य का है तो कोई भी बाधा हमें रोक नहीं सकती। 'जहां चाह, वहां राह' निकल आती है। इरादे नेक होने चाहिए, तभी हम स्त्री की स्वतंत्र चेतना पर अंकुश लगाने वाले पुरुष के हथकंडों को बदल सकेंगे। हमें समस्या की जड़ को जानकर उसे उखाड़ फेंकना होगा। केवल पत्तों को सींचने से काम नहीं चलेगा। पुरुष की सत्ता बहुत मजबूत है। वह सदियों से सत्ता का मालिक है। घर, परिवार की, समाज की, देश की शासन सत्ता सदियों से उसके पास है। जिस सत्ता के मद में वह चूर है, वह स्त्री को मात्र वस्तु, भोग्या, पैर की जूती, मक्खी-मच्छर, अपनी दासी, गुलाम, जानवर मानता आया है, उसने निपटना इतना आसान नहीं समझना चाहिए। सदियों से जारी इस व्यवस्था को परिवर्तित करना बच्चों का खेल नहीं है इसलिए पूरी तैयारी के साथ मैदान में उतरना चाहिए। स्त्रियों को अपनी इस आजादी की, नैतिकता की लड़ाई को निरंतर जारी रखनी चाहिए। इसके लिए सही नेतृत्व और आंदोलन का होना बहुत जरूरी है। इसे स्त्री की कलम ही करेगी। वही नया परिवर्तनवादी साहित्य देगी। वही नई समाज व्यवस्था बनाएगी।

दकियानूसी विचारों की शिक्षा प्रचार माध्यमों के द्वारा दी जा रही है

आश्चर्य की बात तो यह है कि इस स्वतंत्र भारत में भी इस अन्यायपरक समाज व्यवस्था का प्रचार किया जा रहा है। आज घर-घर में टीवी आ गया है। *रामायण, महाभारत* तथा अन्य धार्मिक षड्यंत्रों यथा मांग भरना, पूजा करना, करवा चौथ का व्रत करना, यौन शुचिता सिद्ध करना आदि कितनी ही दासताओं का शिक्षण, प्रशिक्षण व्यापक स्तर पर चालू है।

प्रेस की भूमिका भी इस मामले में नकारात्मक ही रहती है। भारत का प्रेस उत्तरदायी न होकर दिग्भ्रमित करने वाला रहा है। टीवी और प्रेस मिलकर स्त्री

की यौन शुचिता के उसी सदियों पुराने आधार को, उस मापदंड को, स्त्री दास्य को बनाए रखने का ही काम कर रहे हैं। ये इस पर चर्चा भी करते हैं तो परिणामों पर करते हैं, कारणों पर नहीं।

पुरुषों द्वारा रचे गए षड्यंत्र को नंगा करना होगा

सारांश यही है कि भारत में स्त्री की यौन शुचिता का और स्त्री दास्य का जो इतिहास रहा है वह पुरुष की कलम की देन है। इसका मूल कारण उनके द्वारा खड़ा किया गया धर्म-रूपी षड्यंत्र है। यदि इस देश से स्त्री की यौन शुचिता और नैतिकता के उन आधारों को मिटाना है तो पुरुषों द्वारा रचे गए उस धार्मिक षड्यंत्र को नंगा करना होगा। उसके जाल से भारत की स्त्री को मुक्त कराना होगा। स्त्री की यौन शुचिता की हमारे धर्मशास्त्रों की ऐसी एकतरफा सीख को हमें नकारना होगा। उस पर गंभीरता से विचार करना होगा, चिंतन-मनन करना होगा। इस सीख को नकारे बिना पितृसत्ता द्वारा रची गई स्त्री की नैतिकता से मुक्ति नहीं पाई जा सकती।

इस लेख के माध्यम से मेरा देश की विदुषी स्त्रियों से आह्वान है कि वे आगे आएं और राष्ट्रीय स्तर पर कोई क्रांतिकारी, परिवर्तनवादी महिला संगठन बनाकर उसके अधिकारों को दिलवाने के लिए सही मायने में संघर्ष करें। अधिकार कोई आसानी से नहीं देता, उन्हें छीनना पड़ता है। दूसरे शब्दों में जागरूक नारियां मिलकर अपने अधिकारों को छीनने की ताकत पैदा करें और इस सड़ी-गली समाज व्यवस्था को अपनी कलम की ताकत से बदल डालें। एक कवि ने क्या खूब कहा है–

फूल वही चुन पाते हैं, जो कांटों से टकराते हैं,
अधिकार न मांगे मिले कभी, अधिकार तो छीने जाते हैं।

स्त्रियां भी कसती हैं ताने स्त्रियों पर

कमलेश जैन

नारी का चरित्र आज भी सिर्फ और सिर्फ उसकी यौन शुचिता से आंका जाता है। इसे मापने के लिए सच्चाई की आवश्यकता भी नहीं है। मात्र कुछ झूठी अफवाहों को उड़ाकर ही एक लड़की पर चरित्रहीनता का कलंक लगाया जा सकता है। और तो और, कुछ दिनों पहले तक भारतीय साक्ष्य अधिनियम तक कहता था कि आप पर कोई बलात्कार का आरोप लगाए तो आप पीड़िता के चरित्रहीन होने का, बचाव के रूप में, दावा कर सकते हैं। वह तो कई महिला संगठनों के हाय-तौबा मचाने पर और अदालतों के यह कहने पर कि किसी वेश्या का भी बलात्कार करने की इजाजत आपको नहीं है। कानून में अब जाकर संशोधन किया गया है।

अत्यंत ही संवेदनशील कहे जाने वाले सर्वोच्च न्यायालय द्वारा एक फैसले (विशाखा बनाम यूनियन बैंक ऑफ इंडिया) द्वारा यह कहे जाने पर कि हर कार्यस्थली पर महिला यौन की प्रताड़ना को रोकने के लिए एक कमिटी स्थापित की जानी चाहिए। महिला की सुरक्षा सर्वोपरि है। सभी महिलाएं बहुत खुश हुईं। उन्हें भरोसा हुआ कि जो समय व्यर्थ ही अपने आधारहीन चरित्रहनन के बचाव में खर्च किया जाता था उसे वे अब अपने कॅरिअर बनाने में लगा पाएंगी। कई संस्थाओं में इसके सकारात्मक नतीजे भी आए पर क्या यह फैसला अदालतों में लागू हो पाया? नहीं...बिल्कुल नहीं। यहां नई लड़कियों को, जो गरीब परिवार से आती हैं, प्रतिभा में साधारण हैं, उन्हें जोर-जबर्दस्ती से नहीं पर पैसे का प्रलोभन दिखा बहकाया तो जाया ही जा सकता है।

प्रलोभन तो है—हर मुकदमे में ज्यादा फीस, सरकारी वकील बनाना और फिर कई आकर्षक पदों पर आसीन होना। यहां पैसा, नाम, सत्ता सब कुछ है। दक्षिण के एक उच्चन्यायालय के चार न्यायाधीश एक बंगले में चार महिला अधिवक्ताओं के साथ समय गुजारते पाए गए। इनक्वायरी हुई। बात सच्ची थी। सर्वोच्च न्यायालय में एक जनहित याचिका दायर की गई कि इस रिपोर्ट को जनहित में

सार्वजनिक किया जाए पर सर्वोच्च न्यायालय ने ऐसा करने से मना कर दिया। कारण न्यायाधीशों को बदनामी से बचाना था। इसी तरह कुछ वर्षों पहले यह खबर अखबारों में छपी थी कि निम्न न्यायालय की एक मजिस्ट्रेट पर सत्र न्यायाधीश का मन आ गया था। वह जब नहीं झुकी तो उस पर झूठा आरोप लगाया गया कि वह धंधा करवाती थी। उसे जेल में डाल दिया गया। बड़ी मुश्किल से वह मीडिया के पास पहुंची। बात उजागर हो गई पर फिर उस महिला का क्या हुआ–पता नहीं। सत्र न्यायाधीश का क्या हुआ–यह भी मालूम नहीं। ये सब बातें 'अंडर द कारपेट' रखी जाती हैं। ये खबरें 'कॉमन कंजंपशन' के लिए नहीं हैं।

इसी प्रकार याद आता है एक उच्च न्यायालय का किस्सा। उसमें एक महिला अधिवक्ता पर एडवोकेट जनरल की नजर पड़ गई। उसका बलात्कार तक हुआ। जब उसने बातों को उजागर करने की ठानी तो बीच रास्ते में गाड़ी से उतारकर अभियुक्त के गुंडों ने उसका सामूहिक बलात्कार किया। बाद में उस कहानी का क्या हुआ–कभी पता नहीं चल पाया।

यह तो हुई अदालतों की बात। यहां अपनी वकालत चलाने के लिए अत्यंत ही मेधावी, परिश्रमी होना जरूरी है पर ये गुण कुछ काम नहीं आते यदि आपके पास अच्छे 'कंटेक्टस' नहीं हैं। अंत में सभी यही कहते पाए जाते हैं, वकालत तीन चीजों से चलती है–'लक', 'लक' एवं 'लक'। आज के हिसाब से पहला 'लक' है किसी जज की संतान होकर जन्म लेना, किसी जज की बहू बनना, किसी मंत्री, आईएएस की बेटी, पत्नी होना और किसी उद्योगपति की संतान, बहू होना। ऐसी महिला वकील अफवाहों की शिकार नहीं बनती। एक लॉबी होती है उसके पीछे–उसके परिवार की, उसके परिवार से लाभान्वित होने वाले वकीलों की। ऐसे लोगों को कुछ न्यायाधीश भी पसंद करते हैं।

सभी तो नहीं पर कुछ वकील एवं जज अवश्य महिला वकीलों को कम बुद्धिमान समझते हैं। उनकी हल्की हंसी, टेढ़ी मुस्कान, मजाक उड़ाने का अंदाज महिला वकील को हतोत्साहित करने के लिए ही होता है। पहले वे थोड़ा झिझकती थीं पर आज की महिला वकील भी जवाब देना सीख गई हैं।

मुझे याद है–तब मेरी वकालत महज कुछ वर्षों की थी। मुझे उच्च न्यायालय में एक 'अपील' बहस करनी थी। अदालत की 'कॉज लिस्ट' में ही अपील किस अपराध से संबंधित है, लिखा होता था। मेरे मुकदमे के आगे लिखा था–धारा 376 यह बलात्कार की धारा है। एक जज के बेटे ने, जो अपनी अपार सफलता के मद में चूर था। हंसकर कहा–अच्छा तो आप इसमें हैं। देखें, आज आप कैसी बहस करती हैं। मैंने कहा–जरूर देखिए, कुछ सीखने का मौका मिलेगा। मैं ऐसे

मुकदमे में किसी भी घटना का वर्णन नहीं करती, न ही धारा के बारे में 'थ्री सेवेंटी सिक्स' कहती हूं। मैं कहती हूं,–'दिस इज एन अपील अंडर सेक्शन थ्री, सेवेन, सिक्स रीड पैरा सो एंड सो ऑफ पेज नं. सो-एंड-सो।' किसी भी सुनने वाले मुवक्किल एवं वकील को कुछ पता नहीं चलता कि तथ्य क्या है। न ही वे चटखारे ले पाते हैं। बहस खत्म होने एवं ऑर्डर होने पर मैंने हंस कर उस वकील से पूछा–देखा, कैसे बहस की जाती है–कुछ सीखा भी या नहीं। वह बेचारा खिसियानी हंसी हंस कर रह गया।

इसी प्रकार एक दिन एक महिला अधिवक्ता मेरे पास आई और कहने लगी, बताइए क्या किया जाए–फलाने जज तीन दिनों से मुझसे बलात्कार के मुकदमे का एफआईआर पढ़वा रहे हैं। मैंने कहा–'पढ़ती ही क्यों हों?' कहो–मैंने पढ़ दिया जो फैसला करना है, करें, अब नहीं पढ़ूंगी।

यह एक लड़ाकू तरीका है वकालत करने का। इस तरीके से दोस्त नहीं बनते–सफलता नहीं मिलती। पर कुछ लोग यूं ही होते हैं। वे मझौली सफलता से जीवनयापन करते हैं। वे गरीब मुवक्किलों के चहेते होते हैं।

वास्तव में जब एक स्त्री बाहर पढ़ने या काम करने लगती है तो उसे चरित्रहीन करार देने वाले वे पुरुष होते हैं जो खुद सफल नहीं होते, हीनग्रंथि एवं ईर्ष्या के शिकार होते हैं। यहां गुस्सा इस बात का होता है कि जो जगहें (Field) सिर्फ पुरुषों के लिए थीं वहां ये कैसे आ गईं–उनकी रोजी-रोटी, इज्जत पर डाका जो पड़ जाता है। पुरुष तो पुरुष स्त्रियां भी मेधावी स्त्रियों पर ताने कसने से बाज नहीं आतीं। जहां भी बेशुमार पैसा है वहां अपना हर एक प्रतिद्वंद्वी दुश्मन ही नजर आता है–ऐसे में प्रतिद्वंद्वी यदि महिला है तो सबसे आसान है उसके बारे में यह कहना कि वह चरित्रहीन है। पुरुष वकीलों में जलन इस कदर बढ़ जाती है कि वे महिला का संबंध दुनिया के हर व्यक्ति से स्थापित कर देते हैं। पुरुष वकीलों की पत्नियां भी सफल महिला वकीलों को फूटी आंख नहीं देख पातीं। आखिर यह कैसे सहन किया जाए कि एक महिला 50 हजार रुपये महीने कमाए और वहीं एक पुरुष चप्पलें चटकाता फिरे।

यह हाल सिर्फ भारत का ही नहीं–अमरीका जैसे देशों में भी महिला वकील साथी वकीलों द्वारा 'हूट' की जाती हैं।

छोटी अदालतों में यह प्रवृत्ति ज्यादा है तो सर्वोच्च न्यायालय में थोड़ी कम। फिर भी एक महिला वकील के बारे में जो सुप्रीम कोर्ट बार एसोसिऐशन की ऑफिस बियरर है उसके बारे में मैंने खुद एक पुरुष वकील को कहते सुना–'She is a eitch' मैं स्तंभित थी यह सुनकर। अब वही जज बनने वाली

है तो दूसरे वकील ने भी बहुत नाक-भौं-सिकोड़ कर उसके जज होने की कथा (अपनी व्यथा) सुनाई। मैंने जब कहा—आप भी इलेक्शन लड़िए, शायद आप भी बन जाएं तो उसने चिढ़कर कहा—ऊंह, मुझे इन चीजों में कोई रुचि नहीं है। जाहिर है, वह जल रहा था।

दिल्ली जैसी जगह में महिला वकीलों की स्थिति ज्यादा अच्छी है—वे साहसी हैं, खूब मेहनत करती हैं और अपने दमखम पर अपनी प्रैक्टिस जमा रही हैं। 20-22 वर्ष के लड़के-लड़कियों के Mind-set में अच्छाखासा बदलाव आया है।

पर प्रौढ़ एवं बूढ़े वकील आज भी इस बात को भला नहीं मानते कि कोई लड़की (वकील) किसी पुरुष (वकील) से बात करे। वे ग्रुप बनाकर ऐसी लड़कियों का बॉयकाट करते हैं। प्रचार करते हैं और बातों ही बातों में उसे हानि पहुंचा देते हैं। उनके लिए मात्र वही वकील अच्छी है जो उनकी जूनियर है। वैसे भी बूढ़े वकील अपने जूनियर्स में महिला जूनियर रख गौरवान्वित महसूस करते हैं। वकालत का पेशा आज भी पुरानी मानसिकता का शिकार है। वे महिला वकील के आने का विरोध नहीं करते, पर वे उनके मुखर होने की आलोचना करते हैं। वे पसंद नहीं करते कि महिला वकील पुरुष वकीलों के साथ एक अदालत से दूसरी अदालत जाकर साथ काम करें या साथ खाना खाएं। इसके पीछे भी मूल कारण 'प्रोफेशनल जेलसी' है। कारण महिला यदि 'मूवमेंट' करेंगी तो वह अच्छी सफल हो सकती हैं और उनकी ब्रीफ छीन सकती है।

एसोसिएशन में जब खाली वक्त में गपबाजी होती है तो पुरुष वकील पुरुष वकीलों एवं जजों की तारीफें करते नजर आते हैं। पर बात जब महिला वकीलों या जजों की बारी आती है तो यह उनकी उम्र, सुंदरता, किस्से कहानियों तक सीमित होती है। यह बात नहीं होती कि किसने प्रोफेशन में कितनी गंभीरता एवं सच्चाई से काम किया है। इनमें से कितने ही किस्से मनगढ़ंत होते हैं।

ऐसा करने के पीछे उनका मकसद क्या होता है—पूछने पर एक उच्च न्यायालय के सीनियर वकील ने कभी कहा था—क्या करें? दिन भर तो कोई काम रहता नहीं। अतः मन लगाने के लिए यही करते हैं। इस पर मैंने कहा था—जो लड़कियां यहां काम करती हैं, वे 10 से 5 तक तो आपकी आंखों के सामने ही होती हैं, उन्हें लोग पहचानते भी हैं। अतः उनके लिए कुछ ऐसा-वैसा कर पाना कठिन है पर जो स्त्रियां घर पर रहती हैं, आपके पैसों पर पलती हैं, क्या उनके लिए ऐश करना ज्यादा आसान नहीं है? उनके पास आपका पैसा, खुदा का दिया समय और गुमनामी की ओट है। आप उनके बारे में खोज-खबर रखें तो ज्यादा

अच्छा नहीं होगा क्या? यहां काम करने वाली साथी वकील से आपका क्या लेना-देना? महानुभाव के पास इसका कोई जवाब नहीं था।

महिला वकीलों के लिए अदालतों में किस कदर लापरवाही हर स्तर पर है, इसका जायजा लिया जाए तो सर्वोच्च न्यायालय छोड़कर ज्यादातर अदालतों में उनके लिए ढंग के टायलेट्स तक नहीं हैं। 7-8 घंटे जहां रहना हो, वहां इस तरह की बदइंतजामी महिलाओं के बेसिक राइट्स एवं अंततः मानवाधिकारों का उल्लंघन है। इसी प्रकार युवा महिला वकीलों के लिए शादीशुदा जिंदगी से लड़ने का इंतजाम कहीं नहीं है। छोटे बच्चों की माताओं के लिए 'क्रेच' जैसी सुविधाएं भी नहीं हैं।

अदालतें, उनमें काम करने वाले जज एवं वकीलों को अपनी सोच एवं 'माइंड सेट' बदलना ज्यादा जरूरी है। कारण, यहां वे रात-दिन संविधान पढ़ते हैं, उस पर आधारित फैसले दिलवाते या देते हैं। उन्हें पता होना चाहिए कि उनकी बहस, बातचीत लिंग एवं उनकी कुत्सित कल्पना पर आधारित नहीं होनी चाहिए बल्कि उनके प्रोफेशनल काम पर होनी चाहिए।

यहां एक बात पर गौर करना जरूरी है। पुरुषों की ईर्ष्या, जलन या चिढ़ स्त्रियों के काम से है, न कि उनके तथाकथित चरित्र से। जो महिला वकील सफल नहीं हैं उनकी आलोचना नहीं की जाती। सफल महिला के काम की आलोचना कर पाना कठिन है तो एक आसान तरीका ढूंढ़ लिया जाता है—चरित्र हनन करना। इस तरह पुरुष एक अंग्रेजी कहावत को चरितार्थ करते होते हैं। यह कहावत है—'Give the day a bad name and kill him.'

यह तो है अदालत में महिला वकीलों की बात। उनके लिए एक ही सलाह है कि वे अपना ध्यान अपने लक्ष्य पर रखें और आगे चलकर देखें कि कैसे ये ही पुरुष वकील उनके किसी पोजिशन पर आने पर तथा सीनियर वकील, जज या सरकारी या अच्छा वकील बनने पर उनके सामने झुककर बातचीत करते हैं। महिला वकीलों की बढ़ती संख्या, उनका बेहतर कार्य धीरे-धीरे महिलाओं की मुश्किलों को कम करता जा रहा है।

अदालत में काम करते वक्त हमें महिलाओं के एक-दूसरे तबके से रू-ब-रू होना पड़ता है। ये हैं हमारी मुवक्किल। उन्हें अपने घर और अदालत में क्या कुछ झेलना पड़ता है यह भी आंखें खोलने जैसा है।

पढ़ी-लिखी फैशन डिजाइनर जिसने दिल्ली एवं मुंबई में काम किया—उसकी शादी बोत्सवाना (दक्षिणी अफ्रीका) में होती है। पति चार्टर्ड एकाउंटेंट है। विवाह पर 16 लाख रुपये लिये गए पर दहेज के नाम दिया गया 'संकल्प'। यह संकल्प

विधवा मां ने अपना इकलौता मकान बेचकर दिया। पति अप्राकृतिक मैथुन का आदी था। पत्नी ने जब ऐतराज किया तो वह बात-बात पर कहता—तुम तो फैशन डिजाइनर रही हो—मुंबई, दिल्ली में काम किया है। अतः तुम रंडी ही हो। अब यह करने पर ऐतराज क्यों करती है। बात-बात पर रंडी कहना। मारना-पीटना रोज-रोज की बात थी। बड़ी मुश्किल से वह भारत पहुंची। पत्नी ने पुलिस से, दहेज लेने, शारीरिक, मानसिक रूप से प्रताड़ित करने के लिए एफआईआर दर्ज करने के लिए कहा। पुलिस ने डांटकर, उल्टी-सीधी बातें कर भगा दिया। अदालत में घरेलू, हिंसा कानून के तहत कंपलेंट फाइल करने पर मेरे मुंह पर मेरी क्लाइंट को मजिस्ट्रेट ने कहा—'ये मैडम आपको गलत जगह ले आई हैं। क्यों मुकदमा कर रही हो—शादी से इतने ही महीनों के अंदर। वापस पति के पास चली जाओ।' मैंने कहा—'गलत जगह कैसे?' मजिस्ट्रेट घरेलू हिंसा कानून के बारे में कुछ नहीं जानता था—'उसने कहा तलाक लेना है तो उस कोर्ट में जाओ—मेनटेनेंस लेना है तो फलां कोर्ट में जाओ। सॉरी 'रिलीफ' यह कैसे?' 7-8 तारीखों पर बहस करने पर ही 2-3 महीनों बाद अदालत ने नोटिस जारी की।

यहां अदालतें तक नहीं चाहतीं कि इन छोटी-छोटी (?) बातों के लिए कोई महिला अदालत आए। उनकी निगाह में भी पत्नी को इतना तो सहना ही चाहिए। उन्हें आश्चर्य होता है कि ऐसी बातों के लिए कोई महिला अदालत तक कैसे आ जाती है। आज महिला पारिवारिक, सामाजिक दायित्वों का निर्वाह करने के बाद ही अपनी कार्यस्थली पर आती है। उसके इस काम में उसे मदद शायद ही मिल पाती है। पारिवारिक, सामाजिक जिम्मेदारियों के निर्वाह में चूक होने पर उसे ताने सुनने पड़ते हैं, प्रोफेशन में मेहनत न कर पाने पर उसके Performance पर असर पड़ता है। इसीलिए उन्हें अक्सर जज तक से डांट खानी पड़ती है। घर पर परिवार उसे ज्यादा कमाने की हिदायत भी देता है और देर तक ऑफिस में काम करने पर भी आंखें लाल-पीली करता है। आज वैश्वीकरण के प्रभाव की वजह से स्त्री पर येन-केन-प्रकारेण ज्यादा धन कमाने का दबाव भी बढ़ा है। कारण खर्चे एवं नई-नई चीजों की लालसा परिवार को प्रेरित करती है कि घर की लड़कियां एवं बहुएं बाहर जा पैसे कमा कर लाएं। पैसे की धुन ने स्त्री को बाहर आने पर मजबूर किया है तो उधर बीमार मानसिकता वाले पुरुषों ने उन पर हर तरह का जुल्म ढाने का फैसला कर लिया है। टी.वी. एवं इंटरनेट के प्रचार-प्रसार ने उपभोक्तावाद एवं अश्लीलता को इस तरह बढ़ावा दिया है। स्त्रियां कहीं भी सुरक्षित नहीं रहीं। वे भी भोग की एक प्रोडक्ट भर हैं। आज से बीस वर्ष पहले बलात्कार एवं दूसरी यौन प्रताड़नाओं के मामले में सर्वोच्च न्यायालय सजा देने

में कठोर हो चला था पर आज अंदर-ही-अंदर नारी की लुटती अस्मत के प्रति भोगवाद के बदलते नजरिये ने सर्वोच्च न्यायालय का नजरिया भी बदल दिया है।

एक-आध फैसले में भाषण की शैली में इस अपराध पर कड़ा रुख अपनाने की बात जरूर की जाती है पर बच्चियों के बलात्कार एवं खून के फैसलों में फांसी शायद ही होती है। यहां तक कि यह भी कहा जाता है कि इरादा तो सिर्फ बलात्कार का था, खून का नहीं। बलात्कार में ही बच्ची मर गई तो इसका जिम्मेदार अभियुक्त नहीं। पर एक Soft approach है बलात्कार जनित मृत्यु पर। क्या जज साहब भूल गए हैं कि 3-4 वर्ष की बच्चियों को बलात्कार के क्रम में मार डालना कितनी वीभत्स हत्या है। इतनी छोटी बच्ची को ऐसे में मरना ही है—इस बात से कोई अनजान कैसे हो सकता है।

पुरुष ने यदि सारे धर्म, संस्कृति और नैतिकता का बोझ सिर्फ स्त्री के कंधे पर डाल भी दिया है तो यह बोझ स्त्री को ही अपने कंधे से झटक कर गिराना होगा। उसे पता होना चाहिए कि धर्म, संस्कृति ने उसके अधिकार छीनने के अलावा उसे कुछ नहीं दिया। उसे तो इस भ्रम से भी निकल जाना चाहिए कि वह किसी खास धर्म से बंधी है। वह तो अंततः उसी धर्म की हो जाती है जहां वह विवाह करती है। उदाहरण के लिए मान लीजिए एक हिंदू लड़की ईसाई से विवाह करती है तो वह ईसाई हो जाती है, फिर वह मुसलमान से विवाह करती है तो मुसलमान। उसके जन्म का धर्म उसके हाथों से ऐसे फिसलता है जैसे मुट्ठी से रेत।

आज स्त्री हर जगह, हर धर्म में प्रताड़ित है। आवश्यकता है वह एकजुट हो, अशिक्षा, गरीबी, मानवाधिकार से वंचित करने वाले हर नियम, धर्म को खारिज करे। उसे यह दावा ठोंकना होगा कि पहले यह परिवार, समाज, धर्म, संस्कृति उसे एक इनसान का दर्जा दे, किसी कमतर जंतु का नहीं और फिर किसी धर्म या संस्कृति की बात करें।

तभी वह पारिवारिक, सामाजिक, राजनीतिक स्तरों पर एक सक्षम इनसान बनकर उभरेगी और इस रुग्ण परिवेश को स्वस्थ एवं सफल बना पाएगी। जिस दिन नारी अपने नैसर्गिक अधिकारों से लैश होगी इस विश्व का नक्शा ही अलग होगा और तब पुरुष समझेगा कि उसने अब तक नारी को उचित स्थान न देकर धरती को किस तरह नरक में तब्दील कर दिया है।

भागो इस दुख और हताशा से

विजय भारती

शाम के साढ़े सात बज रहे थे। योगिता अपने ड्राइंगरूम में टेलीविजन देख रही थी। योगिता का ड्राइंगरूम अड़ोस-पड़ोस की तमाम औरतों-बच्चों के हुजूम से भरा पड़ा था। सब आंखें गड़ाए टीवी के उस कार्यक्रम को देख रहे थे जिसमें योगिता लोकगीत पेश कर रही थी। सब योगिता की सराहना कर रहे थे और टीवी प्रोग्राम देखकर उसको बहुत बड़ा कलाकार बनने की शुभकामनाएं-दुआएं भी दे रहे थे। तभी दरवाजे पर योगिता के पति शरद का आगमन हुआ। संभवतः उसने शराब पी रखी थी। मुंह में पान दबाए, भौंहें तिरछी कर महाशय ने सबको घूरकर देखा। योगिता उस वक्त पति को दहलीज पर देखकर बहुत खुश हुई कि चलो शरद भी मेरा गायन कार्यक्रम देखेंगे। उसने कहा—'शरद देखो न बैठकर। मेरा प्रोग्राम आ रहा है।' शरद ने टीवी की तरफ देखा और व्यंग्य भरे लहजे में कहा—'अच्छा, तभी यहां पर मजमा लगा हुआ है।' योगिता को उससे ऐसे रिस्पांस की अपेक्षा नहीं थी। उसे अपनी ही नहीं, अपने मेहमानों के लिए भी बेहद अपमान महसूस हुआ। दर्द व शर्मिंदगी से आंखें डबडबा गईं। कितना अच्छा लगता अगर आग्नेय दृष्टि व व्यंग्य-बाण की जगह शरद मुस्कान के साथ पुलक कर कहता—'अरे वाह, मैं तो बड़े सही मौके पर आज घर आ गया।' खैर, थोड़ी देर बाद जब टीवी प्रोग्राम खत्म हुआ और सब लोग चले गए तो शरद का लहजा और सख्त हो गया। वह आगबबूला था।

'हमारी बीवी 'नचनिया-गवनिया' बने, यह हमें पसंद नहीं। दोबारा इस तरह की नौटंकी हम बर्दाश्त नहीं करेंगे।'

उस दिन तो बात यहीं खत्म हो गई लेकिन कुछ दिन बाद फिर टीवी पर योगिता का गायन कार्यक्रम आ रहा था। साथ में कोई 'को-सिंगर' भी था। बस क्या था। शरद ने जो कुछ कहा उसका शालीन भाषा में इतना ही बयान किया जा सकता है—'जा उसी के साथ सो, गा और मर।' पहली बार तो नहीं, पर एक

बार फिर योगिता का अहसास ताजा हो गया कि उसका औरत होना कितना बड़ा अभिशाप है। वह जिसकी जीवनसंगिनी है वही उसकी शुचिता का यह सवाल उसके सामने इतने कठोर रूप में सामने लाएगा, वह सोच भी नहीं सकती थी।

योगिता किसी कहानी की काल्पनिक पात्र नहीं है। यह हर उस औरत की कहानी है जो समाज में अपनी प्रतिभा-क्षमता के बूते आगे निकलने की जद्दोजहद में लगी है। ऐसी औरतों की प्रतिभा को जहां समाज उसके देह की तराजू में तौलना चाहता है तो उसका परिवार, पति, सगे-संबंधी नैतिकता और शुचिता के पैमाने पर आंकना चाहते हैं। पर वाह री औरत! वह दुनिया की गंदी नजरों और नीयत से बचके तो आ भी जाती है पर घर में शरद जैसा पति कैसे यकीन करे कि वह पाक-साफ है।

पर यह सोच हमेशा से खुद को नैतिकता और शुचिता की खराद पर कसकर बांधे रखने वाली उस भारतीय नारी की है जो यह सोचती-मानती है कि यौन शुचिता नारी का धर्म है। और पुरुष का धर्म? यह सवाल वह पूछती तक नहीं। क्यों नहीं पूछती? क्यों नहीं यह पूरी बहस पुरुष नैतिकता और शुचिता पर ही होनी चाहिए?

कितना कठिन है स्त्रियों के लिए अपनी रुचि और योग्यता के अनुरूप कोई क्षेत्र चुनना! जहां भी वह कदम रखती है, उसकी देह के प्रति पूर्वग्रह पहले से मौजूद रहते हैं। घर से बाहर हर जगह जोखिम, दगा, आरोप, साजिश यानी कष्टसाध्य जीवन। क्या यह सब नैतिक है और ऐसे ही चलता रहेगा?

इन प्रश्नों का उत्तर पाना न संभव है, न सरल। जूझती हुई स्त्री हर मोर्चे पर जहां अपनी कर्मठता और योग्यता के बल पर पहुंच रही है, पांव जमा रही है, हर तरह जोखिम उठाते हुए निष्पक्ष निडर आगे बढ़ रही है। जटिलताओं भरी राह की अनवरत...अनंत कठिनाइयां, फिर भी आगे बढ़ रही है।

यह संकल्प साधने का अदम्य साहस स्त्रियों में ही हो सकता है।

घर की देहरी से पांव निकालते ही लड़की इस सवाल को झेलने की आदी बचपन से ही हो जाती है–'खेलने जा रही है तो लड़कों के साथ मत खेलना।' मानो लड़के के साथ खेलने पर उसकी 'शुचिता' नष्ट हो जाएगी। 'स्कूल जा रही है तो लड़कों से दोस्ती मत करना।' मानो लड़कों से दोस्ती करना अनैतिक है। नौकरी कर रही है, तब भी यह सवाल उसका पीछा नहीं छोड़ता। लड़की की शुचिता हर वक्त सवालों के घेरे में है। यह सवाल कोई आज ही उठा रहा है, यह नहीं है बल्कि अफसोसजनक यह है कि आज भी उठ रहा है। अब औरतों

को अपने पर तोहमत लगाने वाले मुद्दों के दूसरे पहलू की तरफ ध्यान डालना चाहिए। समाज के ठेकेदारों से पूछना चाहिए यह सवाल कि क्यों कोई द्रौपदी कैसे एक साथ पांच पतियों की पत्नी हो सकती है? और पांडवों से कोई सवाल नहीं किया जाता? क्यों कोई कृष्ण सोलह हजार सखियों के साथ गुलछर्रे उड़ा सकता है? और फिर भी भगवान के रूप में पूजा जाता है? क्यों फिल्म *मैट्रो* का के.के. द्वारा अभिनीत वह नायक खुद को दूसरी लड़कियों के साथ आए दिन बिस्तर गरम कर आता है और अपनी पत्नी की किसी अन्य पुरुष से मात्र दोस्ती की ईमानदार स्वीकारोक्ति को भी बर्दाश्त नहीं कर पाता? कहां है नैतिकता? कहां है शुचिता? और जहां भी है सिर्फ स्त्रियों के लिए ही क्यों है?

कालचक्र में मानव विकास की यात्रा गतिशील है और नैतिकता सर्वांगीण प्रगति की कसौटी लेकिन कसौटी का मापदंड स्त्री और पुरुष के मामले में अलग-अलग होने से संकट बढ़ता जा रहा है। घर टूट रहे हैं, संबंध अर्थ खोते जा रहे हैं। भावनाविहीन होकर। यह गहराई से विचारणीय है कि 'नैतिकता' शब्द का अर्थ विवेचना पर आकर नियम बदल कैसे जाते हैं। जो क्रिया व्यवहार पुरुष के लिए नैतिक है, वह स्त्रियों के लिए अनैतिक कैसे हो जाता है?

आज के युग की अधिकांश महिलाएं आर्थिक रूप से स्वावलंबी हैं। घर से बाहर तक पुरुषों के समक्ष कामकाजी हैं। वैश्विक हलचलों के प्रति पूर्ण प्रबुद्ध हैं। फिर भी अंत का हाहाकार-चीत्कार कम नहीं हुआ है। झोंपड़ी से लेकर उच्च वर्ग तक नारी की कथा देह से लेकर देह पर समाप्त हो रही है।

कवयित्री तोरन देवी शुक्ल 'लली' की यह पंक्तियां भी कहां असर करती हैं?—

'कहो बंधु अब क्या कहते हो,
कब तक मुक्त करोगे?
इस घूंघट की कड़ियों से
हम दुर्बल दीन मलिन हुईं
सुख शांति स्वास्थ्य बलहीन हुईं
हा परदे ही परदे में
मिलती अंतिम घड़ियों में...

जीवात्मा की दृष्टि से स्त्री-पुरुष में कोई भेद ईश्वर ने नहीं किया। उसने स्त्रियों की सृष्टि की है तो उसका कोई स्वतंत्र उद्देश्य भी होगा। पुरुषों की तरह या आगे बढ़कर भी यह अधिकार नारियों का भी है कि वह अपनी आत्मा-अस्तित्व का विकास करे व जीवन के उद्देश्यों में सफलतापूर्वक सफल हो।

सृष्टि में नारी की उत्पत्ति शक्ति का प्रतीक मानी गई है। इतिहास के संदर्भ में देखें, ईश्वर हो या मनुष्य नारी के बिना कभी पूर्णता नहीं पा सके। आदि से अंत तक स्त्री की ही रूपरेखा दिखाई देती है। अनेक सभ्यताओं में, अनेक युद्धों में और अनेक प्रेरणाओं में—सर्वत्र पूजा के रूप में स्त्री को ही श्रेष्ठ माना गया है। फिर नैतिकता के मामले में समानता का यह व्यावहारिक पक्ष इतना खतरनाक, पुरुषों के प्रति पक्षपातपूर्ण क्यों है?

पुरुष अपने कॅरिअर, कद में एक सफल व्यक्तित्व है तो उसका अहं घर के कोने-कोने में हावी दिखता है। वह अपनी पत्नी की आंखों में कृतज्ञता, गर्व व 'उसकी' पत्नी होने का आभार देखते रहना चाहता है। ऐसे पुरुष भले ही सुबह घर छोड़ते ही अपने शादी-शुदा, बाल-बच्चेदार होने की हकीकत घर छोड़कर ही निकलें पर पत्नी सती-सावित्री ही होनी चाहिए। हर पराई स्त्री को देखकर पाने-भोगने की आकंठ आकांक्षा आजन्म लिये यह पुरुष भटकता रहता है। इसे क्या कहेंगे—नैतिकता या अनैतिकता? नैतिकता की इस दोहरी नीति के दुर्दांत नतीजे नित्य अपने इर्द-गिर्द या टीवी चैनलों पर देखने को मिलते रहते हैं। टीवी चैनलों पर दिखने वाली ऐसी घटनाओं में सच यह होता है कि किसी पुरुष की ही जुल्म-कुकृत्य की शिकार महिला होती है परंतु मामले को देखने के लिहाज से रोचक बनाने के लिए महिला के चरित्र को, पक्ष को, देह-दुर्दशा को बार-बार गिराकर दिखाया जाता है। इसमें पीड़ित महिला को न न्याय मिलता है, न संबल और न ही जुल्म के खिलाफ फिर कभी आवाज उठाने की प्रेरणा। इस दोगलेपन को क्या कहा जाए? नैतिक या अनैतिक?

अहंवादी पितृसत्ता में पुरुषों द्वारा स्त्रियों के लिए नैतिकता का मानक तय करना वास्तव में स्त्री की स्वतंत्र चेतना पर अंकुश लगाने की साजिश ही है।

पारिवारिक, सामाजिक, राजनीतिक कार्य व्यापार और व्यावहारिक क्षेत्र में आगे बढ़ती हुई स्त्री एक स्त्री के रूप में स्वतंत्र अस्मिता और आत्मसम्मान की अदम्य चाहत रखती है। घर से बाहर रहते हुए भी अपने भीतर घर को समेटकर चलती है।

नित्य पग-पग पर अपनी यौन शुचिता को साबित करते रहने की पीड़ा से आहत, अपने खंडित विश्वासों से व्यथित व अपनों के विश्वासघात की व्यथा जब विद्रोह की भावना को जन्म देती है तो स्त्री अनैतिक हो जाती है, क्यों?

लेकिन संतोष की बात है कि आज की औरत अब इसके खिलाफ धीरे-धीरे आवाज उठाने लगी है। चंपा वैद तो इसे अपनी कविता में पूरी दृढ़ता के साथ उठाती हैं—'लोक लाज को लात मार रही हूं।'

फ्रांस की कलाकार इजाडोरा डंकन ने अपनी आत्मकथा में जो कुछ लिखा है, उसको पढ़कर भारतीय स्त्री प्रभावित हुए बिना नहीं रह सकती। इजाडोरा डंकन कहती हैं–'मैं जीवन में विश्वास करती हूं, प्रेम में और प्राकृतिक नियमों की महानता में।' वह यूरोपियन लेखिका हैं इसलिए इतनी बेबाकी से कह सकती हैं–'स्त्री को यह अधिकार होना चाहिए कि वह अपनी इच्छा से प्रेम कर सके और बच्चे पैदा कर सके।' इजाडोरा की इन पंक्तियों से भारतीय नारी की भावनाएं अलग नहीं हैं। इजाडोरा की तो सारी बातें अच्छी लगती हैं पर ये पंक्तियां भारतीय नारी को प्रेरणा देने वाली हैं–'जिंदगी कितनी छोटी है और दुःख और हताशा के बरस कितने लंबे होते हैं। भागो इस दुःख और हताशा से...छोड़ दो इन्हें...।'

मेरी साहित्यधर्मी मित्र जयंती कहती हैं–'सुख की परिभाषा सबकी अलग-अलग होती है। जिद की वजह से उसूलों पर अड़े रहना मूर्खता है। स्त्री के पास यह च्वॉइस होनी चाहिए कि वह कब, कहां, किसके साथ रहे, कैसे रहे। अगर स्त्री सामान्य है तो उसकी जरूरतें भी सामान्य होंगी। आर्थिक स्वतंत्रता के अलावा दैहिक जरूरतों की पूर्ति के लिए पुरुष का जो संसर्ग चाहिए, उसे नैतिकता का जामा पहनाए बिना भी वह जी सकती है। यह भी व्यक्तिगत पसंद-नापसंद की बात है।'

फिल्म *अस्तित्व* की नायिका का पति वैवाहिक जीवन के आरंभिक वर्षों में अपना अधिकांश वक्त विदेशी दौरों पर बिताता रहा है। तन-मन की सामान्य जरूरतों और बिछोह की आग में नायिका जलती रहती है। लगभग आधा जीवन गुजारने के बाद पति को एक दिन अपनी पत्नी के किसी के साथ अकस्मात हो गए दैहिक संबंध का पता लगा और जीवन के इस मोड़ पर पत्नी को घर छोड़ना पड़ा तब नायिका कह पड़ती है–'मुझसे छह-छह महीने, बरसों अलग रहते हुए तुम्हारे कितने दैहिक रिश्तों की सच्चाई को जानकर भी अनजान रहते हुए मैंने तुम्हारे साथ प्यार विश्वास से बिताया। जब स्त्री-पुरुष में आत्मा, भूख-प्यास, दर्द का अहसास समान है तो क्या दैहिक तृप्ति की आकांक्षाओं में स्त्री पुरुष से अलग हो जाती है? देह की आग जितना तुम्हें सताती है, उतना ही मुझे भी जलाती है। ऐसे में एक दिन की गलती की मुझे यह सजा? जो सजा बहुत पहले तुम्हारे लिए भी तय होनी चाहिए थी।'

सच्चाई और परस्पर विश्वास तथा एक-दूसरे के प्रति समानता में ही प्रेम का मूलभूत सिद्धांत है। नैतिकता की दुहाई देता हुआ पुरुष इन सबको बेशर्मी से तोड़ने का अधिकारी है पर नारी परिस्थितिवश भी पददलित हुई तो कुलटा...वेश्या...चरित्रहीन...।

जिसका पति करीब डेढ़ वर्ष से बाहर रह रहा है, ऐसी मेरी एक सहेली है बानो। विवाह से अब तक अपने पति से लगातार विश्वासघात की घटनाओं से आहत... हर रूप में घर-बच्चों की करीब-करीब जिम्मेवारियां अपने कंधों पर लेकर चलती हुई। अपने पति की ताजा धोखेधड़ी की घटना से आहत अपनी पीड़ा उसने भाई समान एक ज्ञानी, धार्मिक, देवी उपासक महाशय के सामने बता दिया कि शायद कोई हल निकले। किंतु उनका जवाब सुनकर वह सन्न रह गई। उन्होंने कहा, 'क्या फिजूल की बात पर रो रही हो? आजकल तो यह आम बातें हैं। उसकी जरूरत भी तो समझो। सुबह से शाम तक ऑफिस से काम-काज की थकान व तनाव मुक्ति के लिए जरूरी है कि रात किसी स्त्री के साथ बीते। इसमें नया क्या है? आजकल अस्सी प्रतिशत लोग यही कर रहे हैं और खुश हैं।'

मैं बानो की तरफ से पूछती हूं—क्या फिर यही बात स्त्री के लिए लागू नहीं होती? पर नहीं। ऐसी स्त्री दिन-रात अपनी जिम्मेवारियों का निर्वाह करती मन से पावन प्रेम की लौ जलाए अपने उसी छली प्रिय की आस में बैठी रहती है। हर हाल में कीमत महिलाएं चुकाती रही हैं। धड़ल्ले से अल्ट्रासाउंड के बाद मादा भ्रूण की हत्या व पुरुष भ्रूण का पोषण होता है।

घर में पति की प्रताड़ना सहे, बाहर सहकर्मी या किसी पुरुष की अभद्र टिप्पणी सहे। कॅरिअर या नौकरी की सलामती के लिए बॉस द्वारा दैहिक समझौते का दबाव सहे—क्या-क्या सहे? जहां उफ किया, वहीं अनैतिक करार दी जाती है। जहां कहीं भी कदम रखती है, उसके देह के प्रति संकट पहले से मौजूद रहते हैं। शिक्षा, चिकित्सा और दफ्तर—हर क्षेत्र में अभिभावक, संरक्षक और मित्र बनने के लिए तुरंत घमासान छिड़ जाता है। लेखन जैसा पवित्र और कष्टसाध्य क्षेत्र भी अछूता नहीं है। और पत्रकारिता? यह क्षेत्र तो इस मामले में असंख्य, अनंत संभावनाओं से भरा पड़ा है। प्रगाढ़ मैत्री, सहज परिचय और अंतरंग संबंधों में जो सीमा रेखा है, सुविधानुसार मिटा दी जाती है। अगर उच्च शिक्षा, चैतन्य बुद्धि और मौलिक संरचना के क्षेत्र में यह मानसिकता राज करती है तो अन्य किसी क्षेत्र के बारे में क्या कहना!

स्त्री के लिए कोई भी क्षेत्र चुनना जोखिम से भरा है। कितने सुनहरे अवसर सिर्फ इसलिए छोड़ देने पड़ते हैं कि इस अतिरिक्त जोखिम को उठाना सुविधाजनक नहीं लगता। क्या कोई कलाकार, पत्रकार, लेखिका, चिकित्सक, रंगकर्मी या किसी क्षेत्र में काम करने वाली स्त्री निर्भय होकर देर रात कहीं आ-जा सकती है? अगर सुविधा, सुरक्षा के लिहाज से कभी किसी को साथ ले लिया तो तुरंत संबंध बन जाते हैं। दुःखद आश्चर्य तो यह है कि ऐसे संबंध की मुहर बाहर

से तो बाद में, सबसे पहले अपने ही घर से लगाए जाते हैं। कितना आसान है किसी महिला के संबंधों को रेखांकित करना।

असीम प्रतिभा, क्षमताओं से संपन्न रहते हुए भी ज्यादातर महिलाओं को घर में मिली इस अंदरूनी छाती तोड़ मार और बाहरी मार सहकर अपने ही साथ अमानवीय चुनाव करना पड़ता है। घर-गिरस्ती, बच्चे, पति या कॅरिअर की उड़ान, कागज-कलम, दफ्तर? नतीजा अपने अंदर एक टीस एकाकीपन ढोते-ढोते ही एक दिन मर जाती है। उसकी उम्र, भावनाओं, सपनों को साकार करने का कोई मूल्यांकन होने की आवश्यकता भी नहीं समझी जाती पुरुष अहंवादी इस व्यवस्था में। पुरुषों को ऐसी कहीं कोई असुविधा नहीं होती। पति के सहूलियतपूर्ण जीवन जीने से लेकर उसकी हर परेशानी में स्त्री का सहयोग तो होता ही है, पति की सफलता-विफलता को भी अपनी प्रतिष्ठा का प्रश्न बना लेती है। फिर भी आज कितनी प्रतिशत महिलाएं हैं जो पतियों के बाहर मुंह मारने के दंश का शिकार नहीं हैं। पति के सहयोगियों, सहकर्मियों से सामाजिक रिश्ते-नाते निभाना, अतिथि, अभ्यागत के आगमन पर मुस्कराते हुए तत्पर होकर अपनी जिम्मेवारी निभाना। आज के आधुनिक समय में भोजन से लेकर शराब तक परोसना। वाह रे नारियों के नैतिक मापदंड। वहीं स्त्री के कार्यक्षेत्र से जुड़े किसी पुरुष मित्र या सहयोगी को पति शायद ही सहजता से सम्मानपूर्ण मुस्कराहट भी दे पाता है। सच तो यह है कि स्त्री की प्रतिभा और धैर्यपूर्ण असीम कार्यक्षमता से आज का पुरुष अधिक आक्रामक, अश्लील और ईर्ष्यालु हो उठा है।

मैं गद्य लेखन में अपने प्रयास को दुस्साहसपूर्ण प्रयास ही कहूंगी क्योंकि मेरे अंदर गीत लेखन, गायन व धुनों को गढ़ने की धारा बचपन से ही प्रवाहित है। मैंने अपनी एक कविता में 1992 में लिखा था—

हैं कई गरमागरम उसके फसाने शहर में,
घात के मेले लगे हैं इस बहारे शहर में।
रुख हवाओं के, उसे लूटा किए हर कदम पे,
बने अपने ही लुटेरे, कितने जाने शहर में।
दुश्मनी उसकी किसी से कुछ न थी, कुछ नहीं है,
आग लेकर क्यों खड़े हैं, लोग जाने शहर में।

लोकगायिका के रूप में अपने जीवन में संघर्षों, दुःखों, जानलेवा आघातों के नुकीले रास्तों पर सफर तय करके आज की तारीख में मैंने अपनी जो पहचान, मुकाम बनाया हो पर उसी नैतिकता का मापदंड तय करने वाले दोगले लोगों की अनैतिक शर्तों को नहीं मानकर अनेक ऊंचाइयों, उपलब्धियों को क्षमता प्रतिभा

के बावजूद खोया है। यह टीस अपनी जगह है किंतु आत्मसम्मान व स्वतंत्र स्मिता के गौरव में झूमते गाने का नशा फिर भी कमाल का है।

कहते हैं, समाज अपने नैतिक मूल्यों, गरिमा, भद्रता से कोसों दूर चला गया है। यह समाज है—नैतिकता का बोझ स्त्री के कंधों पर डालने वाले पुरुषों का। वही नैतिक पुरुष जो इतिहास से आज तक बाल विवाह, सती प्रथा, वेश्यावृत्ति, दहेज हत्या, सामूहिक बलात्कार व देह व्यापार में महिलाओं को धकेलने का जिम्मेवार है। विकास का दंभ भरने वाले अपने महान भारतवर्ष में 50 करोड़ से भी ज्यादा महिलाएं किस तरह उपेक्षित और पीड़ित हैं, इसका अंदाजा सिर्फ इसी एक बात से लगाया जा सकता है कि अकेले राजधानी में 90 प्रतिशत औरतें खुद को असुरक्षित मानती हैं। भयावह तरीके से बढ़ती आपराधिक गतिविधियों पर अंकुश लगाने के लिए क्या हो रहा है?

स्त्री-पुरुष समानता के नाम पर बड़ी-बड़ी खोखली बातें व आरक्षण की डुगडुगी में स्त्री के साथ भेदभाव है। स्त्रियों के लिए 50 प्रतिशत की बात क्यों नहीं होती? क्योंकि पुरुष का स्वार्थ स्त्री को आगे बढ़ने नहीं देना चाहता। भला हो बिहार के मुख्यमंत्री नीतीश कुमार का, जिन्होंने बिना शोर-शराबे के पंचायतों में महिलाओं को 50 प्रतिशत आरक्षण दे दिया, पर बाकी जगहों में?

महादेवी वर्मा ने लिखा था—'किसी भी समाज की दो आधारशिलाएं हैं—अर्थ का समुचित विभाजन और स्त्री-पुरुष का संबंध। इनमें से यदि एक की भी स्थिति में विषमता उत्पन्न होने लगती है तो समाज का संपूर्ण प्रासाद हिले बिना नहीं रह सकता।' आज के डगमग समाज का विश्लेषण करने बैठें तो महादेवी जी का कथन सार्थक लगता है।

सख्त जरूरत है धर्म-संस्कृति, यौन शुचिता के नाम पर नैतिकता के बोझ से कुचली जा रही महिलाओं के सजग होने की। स्त्रियां निकलें इस हताशा, दुःख और अन्याय से। देह के घेरे से बाहर आएं। मन, शरीर को कुचलने वाले शोषण, आरोपों, साजिशों को तोड़ें और अपने लिए नैतिकता के सही मापदंड तय करें।

‘छेद’ नहीं होते ‘अच्छी’ जनानियों के

मनीषा

अंग्रेजी में युवाओं की बातचीत में बेहद चर्चित मुहावरा है—

‘ए नाइस गर्ल गोज आउट ऑन ए डेट,
गोज होम एंड गोज टु बेड,
ए गुड गर्ल गोज आउट ऑन डेट गोज टु बेड देन गोज होम’

दूसरा है, ‘खुले विचारों वाली औरत वह है जो पहले सेक्स करती है, बाद में शादी।’ ऐसी बातें सुनते ही हमारे मध्यवर्गीय औसत सोच वालों के कलेजे में हूक उठने लगेगी और बलबलाते हुए वे चीखने लगेंगे कि हाय-हाय नैतिकता नाम की चीज तो इन लड़कियों में रह ही नहीं गई है, इसीलिए तो इतना गर्त में जा रहा है समाज। इनका यह नाजुक समाज उस समय तुरंत गर्त में चला जाता है जब लड़कियां बिस्तर पर जाती हैं। जब तक ये खुद उनके बिस्तर में जाते हैं तब तक सब बेहद सुखकारी होता है। मेरी बातें दिमाग के कचरे को जरा किनारे करके, दिल खोलकर समझने की कोशिश की जाएं, खासकर वे मर्दाना झूठी बातें जो औरतों के दिमाग में इस हद तक भर दी गई हैं कि उनमें लीक से अलग सोचने का साहस ही नहीं बचा है। मैं कोई विलक्षण विद्वान नहीं, न ही आज की तारीख तक मेरी उन अलौकिक लोगों के बीच कोई तूती बोलती है जो खुद को समाज का खैरख्वाह मानते हैं। बावजूद इसके मेरी नजर में नैतिकता और व्यभिचार सिर्फ एक-दूसरे के विलोम हैं। जो नैतिक नहीं है, वही व्यभिचारी है और नैतिक वही है, जो पुरुषों को सूट करे। नैतिक नीति संबंधी है और नीति के टूटते ही कुमार्गी हो जाता है। सारे नैतिक बंधन औरतों के लिए ही रिजर्व हैं। आदमी कुछ भी करे उसे जस्टीफाई करने की कूव्वत इसलिए ही रखता है न कि वह आर्थिक रूप से आजाद है, दूसरे हमारी व्यवस्था उसे पग-पग पर समझाती है कि वह औरत से ‘सुपीरियर’ है। शीर्ष मनोविश्लेषक फ्रायड ने कहा भी है कि हमारी चाहना वही होती है जो हम नहीं हैं। शायद इसीलिए मर्द अपनी

कमजोरी को छिपाने के लिए छद्‌म के सहारे जीता रहता है। लैंगिक विभेद की सारी जड़ें, मर्दों के इसी झूठे अहम का नतीजा हैं। जो ये हैं नहीं, वही जताने की कोशिश, इनके भय का नतीजा है। यही कारण रहा कि औरतों को अपने कब्जे में रखने के लिए ये हमेशा से लपलपाते रहे। कहने वाले आज भी औरतों को यह कहकर बेचारी बताते हैं कि उसकी शारीरिक संरचना में 'गर्भ' भी शामिल है। जिस उर्वरता के लिए स्त्री को शक्ति माना जाता है जिसके अभाव में सारा विकास ठहर सकता है, उसका अपमान मर्दजात इसीलिए करती है न, कि उसकी बराबरी के नाम से घबराते हैं वे। यह सामाजिक कारण ही हैं कि 'योनि' की बारीक-सी झिल्ली आज भी औरत के समूचे व्यक्तित्व और चरित्र पर इस कदर हावी है कि उसका सारा जीवन तबाह करने की कूव्वत रखती है। छोटी सोच और गलीज समझ वालों को इतनी जानकारी नहीं है कि चिकित्सा जगत केवल नैन-नक्श ही नहीं सुधार रहा है। केवल इतना ही जान लेना काफी नहीं है कि फैशनेबल टाइप की लड़कियों में विशाल उरोजों के प्रति गजब का मोह है जिसके लोभ में वे ऑप्रेशन थियेटर तक जाया करती हैं। बेहद बारीक-सा ऑपरेशन कभी भी किसी भी उम्र में बना सकता है इनको वर्जिन, बिल्कुल वैसे ही झिल्ली बनाकर जैसी सैकड़ों बार सेक्स का मजा ले चुकने से पहले हुआ करती थी। ऐसे ही एक सर्वे में 47 प्रतिशत लड़कों ने माना कि मैं जिससे प्यार करता हूं, उसकी किसी दूसरी चीज की तरफ क्यों देखूंगा। जबकि केवल साढ़े तेरह प्रतिशत ने कहा कि वे तलाक दे देंगे, यदि उनकी बीवी खालिस कुआंरी न निकली। कोई औरत तो सुहाग सेज से छाती कूटते हुए आज तक नहीं निकली कि उसका पति परमेश्वर अपना कौमार्य पहले ही खो चुका है। अब कृपया बेवकूफाना तर्क यह न देने लगिए कि आदमी की कोई वर्जीनिटी होती ही नहीं। जाइए और सेक्सोलॉजिस्ट से पूछ आइए। अब तक तो ये मर्द यही फैलाते आए हैं और तर्क देते रहे हैं कि औरतों को बिस्तर पर एक्सपर्ट साथी ही पसंद आता है। अब जब बिस्तर की बात आई है तो यह भी बता दूं कि अपने यहां तो दबी, सिमटी, सकुचाई औरत से ही यही उम्मीद की जाती है कि वह सेक्स के बारे में जितनी कम जानकारी रखेगी, उसका दांपत्य जीवन उतना ही सुखदायी रहेगा।

दुर्भाग्य ही मानिए इसे कि अपने यहां फेमिनिस्ट मूवमेंट नाम की कोई चीज ही नहीं है, वरना उन वाहियात परंपराओं का तो जनाजा ही निकल चुका होता, जिनको औरतों पर पीढ़ियों से थोपा जाता रहा है। झूठी नैतिकता की ओढ़नी को फूंक कर उससे औरतों को निकाल बाहर करने के लिए कोई बायलॉजिकल बदलाव नहीं लाने हैं। उन्हें तो मानसिक रूप से दृढ़ बनाना है। आजादी के मायने

समझाना है और उसकी घुट्टी भी पिलानी है। देह शुचिता के बंधन तोड़ने हैं और बिस्तर पर बिंदास बनाना है। सेक्स को लेकर चले आ रहे नैतिक मापदंडों को जड़ों से उखाड़ फेंकना है, साथ ही, गर्भपात से लेकर, विवाह और बच्चे जनने के सारे अधिकार मुट्ठी में करने होंगे। वंश-परंपरा को लात मारकर समाज से ढकेल देना होगा और परिवार के बंधन को आजादी से निभाने के वायदे लेने होंगे। औरतों को सख्ती से पेश आना सीखना होगा, यह बिस्तर पर हो या काम के मैदान में। नजाकत या नाजुकपन ने बहुत कीमत वसूली है हमसे। बच्चों को अकेले पालने की जिम्मेदारी बहुत निभा ली, अब यह समूचे परिवार की जिम्मेदारी होनी चाहिए। आर्थिक स्वतंत्रता, संपत्ति पर बराबर की हिस्सेदारी, वह भी बिना किसी हिचकिचाहट के देनी होगी, साथ ही, आदमी-औरत के लिए हर क्षेत्र में बराबरी के मापदंड तैयार करने होंगे। कड़े निर्णय ही हमको इन फिजूल बंधनों से मुक्त कराएंगे लेकिन इस मुक्ति को पुरुषों के सुख से न जोड़ा जाए। जैसा कि अब तक होता था। आजादी या बराबरी के मायने यह नहीं हैं कि पुरुष के लिए औरत आसानी से उपलब्ध प्रोडक्ट भर बन जाए। प्रेम, बड़प्पन और भावनाओं के उस अकूत भंडार का इस्तेमाल वह अपने लिए भी कर सके, इसके लिए हमें उसकी ग्रूमिंग करनी होगी। जैसे हनुमान को उनकी ताकत के बारे में जामवंत को याद दिलाना पड़ा था, ठीक वैसे ही किसी न किसी को औरतों को उनकी हिम्मत, बल और ऊर्जा की याद बार-बार, लगातार दिलानी होगी। औरतों में प्रेम, त्याग और करुणा की जो फ्रीक्वेंसी है, उसके दम पर वह दुनिया को उलट देने की ताकत रखती है। जिसे अब तक वह केवल घर-परिवार के लिए इस्तेमाल करती आई है और बदले में जलालत पाई है। उसे यौन स्वतंत्रता देने का मतलब ही है बंधे-बंधाए ढर्रे को धो डालना और शुचिता की परिभाषाएं बदलना। परिवारों का नाश और परंपराओं का सत्यानाश। परिवार का मतलब ही है, औरत को चहारदीवारी में मानसिक, दैहिक, वैचारिक रूप से कैद रखना। परिवार व विवाह परंपरा सिर्फ इसीलिए आज तक कायम हैं कि औरत जुबान को लगाम दिए, हर तरह के भेदभाव और शोषण को सहती जा रही है। वह मां, बीवी, बेटी के खांचे से निकली कि रंडी बना बाजारू बना दिया उसको। मर्द बाजारू नहीं होता, वहां भी वह केवल उपभोक्ता है जो योनि का आनंद लूटने, उस लिजलिजी जगह जाता है, जहां रहने वाली औरतों को सभ्य समाज अपने यहां रहने भी देने को तैयार नहीं है। इस दोगले समाज का सच तो यह है कि यहां वेश्यावृत्ति न ही पूरी तरह गैरकानूनी है, न ही कानून के दायरे में आती है। देशभर में दस-पंद्रह लाख से ज्यादा औरतें इस धंधे में जबरन धकेले

जाने के बाद अपने परिवार पालने को मजबूर हैं। अकेले मुंबई के कमाठीपुरा इलाके में एक लाख से ज्यादा औरतें देह बेचकर घर चलाती हैं। यही हाल कोलकाता के सोनागाछी इलाके का है। 500 से लेकर 5,000 रुपये में बिकी ये मासूम बच्चियां महज एक डॉलर में अपना शरीर सौंपने को मजबूर की जाती हैं। औरत बनने के बाद भी वे इस सेक्स का मजा नहीं लेतीं, पेट पालने के लिए 'मजा' देती हैं, सेक्स के भूखे मर्दों को। इनको बेचने वाले भी मर्द हैं (भाई-बाप) और भूखे भेड़ियों की तरह नोंचने-भोगने वाले भी मर्द ही हैं, जिनको न कोई समाज से बहिष्कृत करता है, न ही पारिवारिक रूप से उपेक्षित ही। समाज सुधार का ढोंग करने वाले फैला रहे हैं कि देह का धंधा करने वाली ये औरतें 50 लाख लोगों को एचआईवी से संक्रमित कर देंगी, जो अगले दस सालों में 30,00,00,000 हो जाएंगे। माफ करें पर इस संक्रमण को लाने वाला तथाकथित सभ्य पुरुष कहीं अपराधी नहीं माना जाता। देह देने वाली औरतों को ही सुरक्षित यौन संबंधों का भाषण क्यों पिलाया जाता है।

अगर नैतिकता और औरतों को सिक्के के दो पहलू की तरह मानसिक रूप से न जोड़ दिया गया होता तो मन्नू भंडारी से लेकर प्रभा खेतान तक यूं छाती कूट-कूटकर मातम न मना रही होतीं। ये ताजा उदाहरण हैं, जिन्होंने 70-75 सालों में तेजी से इस बदलते समाज को बहुत पास से देखा है। आजादी के बाद से लगातार खुलते हुए इस संकीर्ण समाज को भोगा। अपनी मां और बेटी के जीवन के सच को महसूस किया। मन्नू और प्रभा दोनों ही कोई मामूली औरतें नहीं हैं। प्रभा इतनी बड़ी इंडस्ट्रीयलिस्ट और विचारक होने के बावजूद, जिस भय को जीती रहीं, वह स्वाभाविक कतई नहीं कहा जा सकता। वह इस समाज का दिया हुआ है जो कदम दर कदम बताता है, औरत यौन शुचिता के फॉर्मूलों को ढोने को किस कदर मजबूर है। प्रभा खेतान ने डॉक्टर के साथ अपना सहजीवन शुरू किया, वह कोई मामूली कदम नहीं था उन दिनों पर अब भी उन्हें इतनी आत्मग्लानि है कि दूसरा कोई पहलू उनको सूझ ही नहीं रहा। जिस पर उनका इतना गिल्ट है, वह सारा का सारा इस मनहूस मर्दाने समाज की देन है। *छिन्नमस्ता* जैसे दमदार उपन्यास और *सेकंड सेक्स* जैसे हिला देने वाले विचारोत्तेजक संकलन का बेहतरीन अनुवाद करने वाली प्रभा का यह मातम कम से कम मेरी पीढ़ी के गले तो उतरता नहीं। प्रभा खेतान का रुदालियों की तरह विलाप करता आत्मकथ्य पढ़कर हतप्रभ थी मैं कि सार्त्र और सीमोन से हिंदी बेल्ट को परिचित कराने वाली यह दृढ़ औरत क्या भीतर से इतनी कमजोर है। पुरुष जब औरतों से अपने संबंधों को बखानता है तो उसमें विजेयता का भाव होता है। वह शान से बताता है कि उसकी इतनी

प्रेमिकाएं थीं या अमुक-अमुक स्त्री को उसने अपनी मर्दानगी ने नवाजा पर जब बात औरत की हो तो उसे शर्मिंदगी होती है, वह डरे-छिपे शब्दों में अपने रिश्तों को लगातार कोई 'नाम' देने की कोशिश करती फिरती है। आदमी जैसे प्रेमिकाएं रखकर या सेक्स फंतासियों द्वारा फख्र महसूसता है, औरत को उन्हीं पर गिल्ट करना यह नैतिकता का फूहड़पन है। कम से कम अपनी सेक्स फंतासियों का व्यापार नहीं कर सकतीं वे।

लिव-इन रिशेलन या किसी के प्यार में यों कुर्बान हो जाना, आपको गंदा नहीं करता। कमजोर नहीं करता आपको। जो चोर हैं, मन में कुछ और है और कह कुछ और रहे हैं, उनको होनी चाहिए ये गिल्ट पर जिन बंद दरवाजों के भीतर यह मन रहता है, उसे खुलती खिड़कियां भी डराती हैं। हमारे समय में इमरोज और अमृता इसीलिए बड़े हैं कि उन्होंने हर हमले का साहस से सामना किया, बिना किसी भय या गिल्ट के। प्रीतम की बीवी अमृता, इमरोज को अपने घर में रखती है और दिल में साहिर को, पर इतने से उनका ऑरा कमजोर तो नहीं होता। वह सिर्फ हिम्मत वाली औरत ही नहीं थीं, औरत की तमाम कमजोरियों को ढहाकर, उसकी मजार पर खड़ा वह मजबूत दंड थीं, जिसे नैतिकता या सामाजिक कायदों जैसी फुसफुसी ताकतें हिला भी नहीं पाईं। कमजोर हम नहीं होते, कमजोर हमें बनाते हैं ये विचार। ये कड़े नियम और उनकी खतरनाक टाइप की मानसिक सजाएं। नैतिकता के ये ढकोसले औरतों को दिमागी रूप से बधिया करने के लिए ज्यादा हैं। किसी के प्यार में कुर्बान होने की हिम्मत औरत में ही होती है, प्रभा को अपनी इस काबिलियत पर इतराना चाहिए और फख्र करना चाहिए कि तमाम बीवियों की तरह उन्होंने बदले में घर, परिवार और बच्चे नहीं चाहे। उन्हें या उनकी जैसी औरतों को मान लेना होगा कि पत्नी का प्यार सिर्फ छलावा होता है, वह बदले की आस में जताया जाता है। जो असल में प्यार है ही नहीं, केवल सहमति है, अनकहा-सा बांड है। जो दंपती को परिवार से बांधे रहता है। अब अगर बात करें मन्नू की तो संकीर्ण जैनी परिवार को धता बताकर राजेंद्र यादव को जब उन्होंने वर चुना होगा तो क्या उनकी कमियां नहीं दिखीं। इसके बावजूद केंचुल में रहने को आमादा हैं, अपने औरतपने पर मातम मना रही हैं। मायने साफ हैं, उनको राजेंद्र की बिस्तरी गुस्ताखियों से शिकवे हैं। लेखक राजेंद्र को उन्होंने गले लगाए रखा पर रसिक राजेंद्र गले की फांस बन गए। माफ करें पर मन्नू को ओशो की यह बात शायद समझ नहीं आएगी कि असली प्यार बदला नहीं मांगता। यह कोई गैट-टुगेदर नहीं होता कि एक हाथ लो और दूसरे दो। प्रेम के मायने हैं 'अनकंडीशनल लव', जो बदले में विश्वास नहीं करता।

उनको बस यही समझ नहीं आया। वह इसमें उलझी हैं कि राजेंद्र ने विवाह की मर्यादा नहीं निभाई। जब मन्नू दुहाई देती फिर रही हैं तो मेरे दिमाग में उसी दयनीय, सिसकती औरत की छवि बनती है, जिसके पास साहस नाम की कोई चीज नहीं है। जो परिवार पर आश्रित है, जिसके लिए 'गुलामी' आनंद की स्थिति है क्योंकि उसे पता ही नहीं, आजादी क्या होती है। जो राजेंद्र कर रहे थे, बदले में आप भी वही करतीं, नहीं करने का साहस था तो छोड़ देतीं तुरंत उस 'व्यभिचारी' को। हमारा कानून भी तो इसकी इजाजत देता है। अब जब उनकी सेक्स समेत सारी क्षमताएं तक रिटायर हो गईं तो उनको दुत्कार कर कौन-सा खेत जोत लिया आपने। संबंधों को शिकायतों और उलाहनों के साथ जोड़े रखना। नैतिकता की दुहाइयां देते हुए एक-दूसरे की जान का प्यासा हो जाना, क्या ओछी सोच नहीं है। ऐसी मन्नुओं और प्रभाओं से यह समाज पटा पड़ा है, दोनों को ही नैतिकता के कीड़े ने काटा। इन सब लोगों को इस सच्चाई को जान लेना चाहिए कि अब 51 प्रतिशत अमेरिकी औरतें ही बिना शादी के नहीं जीने को तैयार हैं बल्कि अपने भी 48 प्रतिशत युवा ब्याह को वाहियात चीज मानने लगे हैं। अमेरिकी पत्रिका *टाइम* में छपे सर्वे के अनुसार 2.4 मिलियन औरतें विवाहित होने के बावजूद अपने शौहर के साथ नहीं रहतीं। सिर्फ इसीलिए कि उनको यह बंधन असुविधाजनक लगता है। जापानी औरतें पति से ज्यादा कॅरिअर को तवज्जो देती हैं और मानती हैं कि पति तो कभी भी पाया जा सकता है पर कॅरिअर की गाड़ी एक बार जो छूटी तो दोबारा हाथ नहीं आने वाली। *टाइम्स ऑफ इंडिया* द्वारा कराए गए सर्वे में हमारे परंपरावादी समाज के युवाओं में से 64.5 प्रतिशत ने माना कि उन्होंने शादी किसी न किसी दबाव में की है। ऐसे में बढ़ती तलाक दरों पर मातम मनाने वालों की आंखें खुल जानी चाहिए। ब्याह के बाद सारे बंधनों में घुटती रहे। खुले विचारों वाली नई लड़की को यह समझ आ रहा है इसीलिए वह शादी को सिर्फ सेक्स का लाइसेंस मानती है। न्यूयॉर्क में हुए अध्ययन में पाया गया कि पुरुषों के दिमाग में प्राकृतिक रूप से बीवी के साथ गद्दारी करने का प्रोग्राम फीड रहता है। यदि इसे सच मान लें तो औरतों से यह उम्मीद क्यों की जाती है कि वे हमेशा वफादार ही होंगी। वफादारी भी केवल दैहिक ही होती है उसकी।

अपने देश में 40 साल से ऊपर वाले नौ करोड़ आदमी स्वीकृत रूप से नपुंसक हैं, जाहिरा तौर पर उनकी सेक्स जाती रही हो। पर सामाजिक-पारिवारिक दबावों में इनकी पत्नियां चूं तक नहीं कर सकतीं। उनको क्या खतना करा लेने की सलाह देंगे आप या यह कहने का साहस है कि वे जिंगैलोज को बुलाना शुरू

कर दें। औरत यदि बच्चा नहीं जन सकती तो भी उसकी शारीरिक संरचना पुरुष को भरपूर यौनानंद देने के काबिल तो रहती ही है। इसके बाद भी हजारों-लाखों की संख्या में पुरुष कूदते-फांदते फिरते हैं लालबत्ती इलाकों में। अकेले अमेरिका में ही 20 से 25 प्रतिशत पुरुष विवाहेतर संबंधों में लिप्त हैं। अपने यहां भी इससे कोई कम संख्या नहीं है, कुछ आतुर हैं इसके लिए तो कुछ में साहस की कमी है इसलिए खिसिया कर रह जाते हैं। औरतें प्राकृतिक रूप से ही संबंधों को संभालकर चलने की प्रवृत्ति रखती हैं, उनमें मानसिक रूप से दृढ़ रहने का बहुत दमखम होता है। अपनेपन और दया से भरी इसी औरत को लगातार कमजोर करने के लिए उसे सामाजिक, पारिवारिक और नैतिकता के ढकोसलों में बांधा जाता रहा है। नेशनल इंस्टीट्यूट ऑफ बिजनेस मैनेजमेंट के अनुसार हर आठवें बॉस और सेक्रेटरी का रोमांस शादी तक पहुंचता है। जबकि हर दसवीं सेक्रेटरी अपने बॉस के साथ रोमांटिक तरीके से जुड़ जाती है। जिन मर्दों के दफ्तरों में ऐसा होता है, वही यह कहते फिरते हैं कि नौकरी करने वाली औरतें बदमाश होती हैं। आपको कोई सेक्रेटरी नहीं मिली तो बयान जारी कर दिया। जैसे आज की स्मार्ट पीढ़ी पर छींटाकशी करने वालों की मानसिक स्थिति पर मातम मनाने को जी चाहता है। जिनको अपनी मोटर बाइक पर बिठाने को स्मार्ट गर्ल फ्रेंड नहीं मिली, वह लड़कियों के चरित्र का रोना रोते फिरते हैं। वही बताते हैं वर्जीनिटी क्यों जरूरी है। जब यही अधेड़ हो जाते हैं तो जवान लड़कियों के कौमार्य को लेकर छुप-छुपकर बतियाते हैं और अपने जमाने में सील बंद ही मिला करने की दुहाई देते हैं सो अलग। जिनकी नैतिकता के कशीदे ये पढ़ रहे होते हैं, यदि वही कमसिनें इनको अकेले में मिल जाएं तो धर दबोचें। अच्छा, बुरा, शील, अश्लील सब सिद्धांतों का प्रतिफलन है। लड़कियों की वर्जीनिटी पर मर मिटने वाला यह समाज पुरुष के कौमार्य पर कोई चर्चा नहीं करना चाहता, ठीक वैसे ही जैसे पुरुषों के मीनोपॉज पर ये चुप्पी साधे रहते हैं। औरतों के मीनोपॉज से पहले अधिक कामुक होने से भयाक्रांत ये ऐंठू मर्द कभी भी यह डिस्कश करते नहीं मिलेंगे कि उन दिनों वे कैसा सोचते हैं। हस्तमैथुन से लेकर स्वप्नदोष तक को तहों में छिपाकर रखने वाले ये कागजी पहलवान घर की लड़कियों की ब्रा के साइज से लेकर पीरियड की तारीख तक पर पैनी नजर रखते हैं, तब इनके लिए सब नैतिक है। लड़की यदि बिन ब्याह के किसी लड़के का लिंग छू ले तो भ्रष्ट हो जाएगी पर आप अपनी कोहनियां उनके स्तनों में खोंसते फिरें तो धार्मिकता मानी जाए!

नैतिकता सामाजिक हो, धार्मिक हो, दार्शनिक हो हमेशा ही औरतों को इसके कुचक्र में फंसाए रखा गया क्योंकि उनको दबाकर रखना, उनकी क्षमताओं

को बाहर न आने देना ही मकसद रहा है। सामाजिक ताने-बाने को व्यवस्थित रूप से चलाए रखने के लिए चालू की गई ये परंपराएं औरतों पर इस कदर लादी गई हैं कि अब उनमें खुद इनके बिना चलने का साहस नहीं रह गया है। पुरुष के बिना वे अपने आपको लगभग अपाहिज महसूस करती हैं। करें भी क्यों न, हमारा कानून ही कहता है घर का मुखिया मर्द होता है। सारा घर, संपत्ति से लेकर औरत की देह तक को वह अपनी प्रॉपर्टी मानता है। अपने आस-पास के माहौल को देखकर वह मान लेता है कि औरत और कंडोम में कोई फर्क करने की जरूरत नहीं। 'यूज एंड थ्रो' की यह फिलॉसफी कोई आज की नहीं है, सदियों से औरतों के साथ यही होता आया है। रद्दी के टोकरे में फेंकी गई औरत से उम्मीद यही की जाती है कि वह अपनी आहों और आंसुओं के साथ चुपचाप घुट-घुट कर मरती रहे।

विशेषज्ञ बताते हैं औरतें जब मासिक के बाद के सबसे उपजाऊ हफ्ते में पहुंचती हैं तो गजब की आकर्षक लगती हैं और यही वह समय है, जब उनका मन डगमगा जाता है और उनकी 'वफादारी' पर दाग लग सकता है। यह बात उसी नैतिकता से जुड़ जाती है, जिसकी दुहाई दी जाती है। औरतों और कुत्तों से एक-सी वफादारी की उम्मीद करने वाले कैसे भूल गए कि उसके भीतर भी दिल होता है। उसकी भी दैहिक, मानसिक जरूरतें हैं। एक और महत्त्वपूर्ण तथ्य यह भी है कि मासिक के चौथे, पांचवें दिन से ही औरत के भीतर जबर्दस्त काम ऊर्जा उमड़ती है। उसे केवल मासिक के दौरान ही निराशा, एकाकीपन नहीं घेरते। जब वह जबर्दस्त सेक्स की भूख से तड़प रही होती है और उसकी चाहत, जरूरत पूरी नहीं होती तो उनका विपरीत असर समूचे व्यक्तित्व पर झेलने पड़ते हैं। वह बिस्तर पर अपनी जरूरत नहीं जता सकती। उसके लिए इधर-उधर नैन-मटक्का करने का मतलब ही होता है, परिवार को तलवार की धार पर रख देना। राजस्थान के मारवाड़ी तो व्यापार के सिलसिले में बाहर जाने से पहले अपनी बीवियों की योनि कुछ इस तरह सिलवा जाते थे कि वे केवल मूत्र त्याग कर सकें। ठीक वैसे ही जैसे कि तमाम इस्लामी इलाकों में लड़कियों का खतना करवा दिया जाता है। शायद आपको जानकर धक्का लगे कि पुरुषों का खतना तो सेक्स का ज्यादा मजा लेने के लिए होता है जबकि इसके उलट औरतों को इस मजे से वंचित रखने के लिए। इस खतना के नाम पर हजारों लड़कियां हर साल मार डाली जाती हैं। सैकड़ों ताउम्र योनि संक्रमणों को ढोती रहती हैं। इनका विरोध क्यों नहीं उसी स्तर पर होता, जैसे एड्स का किया जाता है क्योंकि यह जनानियों से जुड़ा मुद्दा है।

चेतना, सजगता, विश्वास और नियम सब औरतों के लिए हैं, उसे मानसिक रूप से ऐसा जकड़ दिया गया है कि किसी ने चूम भी लिया तो घंटों साबुन से रगड़ती फिरती है खुद को। कोई कामुक उसको अपने हथियार से रौंदने के बाद उतना आहत नहीं होता, जितनी वह अपनी देह को लेकर होती है। ढीठ और रूखी शक्ल वाले ये यौन अपराधी अपने को 'सुपीरियर' इसलिए ही मानते हैं न कि समाज ने उनको ऐसा ही समझाया है तभी तो उनकी इतनी हिम्मत होती है कि बिना सामने वाली की सहमति के उस पर टूट पड़ते हैं। सड़क से गुजरती औरत पर छींटाकशी करना इनका जन्मसिद्ध अधिकार है। जब वह छोटी ही होती है तभी से परिवार द्वारा उसके दिमाग में यह बिठाने की कोशिश शुरू हो जाती है कि यह देह बहुत नाजुक है, देखना कोई इसे छू न ले, अपने मैले हाथों से इसको मलिन न कर दे। इसका जरा भी इस्तेमाल तुमको गंदा बना देगा। थोड़े से उभार आए नहीं कि घर की बड़ी-बूढ़ियां पारंपरिक रूप से समझाना शुरू कर देती हैं कि उन्हें छिपाकर रखें। चुस्त और गोल छातियों के लिए खास तरह की चोलियां (अब ब्रा) पहनने की सलाह तो दी जाती है, साथ ही, यह भी बताया जाता है कि अपने ये बेशकीमती ब्राएं छिपाकर रखें, इनको धोते, सुखाते हुए सतर्कता बरतें कि उन्हें घर के मर्द न देख लें। नैतिकता को ढोने वाली संभ्रांत औरत वही है जो सेक्स पर कभी कोई चर्चा न करे। जो मासिक के वक्त घर के मर्दों को भनक तक न लगने दे। जिसे सैनटरी नैपकिन तक खरीदने में लिहाज हो। इस्तेमाल किए गए नैपकिन (या कपड़े भी) फेंकने में उसे भारी सतर्कता रखनी पड़ती है। वह अनचाहे गर्भ से बचने के लिए खुद ही कंडोम खरीदने का साहस नहीं कर सकती। बाद में इस गर्भ को गिराने के लिए वह घर के लोगों की सहमति लेनी उसकी मानसिक जरूरत है।

कोरिया और ताइवान जैसे देशों में व्यभिचार यानी एडल्टरी को गैर कानूनी माना जाता है तो संयुक्त राज्य में आज भी हर स्टेट का अलग कानून है। मिशिगन में उम्र कैद तक हो सकती है, मैरीलैंड में 10 डॉलर का फाइन, मिलेट्री कोर्ट इसके लिए कोर्ट-मार्शल कर सकती है। कुछ अफ्रीकी इलाकों में दोनों हाथ काट दिए जाते हैं। पाकिस्तान में नैतिकता के नाम पर औरत की आज भी नाक काट दी जाती है जबकि यह बताने की कोई जरूरत नहीं है कि मुसलमान आदमी आज भी चार-चार बीवियां रखने को आजाद है। हदूद में अनैतिकता की सजा मौत तक है, सऊदी अरब में भी इसी तरह की सजा की चर्चा है। अभी ज्यादा वक्त नहीं हुआ है जब ईरान में 19 साल की लैला को मौत की सजा सुनाई गई, जिसमें उसको मिट्टी में गले तक गाड़ने के बाद पत्थर मारने का आदेश था,

इसका कारण भी जान लीजिए। 8 साल की उम्र में उसको वेश्यावृत्ति के लिए बेच दिया गया, 9 साल की उम्र में वह मां बन गई और 12 साल की उम्र में उसको कुछ समय के लिए अफगान की बीवी के रूप में रहने को कहा गया। 14 की उम्र में यह फिर से गर्भवती हुई, जिसके बाद उसे दूसरे अफगानी सेठ को बेच दिया गया। लैला को मौत की सजा देने वालों को कौन समझाए कि इस सारे खेल में उसकी क्या औकात थी। उसको तो माल की तरह पुरुषों को सप्लाई किया गया जिन्हें कभी भी गलत नहीं ठहराया जा सकता। जिन्होंने लड़कियां खरीदीं, उनको तो कोई कुछ नहीं कहता। यह नैतिकता की कैसी परिभाषा है? अपने यहां पूर्वी उत्तर प्रदेश जैसी जगहों में प्रेम करने वालों को सरेआम मार डाला जाता है। हिंदू धर्म में मनु कह गए हैं—पति की पूजा विश्वसनीय पत्नी द्वारा भगवान की तरह होनी चाहिए, यदि वह अपनी 'सेवाएं' देने में किसी तरह की भी कोताही करती है तो उसे राजा से कहकर कुत्तों के सामने फिंकवा देना चाहिए। यहां पति की सेवा का अर्थ केवल उसके पांव दबाने से ही नहीं है। हमारी धार्मिक किताबें कहती हैं औरत को पति के आगे बिस्तर पर वेश्या की तरह पेश आना चाहिए। जाहिर है, जब वह पति नाम के 'मालिक' को खुश कर रही होती है तो उसकी यह तथाकथित नैतिकता भ्रष्ट नहीं होती पर जरा-सी किसी गैर मर्द की तरफ ताका नहीं कि सारी नैतिकता कपूर की तरह काफूर हो जाती है। ईसाइयत में भी व्यभिचार को पाप माना गया है और मौत की सजा सुनाई जा सकती है। अपने यहां आज भी 'विधवा' के नाम पर लाखों औरतों को वृंदावन, मथुरा, काशी में मौत के इंतजार में छोड़ दिया जाता है लेकिन कभी सुना है कि कोई रंडुआ घर से निकाला गया हो? जिसका पति मर गया उस औरत को दोबारा क्यों नहीं ब्याहा जा सकता, जबकि गैर मुसलमान आदमी भी एक बीवी के रहते दूसरी लाने को एकदम तैयार रहता है। यौन शुचिता के नाम पर ऐसे ही औरतें प्रताड़ित की जाती रही हैं। मर्द से इस मामले में कोई शिकायत नहीं करता। कितनी औरतें तो पति के दूसरे विवाह को खून के घूंट की तरह पीकर रह जाती हैं। उनको पता है, इसका विरोध करने का मतलब है, छत से तो वंचित हो ही जाना और आर्थिक रूप से भी उजड़ जाना।

जब किसी भी सामाजिक या पारिवारिक नैतिकता के बंधनों की बात करते हैं तो भूल जाते हैं कि हमने लैंगिक आधार पर खांचे बांट रखे हैं। आदमी को जब भी ज्यादा कामवासना घेरती है, वह झटपट लालबत्ती इलाकों में चला जाता है। करोड़ों रुपये के टर्नओवर वाला यह व्यवसाय तेजी से फल-फूल रहा है, इन यौन-पिपासुओं के चलते ही न। बाप की दवा या बच्चे की स्कूल फीस के पैसा

से अपनी कामोत्तेजना को ठंडक देने वाले ये तथाकथित मर्दानी ताकत के बादशाह हमेशा नैतिकता का चोला ओढ़े रहते हैं। नन्ही-नन्ही बच्चियों की बिस्तर पर मांग करने वाला लंबा-चौड़ा मुस्तंडा अपनी मर्दानगी बढ़ाने के लिए और ज्यादा पैसे चुकाने को एकदम तैयार रहता है। जिसकी ज्यादा खर्चने की औकात है, वह कॉलगर्ल बुला लेता है। जीभर सेक्स करने के बाद घर लौटता है तो रोजाना की तरह 'नहा-धो' कर 'सच्चे' मन से कोने में बने मंदिर के सामने सिर झुकाता है और अपने साफ-स्वच्छ बिस्तर पर पसर जाता है। उसके मन में कभी कोई गिल्ट नहीं होता। उसे अपने किए पर कोफ्त नहीं होती। उलटे औरत को यदि कभी किन्हीं कारणों से पति परमेश्वर के अलावा सपने में भी कोई अच्छा लग जाए तो मोटे डंडे से पीट बैठता है। औरत के नाम पर बनी तमाम भद्दी गालियां समाज के वीभत्स चेहरा नहीं उघाड़तीं क्या। एक पुरुष दूसरे को जब भी नीचा दिखाने पर आमादा होता है तो वह तुरंत उसकी मां-बहन के गुप्तांगों में घुस जाता है। क्यों? बाप, भाई नहीं! या वे खुद क्यों नहीं! सारी नैतिकता का ठीकरा औरत के सिर फोड़ने वाली यह बेरहम व्यवस्था तमाम आधुनिकता के बावजूद इन सड़ी-गली मान्यताओं को छोड़ने का साहस नहीं रखती। पिछले दिनों नेट पर किसी लड़की ने अपना कौमार्य बेचने की बोली लगाई तो बड़ी हाय-तौबा मची। पारंपरिकों ने इसे नैतिकता का भयानक पतन बताकर छाती कूटना चालू कर दिया। इनमें से किसी ने इस पर जुबान नहीं हिलाई कि इस कौमार्य का खरीदार कौन और क्यों है। क्यों कोई औरत की देह की कीमत देता है।

यह एक तरह का 'कोड ऑफ कंडक्ट' है जो विभिन्न समाजों में अलग-अलग तरह से परिभाषित होता है। फिलीपींस यूनिवर्सिर्टी में हुए अभी कुछ दिन पहले के अध्ययन में माना गया कि 'रखैल' सामाजिक सच्चाई है जिसे हर आदमी रखना चाहता है। वहां तो यह स्वीकार लिया पर अपने ढोंगी मर्दों में इतना भी साहस नहीं। वे ताकने-झांकने में तो अव्वल हैं ही पर बड़ी-बड़ी बातों में भी कोई कम नहीं हैं। जिस औरत को ये रखैल कह रहे हैं, वह दरअसल, इनकी झूठी शान का आईनाभर है। आदमी रखैया नहीं होता, औरत रखी जाती है, क्योंकि वह प्रोडक्ट है। वह दूसरी, तीसरी या बाहर वाली होती है, जबकि मर्द के साथ ऐसा कुछ नहीं होता। किसी मृत अलमारी या आलीशान सोफे की तरह मालिकाना हक जताने वाला मर्द कभी उसकी भावनाओं को नहीं समझना चाहता। बल्कि अगर यह कहूं कि भावनाओं को समझने की कूव्वत नहीं है तो बड़ी बात नहीं मानी जानी चाहिए। अगर मर्द में इतनी ही हिम्मत होती तो वह औरतों को बराबरी का अधिकार देने की पहल बहुत पहले ही करने को मानसिक रूप से तैयार हो जाता।

अपने शौक और मस्ती को औरत की देह के साथ भोगने को लार टपकाते फिरने वालों से अव्वल तो यह उम्मीद ही नहीं की जानी चाहिए, पर साथ ही हमें हथियार डालकर भी इनके सामने नहीं बैठे रहना चाहिए। राजनीति में जयललिता और मायावती ने, फिल्म इंडस्ट्री में रेखा और परवीन बॉबी ने बौद्धिक औरतों में कमलादास और अमृता प्रीतम ने नैतिकता के इस ढकोसले के परखच्चे उड़ाने में कोई कोताही नहीं बरती, इनके हौसलों ने ही इनको सफलता के शीर्ष पर पहुंचाया। आम औरत के लिए यह थोड़ा कठिन जरूर पर है पर नामुमकिन बिल्कुल नहीं। प्रेम, अपनापे, हिम्मत और दृढ़ता जैसी प्राकृतिक देन को संभाले रखकर भी औरत इस झूठी नैतिकता के लबादे को उतार फेंक सकती है, इतना हुनर तो है ही उसमें।

नंगी तलवार की धार पर चलती हुई स्त्री

जयंती

नैतिकता...और स्त्री... स्त्री ही हमेशा नैतिकता की लपालप नंगी तलवार के ठीक नोंक के तले क्यों खड़ी कर दी जाती है? यह सवाल मैंने अपने एक कलाकार मित्र से किया था। बात ही कुछ ऐसी चल रही थी। हम एक नृत्य समारोह में गए थे। बीच की उम्र की महिला औसत ढंग से नाच रही थीं लेकिन वाहवाही ऐसी जैसे सोनल मानसिंह हो। बाद में बियर की चुस्कियों के दौरान कलाकार मित्र ने कमेंट किया कि उक्त कलाकार को दौलत और शोहरत उसके स्त्री होने की वजह से मिल रही है। इसके बाद आधे घंटे वे लगातार इस विषय पर प्रकाश डालते रहे कि किस तरह उस महिला कलाकार ने एक-एक अधिकारी का बिस्तर गरम किया है और आगे बढ़ने के मौके हासिल किए हैं। हमारे साथ और दूसरे भी लोग थे। सबने इस बात का समर्थन किया कि बिना सेक्सुअल समझौता किए स्त्री सफल नहीं हो सकती। इस बात में हां में हां मिलाते हुए मैंने कई पढ़ी-लिखी और सफल महिलाओं को भी देखा।

एक मिनट भी नहीं, एक सेकंड में लगभग अनजान स्त्री की नैतिकता के परखच्चे उड़ा दिए गए। सिर्फ इसलिए कि वह आज एक नाम है। ऐसा नहीं कि यह नैतिकता सिर्फ सफल महिलाओं के ही पीछे भूत की तरह चेप दी गई है। समाज के हर तबके की महिला को हर समय और हर उम्र में नैतिकता की कसौटी पर खरा उतरना पड़ता है। उसे न सिर्फ यह साबित करना पड़ता है कि वह औरत है, यह भी साबित करना पड़ता है कि वह नैतिक रूप से साफ है।

बहुत पहले स्त्रीवादी लेखिका सीमोन द बोउआर का लिखा एक पुराना लेख याद आ रहा है। हालांकि सीमोन ने उन्नीसवीं सदी की शुरुआत में पश्चिम की महिलाओं के लिए आजादी जैसा क्रांतिकारी परचम लहराया था लेकिन वहां की स्थिति अलग थी हमारे यहां से। फ्यूडल समाज की बुराइयां झेल रहा पश्चिमी और खासकर यूरोपीयन समाज औरतों को सिर्फ एक सेक्स गुड़िया के रूप में ही देखता

था। सीमोन ने यह भ्रम तोड़ा और औरतों को अपने अस्तित्व की पहचान कराई। सीमोन के ऊपर कई बार अनैतिक और व्यभिचारी होने के दाग लगे। ऐसा लगता था कि उन्हें परवाह नहीं थी। पर ऐसी कौन-सी स्त्री होगी जो बदनुमा दागों का घाव दिल पर ना ले? बाद के सालों में सीमोन ने एक आम औरत की दशा के साथ अपनी तुलना करते हुए लिखा था, 'मैं शायद सही नहीं थी। मेरे विचार और मेरे आग्रह सिर्फ मेरे नहीं थे। मैंने उन औरतों के बारे में नहीं सोचा, जो एक बार या रेस्तरां में काम करती हैं और अपनी मर्जी से कुछ अधिक पैसे कमाने के लिए ग्राहकों के साथ संबंध बनाती हैं। मैंने उन्हें गलत ठहराया। मैं स्वयं गलत थी। मैंने भी तो यही किया। अपनी बौद्धिक खुराक के लिए ऐसे पुरुषों से दोस्ती की, संबंध बनाए जिनका मानसिक स्तर मुझ जैसा नहीं था। मुझे लगता है कि मैंने जो समझौते किए, वे उस लायक नहीं थे।'

सीमोन ने दुनियाभर की स्त्रियों को नया नजरिया दिया जीने और सोचने-समझने का। इसके बाद भी कई स्त्री चिंतक आए, बहुत कुछ कहा। पश्चिम में भी और हमारे यहां भी। लगभग सभी ने स्त्री की नैतिकता की नई परिभाषा गढ़ी। एक आम स्त्री को जाने बिना और पूछे बिना। यह ऊपरी सतह पर होता रहा लेकिन जब हम सतह पर देखते हैं तो लगता है कुछ भी नहीं बदला। आज इक्कीसवीं सदी में नायिका और सेलिब्रिटी शिल्पा शेट्टी का एक समारोह में हॉलीवुड अभिनेता रिचर्ड गेर जब चुंबन लेते हैं तो यह एक मसालेदार खबर के अलावा नैतिकता का मुद्दा बन जाता है।

हाल-फिलहाल अखबार में विदेश की एक खबर छपी थी। फिलाडेल्फिया के एक जज ने दस साल की बच्ची के साथ लगातार बलात्कार करने वाले व्यक्ति को यह कहकर आजाद कर दिया कि बच्ची एक बड़ी और वेश्या स्त्री की तरह कपड़े पहनती थी और हाव-भाव करती थी। वे बच्ची जो अब बड़ी होने का मतलब नहीं समझती, जिसे पीरियड आरंभ नहीं हुआ, अगर उसकी तुलना एक वेश्या के साथ की जाए तो आप समझ सकते हैं कि समाज का स्त्री के प्रति नजरिया कितना बदला है या नहीं बदला है।

ये बाहरवालियां

स्त्रियों का एक तबका होता है जो आउटगोइंग होता है। जिन्हें बाहर लोगों से मिलना, उनके साथ समय बिताना अच्छा लगता है। आम परिवारों में स्त्री को इतनी आजादी और सुविधा नहीं होती कि वे अपनी इच्छा से बाहर जा सकें, मित्र

बना सकें, वह भी पुरुष मित्र। घर के अंदर या पतियों के मित्रों से वे मिलती-जुलती हैं। यहां भी उन्हें दायरे में रहना पड़ता है। एक हद से ज्यादा बात नहीं करनी, सीमा नहीं लांघनी। घर के सदस्यों की संधानी दृष्टि गड़ी रहती है उन पर। कुर्ते का गला अपनी सीमा में तो है? बाहर वालों के लिए क्या खास बनाया है? इतनी हंसी, वह भी तेज आवाज में? खाना हो गया अब यहां क्यों बैठी है? अंदर जाए, बच्चों को कहानी सुनाकर सुलाए। ये क्या राजनीति पर बहस करने लगी? खेल पर कमेंट देने लगी? असहनीय...फिर सास-बहू धारावाहिकों का क्या होगा? तुलसी का चेहरा बदल गया। नई तुलसी में वह बात नहीं। बहुओं ने तुलसी को घेर लिया है...हाय...हाय इस पर चर्चा करे। कहे कि मैं तो बिना नागा रोज धारावाहिक देखती हूं। पर नहीं... उसे चर्चा करनी है देश के राष्ट्रपति चुनाव पर, पाकिस्तान की सियासी स्थिति पर, भारतीय क्रिकेट की दुर्दशा पर और सुनीता विलियम्स की वापसी पर...।

ऐसी औरतें सामान्य नहीं मानी जातीं तुरंत बात चल पड़ती है—'वह ठीक नहीं है। सोहन के दोस्त के साथ लगी हुई थी बहस में। देखा नहीं, दुपट्टा ही नहीं पहन रखा था। ऐसे बैठी थी ठसके से कि सास उठकर अंदर चली गईं। वे ही बनाकर लाईं चाय। महारानी को तो फुरसत ही नहीं थी बात करने से...सही नहीं है...ऐसा चाल-चलन? भले घर की बहू-बेटियों का...' ये तो हुई एक आधुनिक मध्यवर्गीय परिवार की बात। ऐसे परिवार जहां अब स्त्रियां भी कमाने लगी हैं। साड़ी या सलवार-कुर्ते की जगह जीन्स और शर्ट पहनने लगी हैं। बाल छोटे कटवाती हैं, रंगवाती भी हैं। मैचिंग हाई हील पहनती हैं, कपड़ों पर खूब चर्चा करती हैं। और घर के खर्च में पूरा हाथ बंटाती हैं। बल्कि कई घरों का जीवनस्तर तो स्त्री की कमाई से ही सुधरता है। यहां तक ठीक है लेकिन इसके बाद अगर वह अपने सहकर्मी के साथ एक शाम बाहर बिताना चाहे, अपने पति की तरह घर लौटने के बाद बियर या वोदका पीना चाहे, बच्चों को होमवर्क करवाने की जगह अपने कमरे में बैठकर कोई किताब पढ़ना चाहे तो उसे इतनी सफाइयां देनी पड़ जाती हैं कि उसे अपने ऊपर सवाल करने को दिल करने लगता है। नैतिकता किसी एक बिंदु या स्थान पर खत्म नहीं होती। जिस तरह से स्त्री खाना खाती है, कपड़े पहनती है उसी तरह नैतिकता भी ओढ़कर चलती है। कहीं-कहीं जब बहुत ज्यादा दिखाना पड़ जाए तो सिर पर पल्लू ही बनाकर रख लेती है नैतिकता को। कुंआरी लड़कियों का शरीर प्रदर्शन करते वस्त्र पहनना अनैतिक है, प्रेम अनैतिक है अगर दायरे और सीमा से बाहर हो, सेक्स तो सर्वथा अनैतिक है, सेक्स के पास पहुंचना भी वर्जित है। अपनी मर्जी से विवाह करना या संबंध

बनाना अनैतिक है। अपनी मर्जी से पहनना-ओढ़ना भी बहुत कुछ इसी दायरे में आता है। सीमा के जरा भी बाहर जाना अनैतिक है। इस सीमा में रहने की आदी स्त्री खुद भी मानने लगती है कि जो कहा जा रहा है वही सच है। अगर वाकई वह शादी के पहले अपने प्रिय के साथ संबंध बना लेगी, तो अपवित्र हो जाएगी। तर्क से नहीं, बलपूर्वक घुट्टी पिलाया गया तर्क। शादी के बाद वही संबंध पवित्र हो सकता है तो शादी से पहले क्यों नहीं? शरीर को शादी के सर्टिफिकेट का क्या भान? ये सारे तर्क वह सोच भी नहीं पाती। अगर वह ऐसा कुछ करती भी है तो गिल्ट के साथ। मन के कोने में लगातार हथौड़ी-सी बजती रहती है कि वह गलत कर रही है। वह अनैतिक काम कर रही है।

वर्षों पहले दिल्ली की एक महिला वकील ने अंग्रेजी की एक इरोटिक पत्रिका के लिए न्यूड फोटो सेशन किया था। इस पूरे प्रसंग ने उसको कठघरे में खड़ा कर दिया। वह सुंदर स्त्री मॉडलिंग करना चाहती थी और उसे इस तरह के फोटो खिंचवाने में आपत्ति नहीं थी लेकिन उसके साथियों को तो थी। बस महीने भर बाद उसे अपना काम छोड़ अज्ञातवास में जाना पड़ा। हाल में ही उनके एक कलीग से बात हुई। वह बता रहे थे कि वह अपने काम में मुस्तैद थी और अगर वह न्यूड फोटो प्रकरण न हुआ होता, वह आज एक सफल वकील होती। लेकिन उसने अपनी 'बदचलनी' की वजह से अपना कॅरिअर चौपट कर लिया।

औरत का काम अपनी जगह है और नैतिकता अपनी जगह। लेकिन ऐसा नहीं हो पाता। औरत का अस्तित्व इस तरह नैतिकता से गुंथा होता है कि कहीं तिनका भर भी बाल निकल आए तो वह बिना पंख के पंछी की तरह फड़फड़ाने को बाध्य कर दी जाती है। सफाई, हर कदम पर सफाई। मैंने ऐसी औरतों को देखा है जो अगर बाहर से समोसा भी खा आती हैं तो घर में दर्जन भर लोगों को अलग-अलग रूप में सफाई देनी पड़ती है। किसी को खर्च को लेकर तो किसी को औचित्य को लेकर। इसके बाद भी पीठ पीछे ताने कस ही दिए जाते हैं कि घनी चटोरी है। जबान पर काबू ही नहीं। समोसा न हुआ, लपलपाती जबान ही हो गई, जो सर्र से हर कहीं फिसल जाए। वह भी तब जब समोसा खाने वाली स्त्री न सिर्फ समोसा खरीदने की औकात रखती हो, बल्कि हरेक को रोज समोसा खिलाने लायक कमा लेती हो।

हर स्तर पर और हर समय इस तरह की अजीबोगरीब बातें होती रहती हैं। काफी समय पहले की बात है। हमारे साथ काम करने वाली एक सीनियर पत्रकार घर में अपने बच्चों को अकेला छोड़ प्रेस क्लब में शाम को सबके साथ बतियाने बैठ जाया करती थीं। उनका तर्क था कि शाम के आधे घंटे की बातचीत से उन्हें

दिनभर की मानसिक खुराक मिल जाती है। लेकिन इसकी उन्हें बहुत बड़ी कीमत चुकानी पड़ी। उनकी अपनी महिला सहकर्मियों ने ताने कसना शुरू कर दिया, बच्चों की कीमत पर खुद की खुशी। और वह भी प्रेस क्लब में। कई तरह की बातें, फुसफुसाहटें। अधिकांश उनके चरित्र को लेकर। जिनके साथ वे प्रेस क्लब में बैठा करती थीं, उन्हें जोड़कर। हद तब हुई जब वे पुरुष ही चटखारे लेकर उस महिला के किस्से सुनाने लगे कि किस तरह बात करते-करते महिला के सीने से आंचल ढलक जाता है और किस तरह वे अपने मीनोपॉज को लेकर परेशान रहती हैं। घर भी बुलाया है...शायद यह जांचने कि मीनोपॉज के समय स्त्री कितना उत्तेजित हो सकती है यह जानने...इससे भी गलीज बातें। महज मानसिक खुराक की चाह में आई उस स्त्री को शायद पता नहीं कि उनके अस्तित्व पर रोजाना कितने प्रहार किए जा रहे थे।

समय के साथ बढ़ रही है अ-सीमा नैतिकता की

लगभग पांचेक साल पहले मुंबई में शिवसेना प्रमुख बाल ठाकरे ने फरमान जारी कर दिया कि ऑफिस जाने वाली महिलाएं अपनी मर्यादा में रहें, साड़ी पहनें और शरीर प्रदर्शन न करें। यही नहीं, बाहर काम करने वाली महिलाओं को उन्होंने बदचलन तक कह दिया था। इस तरह कि बाहर जाकर काम करने वाली महिलाओं को कई तरह के समझौते करने पड़ते हैं और वे अपनी इज्जत भी दांव पर लगा देती हैं। भले घर की बहू-बेटियां घर में ही अच्छी लगती हैं। पति और घर वालों की सेवा करें, पति को चाहिए कि वह घर की जरूरतों को पूरा करने लायक कमाए। मुंबई जो देश की आर्थिक राजधानी है और जहां देश की सबसे अधिक महिलाएं कामकाजी हैं, छोटे से छोटे पद पर, बड़े से बड़े पद पर। अगर महिला श्रमिक है तो किसी कंपनी की सीईओ भी हैं और एक्स्ट्राज भी। अपनी तरह से सभी संघर्ष करती हैं, कमाती हैं और अपने अलावा अपने परिवार का भी ध्यान रखती हैं। जुझारू और कर्मठ स्त्रियां। लेकिन चूंकि वे घर से बाहर निकल रही हैं तो बदचलनी का ठप्पा तो लग ही गया। अब जब चलन ही ठीक नहीं तो शिव सैनिक ही नहीं, मुंबई के दूसरे पुरुष भी हाथ लगाने को तैयार होंगे। महिला को चुप रहना होगा क्योंकि वह अनैतिक काम कर रही है, नौकरी कर रही है। जो पुरुष लोकल ट्रेन में महिला डिब्बे के अंदर बैठी-खड़ी महिलाओं को देख अपनी कुत्सित भावनाओं को प्रश्रय दे रहा है, उसे नहीं पता कि वह महिला घर जाकर एक साथ न जाने कितनी भूमिकाएं निभाने वाली है। मां की, पत्नी

की, बहू की और जब वह थक-हारकर सोने जाएगी तो अपने लिए कोई एक भूमिका निभाने लायक बची नहीं रह पाएगी।

नैतिकता की ऐसी की तैसी

कोई भी स्त्री जो अपनी शर्तों पर जी रही है, नैतिक होने का ढोंग नहीं कर पाती। कम से कम मैंने तो यही देखा है। बहुत परवाह भी नहीं करती कि उसे उसके आसपास और दूर-दूर के लोग किस पैमाने से नाप रहे हैं या किस तरह से ले रहे हैं। बहुत दूर जाने की जरूरत नहीं। हमारे सामने उदाहरण है ऐश्वर्या राय का। विश्वसुंदरी, एक चर्चित और कामयाब नायिका। न रूप की कमी, न दौलत-शोहरत की। एक सामान्य स्त्री की तरह वह भी समय-समय पर अपने प्रिय पुरुष से जुड़ी, अलग हुई। पिछले दो साल से अभिषेक बच्चन के साथ नाम जुड़ा। ऐश्वर्या ने कभी किसी को सफाई नहीं दी, न जुड़ने की, न टूटने की। लेकिन हद तो तब हो गई जब ऐन शादी से पहले अखबार और टेलीविजन ने खुलकर कहना शुरू कर दिया कि अभिषेक को कुंआरी पत्नी नहीं मिली। ऐश्वर्या की वर्जिनिटी पर सवाल उठे, उसके भूतपूर्व रिश्ते भूत बनाकर जबर्दस्ती सामने लाए गए। इस बात की चिंता से देश ही पागल हो गया कि ऐश्वर्या की सुहागरात कैसी होगी। यही नहीं, उसके चरित्र पर टीका-टिप्पणी के अलावा उसके मंगली होने, बरगद के पेड़ के साथ विवाह को भी भरपूर उछाला गया।

हां, यह बात अलग है कि ऐश्वर्या ने इस तरह की खबरों पर कोई प्रतिक्रिया व्यक्त नहीं की। लेकिन कहीं न कहीं तो खटका लगा ही होगा ऐश्वर्या को। उसकी निजी जिंदगी इतनी नंगी और पारदर्शी होकर सामान्य लोगों के सामने रखी जा रही है, जैसे वह एक सामूहिक भोजन की वस्तु हो। किसी भी जीवित और संवेदनशील व्यक्ति के लिए यह बर्दाश्त करना बेहद मुश्किल है। लेकिन ऐसा करना पड़ता है। स्त्री को हमेशा से करना पड़ता है। या तो वह अपनी तरह से जी ले और नैतिकता और इसे ढोने वाले पाखंडियों को अपने जूते की नोंक पर रखे या फिर पूरी तरह से उनके रंग में रँग जाए।

यहां मुझे अपनी पुरानी धाकड़ मित्र शहनाज की याद आ रही है। एक परंपरागत मुस्लिम परिवार में जन्मी शहनाज की शादी हो गई जब वह मात्र 18 साल की थी। लेकिन दो साल में ही ससुराल वालों ने जीना इतना हराम कर दिया कि एक बरसती रात वह स्टेशन पर आ गई अपनी आगे की जिंदगी को प्रश्न-चिह्न बनाकर। उसके अपने घरवालों ने तो उसे अस्वीकार कर ही दिया था।

वहां से उसने नई जिंदगी शुरू की, समाज सेविका बनी, मीडिया में भी आई। जब वह नैतिकता के दायरे में जिंदगी जी रही थी, बुर्का पहने, घर की चहारदीवारी में पति के ताने, लात-घूंसे खाती हुई, तब किसी ने उससे यह नहीं कहा कि तुम सही हो। लेकिन जैसे ही उसने अपनी मर्जी के कपड़े पहनने शुरू किए, काम शुरू किया, पुरुषों से मिलने लगी, संबंध बनाए, उसे क्या-क्या नहीं कहा गया। शहनाज इन बातों से परे पहुंच चुकी थी। उसने बहुत धीरज के साथ मन की बात शेयर की थी।

'जिंदगी अपनी तरह से जीने के लिए बहुत कुछ झेलना पड़ता है। झेलना तो वैसे भी पड़ता है जब आप दूसरों की तरह से जीतो हो। लेकिन कम से कम यहां निर्णय मैं ले रही हूं। मुझे इस बात से कोई फर्क नहीं पड़ता कि जिस आदमी के साथ अपनी संतुष्टि के लिए मैं सो रही हूं, वह बिस्तर से निकलने के बाद मुझे किस नाम से बुलाए। मैंने दिमाग से नैतिक होने का ढोंग निकाल दिया है, कम से कम शरीर के स्तर पर। हां, बाकी सब काम मैं नैतिकता के दायरे में करती हूं। मैं झूठ नहीं बोलती, किसी का पैसा नहीं मारती, गलत ढंग से पैसा नहीं कमाती। इसलिए रोज रात चैन की नींद सो पाती हूं।'

स्त्री के लिए शायद यही सबसे जरूरी है चैन की नींद। इस छाते के नीचे बाकी सब बातें आ जाती हैं। अपनी तरह से रहना, अपने लिए रहना और मन से नैतिक होना। क्या हम स्त्री के लिए इस नई नैतिकता की परिभाषा अपनाने की आजादी दे पाएंगे?

नारी तुम केवल झिल्ली हो!

निर्मला भुराड़िया

एक पत्रिका के संपादन के दौरान छोटे कस्बे की एक किशोरी का खत हाथ में आया। उक्त पत्रिका में एक मनोविश्लेषक महोदय पाठकों की मानसिक समस्याओं का समाधान एक स्तंभ के जरिए करते हैं। किशोरी का खत इसी हेतु था। उसने लिखा था, 'मेरे साथ जबर्दस्ती हुई थी। तब से लेकर आज तक मैं हर पल तनाव में रहती हूं। मैं बहुत हीनभावना महसूस करती हूं क्योंकि मैं किसी से आंख मिलाने के लायक नहीं रही... ।' पता नहीं, मनोचिकित्सक महोदय उसे क्या उत्तर देंगे। शायद कोई समझाइश या दिलासा दें इस किस्म की कि तुम्हारी इसमें कोई गलती नहीं, भूल जाओ वगैरह। मगर क्या स्त्री के लिए 'घोर यौन शुचिता' का सामाजिक आग्रह उसे यह भूलने देगा? समाज शिकारी को नहीं, शिकार को घूरे पर फेंकेगा। त्याज्य मानेगा। मान लो कि लड़की ने किसी से यह बात शेयर न की हो तब भी समाज तो मानसिक रूप से उसके पीछे लगा ही है। स्त्रियों के दिमाग में कूट-कूट कर यह बात भरी हुई है कि जबर्दस्ती वाले यौन समागम से भी वे अपवित्र हो जाती हैं। दूषित हो जाती हैं! शायद इसी मानसिकता के चलते बलात्कार के पर्यायवाची शब्दों में इज्जत, अस्मत जैसे शब्द आते हैं। बलात्कार होने पर इज्जत लुट गई, अस्मत लुट गई, सब कुछ चला गया, किसी को मुंह दिखाने के काबिल नहीं रही, आंख मिलाने लायक नहीं रही, मुंह पर कालिख पुत गई वगैरह। समझ नहीं आता जिसने कुछ गलत नहीं किया उसकी 'इज्जत' क्यों गई? उसे शर्म क्यों आई? ठीक है, एक हादसा था। जैसे दुनिया में अन्य हादसे होते हैं और समय के साथ चोट भरती है वैसी ही यह बात होनी चाहिए। मगर नहीं होती। सिर्फ और सिर्फ औरत के लिए ही यौन शुचिता के आग्रह के चलते हम घटना को कलंक बनाकर शिकार के माथे पर सदा-सर्वदा के लिए थोप देते हैं।

स्त्री का तथाकथित दंभ तोड़ने के लिए भी बलात्कार किया जाता है। प्रताड़ना करने हेतु आज भी गांवों में स्त्री को निर्वस्त्र करके घुमाया जाता है।

क्षेत्रीय अखबारों में इस तरह की आंचलिक खबरें अक्सर आती हैं क्योंकि कहीं न कहीं हम स्त्री के अस्तित्व को देह के इर्द-गिर्द ही देखते हैं। गांवों में महिला सरपंचों तक के साथ ऐसी घटनाएं हुई हैं। जहां पुरुषों की अकड़ को स्त्री को पदानवत करने का और कोई उपाय नजर नहीं आया तो यह किया।

इसी तरह सती की अवधारणा है। जिसका ताल्लुक स्त्री की यौनिक पवित्रता से है। एक पुरुष के सिवा किसी की न होना तो उसकी एक अभिव्यक्ति भर है। यह ठीक है कि इस अभिव्यक्ति के लिए अब स्त्रियां पति की चिता के साथ नहीं जलाई जातीं (कभी-कभी जला भी दी जाती हैं) परंतु भारतीय समाज में सती की अवधारणा अब भी बेहद महिमामंडित है। जगह-जगह 'सती-माता' के मंदिर हैं। शहरों में रानी सती जैसे नामों की कॉलोनियां, मोहल्ले हैं। सती सेल्स जैसी बिजनेस फर्म्स भी बहुत हैं। सती माता के श्रद्धालुओं और भक्तों की बड़ी तादाद है। इस तरह की कथा-वार्ताओं पर औरतें अब भी मत्था टेकती हैं जिनमें यह जिक्र आता है कि फलां औरत इतनी बड़ी सती थी कि अपने बीमार पति को कंधे पर बैठा कर वेश्या के यहां ले गई। स्त्री और पुरुष के लिए दोहरे मापदंडों की पराकाष्ठा ऐसे उदाहरणों में झलक ही जाती है।

औरत के चरित्र को दैहिकता से जोड़े रखने की सामाजिक वजहें बहुत सीधी-सीधी नहीं, बहुत गहरी और जटिल रही हैं। उनको समझे बगैर इस बात को नहीं समझा जा सकता कि क्यों दैहिक आचरण को ही हमने स्त्री के चरित्र का सबसे बड़ा और कभी-कभी तो एकमात्र पैमाना मान लिया है। दरअसल, दुनिया भर में औरतों की वर्जिनिटी और यौन शुचिता एक खब्त रही है। स्त्री की यौनाकांक्षाओं को कुचलने के भी हर संस्कृति के अपने-अपने बहाने रहे हैं। किसी ने वंश की शुद्धता का बहाना बनाया तो किसी ने व्यभिचार रोकने का, पर फल वही निकला स्त्री की अग्निपरीक्षा! अलग-अलग तरीकों से। स्त्री पर दबाव अपने 'स्वामी' के लिए पवित्र बने रहने का। यूरोपीय सामंतों में, जो कि बहुधा युवा स्त्री के बूढ़े पति होते थे, चैरिटी बैल्ट चलते थे। यानी लिटरली स्त्री को मेटल अंडरगारमेंट पहनाकर पुरुष चाभी अपने साथ ले जाए। वक्त के साथ पश्चिमी संस्कृति में यह बदला। लेकिन शायद लोगों को ध्यान हो लेडी डायना को प्रिंस चार्ल्स से विवाह के पूर्व वर्जिनिटी टेस्ट करवाना पड़ा था। फिर भी हम यह मान सकते हैं कि मोटे तौर पर पश्चिमी संस्कृति में यह सामंतवाद जारी नहीं है। किंतु दुनिया के कुछ अन्य भागों में यौन शुचिता के कड़े आग्रहों के चलते इस सदी में भी स्त्री का जो दमन होता है वह सचमुच हतप्रभ करने वाला है।

मिस्री समाज में विवाह की रात तक लड़की की यौन झिल्ली (Hymen) का साबुत होना एक अति-आवश्यक गुण माना जाता है। या यूं कहें कि ऐसा होना जरूरी ही माना जाता है। यह झिल्ली लड़की के लिए चरित्र का प्रतीक व लड़की के भाई-बाप इत्यादि मर्दों के लिए घराने की इज्जत का प्रतीक मानी जाती है। ताकि यह प्रमाण रहे कि स्त्री को विवाहपूर्व किसी पुरुष ने छुआ नहीं है। यौन शुचिता के इस सामाजिक हठ ने स्त्री पर वहां कई तरह के प्रतिबंध लगा रखे हैं। जिसमें साइकल चलाना, खेलना-कूदना, नाचना-उछलना भी मना है ताकि झिल्ली साबुत रहे और भूले से भी यह गुमां न हो कि लड़की खराब चरित्र की है।

मिस्र के कुछ गांवों में सुहागरात को दूल्हा और दुल्हन के कुछ रिश्तेदार विवाहित जोड़े के कमरे के बाहर बैठते हैं ताकि सुबह देखकर प्रमाणित करें कि चद्दर पर रक्त का निशान है अतः दुल्हन वर्जिन थी, उसकी झिल्ली अब तक साबुत थी। यदि चादर पर रक्त न मिला, जिसका अर्थ यह मान लिया गया कि लड़की कुमारी नहीं है तो लड़की का कत्ल लड़की के रिश्तेदारों के द्वारा ही किया जा सकता है 'ऑनर किलिंग' नाम देकर। यह न कपोल-कल्पना है, न पिछली सदी की बातें। ताजा सर्वेक्षणों की रिपोर्ट्स हैं। कैरो में एक संस्था के रिसर्च के अनुसार हर साल मिस्र में कम से कम एक हजार स्त्रियां ऑनर किलिंग के नाम पर मार दी जाती हैं। इस दुष्टाग्रह ने अरब समाज में कुछ वैज्ञानिक कुप्रथाओं को जन्म दिया है (जैसे हमारे यहां साइंटिफिक मेथड से कन्या भ्रूण हत्या होती है) कई अरब लड़कियों के विवाहपूर्व यौन झिल्ली जोड़ने के सर्जिकल ऑपरेशंस करवाए जाते हैं। हालांकि ऑपरेशन करवा कर पुनः कुंवारी बनने पर वहां कानूनन रोक है परंतु पिछले दरवाजे से यह प्रेक्टिस जोरों से जारी है। हालांकि ऐसे ऑपरेशंस से औरत के शारीरिक और मानसिक स्वास्थ्य को धक्का पहुंचता है, मगर पिता, भाई, चाचा वगैरह भी यही चाहते हैं क्योंकि बेटी का कुंआरापन उनकी इज्जत का सवाल है।

दक्षिण अफ्रीका के कुछ समाजों में, जो कि कबीले भी नहीं हैं, अच्छे खासे कस्बाई और शहरी समाज हैं, समय-समय पर लड़कियों का वर्जिनिटी टेस्ट करवाया जाता है; यहां दूल्हा दुल्हन के परिवार को धन (लोबोला) देता है। दुल्हन के वर्जिन होने पर ही अच्छी रकम मिलती है। साउथ अफ्रीका की संसद में 2005 में ऐसी वर्जिनिटी टेस्ट पर रोक लगाने के प्रस्ताव पर विचार किया गया था परंतु प्रस्ताव गिर गया। कुछ अफ्रीकी देशों में सामाजिक-धार्मिक रस्म के तहत स्त्री योनि का अंग-भंग भी किया जाता है। हालांकि जिनकी ये रस्म हैं वे इसे अंग-भंग मानने को तैयार नहीं हैं, वे इसे महिला-खतना कहते हैं। परंतु यह पुरुष-खतना

से बिल्कुल अलग बात है। स्त्री में इस अंग-भंग के पश्चात यौन उत्तेजना, यौन सुख प्राप्ति की क्षमता समाप्त हो जाती है। इन समाजों में खुले आम यह कहा जाता है कि चूंकि इससे स्त्री की यौनाकांक्षा पर प्रतिबंध लग जाता है अतः समाज में व्यभिचार रोकने में मदद मिलती है। यह बहाना कितना कूढ़ मगज, पक्षपाती और दोहरे मापदंड वाला है इससे पता चलता है कि अफ्रीकी समाज यौन बीमारियों और एड्स का घर है, बावजूद इसके कि सेनेगल से लेकर सोमालिया और तंजानिया तक अधिकांश देशों में 90 प्रतिशत लड़कियों का पारंपरिक खतना होता है। नए जमाने के खिलाफ अपनी तथाकथित सांस्कृतिक परंपरा की रक्षा(?) में लगे लोगों को इस बारे में समझाना मुश्किल है। वे इसे अपनी संस्कृति पर बाहरी सभ्यताओं का प्रहार मानते हैं। कुप्रथाओं के समर्थन के भी समाजों के अपने तर्क होते हैं। यह हम भारतीय समाज में भी देखते हैं। मगर इतना तय है कि ये सब बातें स्त्री को सिर्फ उपभोग की वस्तु मानती हैं इसलिए उसकी उपस्थिति को देह और उसके चरित्र को यौन शुचिता से ऊपर नहीं मानतीं।

जैसे इज्जत के लिए यौन शुचिता एक बड़ा मानदंड है वैसे ही चरित्र के लिए भी स्त्री के हर व्यवहार को यौन व्यवहार के खाते में डालकर देखा जाता है। वह कैसे चलती है, हंसती-बोलती है, यह भी नैतिकता की कसौटी पर कसा जाता है। ज्यादा हंसती है तो चालू है। सबको देखकर मुस्कराती है तो नैन-मटक्का करती है। जीन्स पहनती है तो सड़क छाप है। बरखिलाफ इसके व्रत-उपवास करती है, पूजा-पाठ करती है, सिर पर पल्लू लेती है तो चरित्रवान है। गोया चरित्र का स्त्री के असल स्वभाव से कुछ लेना-देना ही नहीं है। वेशभूषा और चाल-ढाल के पाखंड को इतनी मान्यता प्राप्त है कि बदन पर टॉवेल लपेटकर विज्ञापन करने वाली मॉडल चुनाव का टिकट मिलते ही सिर पर पल्लू लेकर वोट मांगने निकल जाती है क्योंकि उसे पता है मन में कपट रहा तो चलेगा पर सिर पर पल्लू नहीं रहा तो उसका आचरण अच्छा नहीं समझा जाएगा। हालांकि ऐसा भी नहीं कि ढोंगी वेशभूषा के चरित्र का लाइसेंस पुरुषों को कभी नहीं मिलता। मिलता है, इसीलिए महज गेरुआ पहनकर कई ढोंगी लाइसेंसशुदा चरित्रवान हो जाते हैं। चरित्र बदले न बदले, वस्त्र बदलकर ही उनके नाम के आगे 'साधू' और 'संत' जुड़ जाता है। मगर यह विशेष स्थिति में होता है। स्त्रियों के साथ तो रोजमर्रा के जीवन में चरित्र के साथ पूजा-पाठ, परंपरा, वेशभूषा जुड़े हुए हैं। फलां बहुत अच्छी स्त्री है क्योंकि वह धार्मिक है। यह एक सामान्य मान्यता है पर एक अन्य स्त्री ने अच्छी कमाई करके पति का कर्ज उतारने की कोशिश की पर वह अच्छी स्त्री नहीं है क्योंकि बिंदास है। कस्बाई समाज की अदालत में उस पर अन्य इल्जाम है कि वह सुबह

देर से सोकर उठती है, गले में मंगलसूत्र नहीं लटकाती, बड़े गले का ब्लाउज पहनती है वगैरह। क्या बकवास बात है, कोई भी यह कहेगा। मगर दुखद बात यह है कि यह सब बकवास सत्य है। दोस्त और रिश्तेदार इस मददगार स्त्री की मदद 'गड़प' करके मर्यादाविहीनता का इल्जाम उगलते हैं सिर्फ उन ऊपरी कार्यकलापों की वजह से जो इस दकियानूसी समाज द्वारा स्त्री के लिए तय की गई नैतिकता की जद में नहीं आते।

हालांकि यह सच है कि रोजगार के बाजार में लड़कियों ने टिड्डी दल की तरह धावा बोल दिया है। जहां देखो लड़कियां ही लड़कियां नजर आती हैं। लड़की है तो रात की ड्यूटी नहीं करेगी। लड़की है तो आठ घंटे से ऊपर काम नहीं करेगी। लड़की है तो क्राइम वाली रिपोर्टिंग नहीं करेगी जैसी बंदिशों से भी लड़कियां मुक्त हो रही हैं। नारी तुम केवल श्रद्धा हो कहने वालों से वह पलटकर पूछ भी लेती है 'श्रद्धा नहीं हुई तो क्या कर लोगे?' मगर लड़कियों के बिंदासपन को सत्य, साहस और स्वाभिमान की लड़ाई में बदलने के बजाय दैहिक बिंदासपन में बदलने के लिए उकसाने वाले भी बहुत मिल जाएंगे। 'अरे क्या दैहिक वर्जनाओं को लेकर बैठी रहती हो। जरा हिम्मती बनो।' दरअसल ऐसा कहकर औरतों को पानी पर चढ़ाने वाला भी अपना फायदा ही देख रहा होता है। यह उसी सिक्के का दूसरा पहलू है कि एक तरफ हम यह मानते हैं कि दैहिक पवित्रता ही चरित्र का सबसे बड़ा प्रमाण है, तभी हम दूसरे पहलू के तौर पर कहते हैं, 'खुलकर दैहिक उपभोग करो (पढ़ें, उपभोग करने दो) और यह कारा तोड़ो।' आप मानकर चलिए कि ये बगुले भी स्त्री की यौनाकांक्षा की बात नहीं कर रहे होते।

दरअसल, दैहिक उपभोग करने या ना करने दोनों का ही स्त्री के चरित्रवान होने या साहसी होने से कुछ लेना-देना नहीं। दोनों बातों का मतलब होगा कि औरत को हम सिर्फ देह मानते हैं। जो यह मानता होगा कि औरत तो लाल कपड़े में लिपटी किताब है वही किताब पर फूल चढ़ाएगा या कहेगा छोड़ो यह लाल कपड़ा।

दरअसल, चरित्र की कसौटी पर कसने के लिए स्त्री और पुरुष के लिए अलग-अलग मानंदड होने ही नहीं चाहिए। भ्रष्ट, लालची, कपटी, फरेबी, विश्वासघाती, पाखंडी स्त्री हो या पुरुष, वह अन्य लोगों के लिए कांटा है। न्यायप्रिय, साहसी, परिश्रमी, सत्यनिष्ठ व्यक्ति स्त्री हो या पुरुष, वह सबको अवसर देने वाला स्वच्छ समाज बनाएगा, यह तय है। इसमें लिंगभेद करने की क्या जरूरत है?

मेरी देह, मेरा फैसला

असीमा भट्ट

'महामात्य—महादेवी! मर्यादा का उल्लंघन मत कीजिए।

शीलवती—कितना सीमित है आप लोगों का शब्द-भंडार। बार-बार वही घिसे हुए सिक्के...

महाबलाधिकृत—महादेवी! 'शील' का कुछ तो खयाल कीजिए।

शीलवती—किया है श्रीमान्! पूरे पांच वर्ष तक।

महामात्य—लेकिन संसार में आचरण के भी कुछ नियम हैं। दो व्यक्तियों के बीच मर्यादा की 'सीमा' होती है।

शीलवती—महामात्य! इन खोखले शब्दों का जादू टूट चुका है अब...मर्यादा, शील, धर्म, वैवाहिक बंधन सब आडंबर! सब पुस्तकीय...। नारीत्व की सार्थकता मातृत्व में नहीं है महामात्य! है केवल पुरुष से 'संयोग' के सुख में...कितनी युवतियां हैं, जो ब्याह से पहले ही कुंआरी नहीं रहतीं...और मैं ब्याहता होकर भी ब्रह्मचारिणी थी...लेकिन कब तक...? मैं एक मामूली स्त्री हूं। जब शरीर के माध्यम से जीती हूं तो शरीर की 'मांगों' को कैसे नकार सकती हूं?'

उपरोक्त प्रसंग सुरेंद्र वर्मा के नाटक *सूर्य की अंतिम किरण से सूर्य की पहली किरण तक* का एक छोटा अंश है जिसमें एक युवती का ब्याह 'नपुंसक' राजा से कर दिया जाता है कि जब स्त्री के संसर्ग में आएगा तो उसमें काम-भावना जन्मेगी। राजवैद्य की सलाह पर राजा (ओक्काक) अपनी पत्नी (शीलवती) से 'संभोग' का स्वांग करता है लेकिन वह अंतिम प्रक्रिया तक कभी नहीं पहुंच पाता। पांच वर्ष तक लगातार शीलवती यातना की इस प्रक्रिया से गुजरती है लेकिन वह वैवाहिक सुख से वंचित रहती है। अंततः राजसत्ता और राजा के वंश को चलाने के लिए राजमर्हिषी शीलवती को 'धर्मनटी' बनाकर राजप्रांगण में प्रस्तुत करते हैं। जहां उसे एक उप-वर (उपपति) का चयन करके, परपुरुष द्वारा गर्भधारण करना है और राज्य को उत्तराधिकारी देना है। इस नाटक में 'शीलवती' ने धर्म और

पाईं कि यह पुरुषों की राजनीति है। दरअसल पुरुषों का खेल है। अरे! देह मेरी है तो मर्जी भी तो मेरी होनी चाहिए। यह कैसे कोई और तय करेगा कि मुझे मेरी देह का क्या करना है, कैसे करना है? मेरी देह का इस्तेमाल कैसे करना है, यह मैं तय करूंगी। कोई पुरुष कैसे तय करेगा कि मैं अपनी देह को मुक्त करूं या स्वतंत्र करूं। मुझे भूख लगेगी तो खाना खुद खाऊंगी और खाने में क्या खाना है, यह फैसला भी नितांत मेरा होगा। माफी चाहूंगी कि भूख और देह को एक साथ जोड़ रही हूं। रवींद्रनाथ टैगोर की *चोखेरबाली* एक जगह पूछती है कि–'जीभ की भूख भूख है और देह की भूख क्या कोई मायने नहीं रखती।' हां! तो मैं कहां थी। बात नैतिकता से शुरू हुई थी और देह पर आ गई। और यही हकीकत है स्त्रियों की नैतिकता पर बात चलती है तो देह पर आकर ही ठहर जाती है। जब एक मर्द अपनी मर्दानगी के किस्से सरेआम सीना ठोंककर सुनाता है। अपनी जंघाओं पर ताल ठोंककर कहता है कि उनकी अनगिनत प्रेमिका (केवल शारीरिक संबंध। प्रेमिका तो बहुत बड़ा शब्द है जिसका अर्थ ढकोसलेबाज मर्द इस जन्म में तो कभी नहीं समझ पाएंगे) हैं तब उन्हें कोई कुछ नहीं कहता। यह तो मर्द की मर्दानगी की निशानी है कि उसके एक से अधिक स्त्रियों से संबंध हैं लेकिन वहीं अगर एक औरत भी उनकी बराबरी में खड़ी होकर अपने प्रेम या शारीरिक संबंध की चुनौती को स्वीकारती है तो मर्दों की मर्दानगी के 'ईगो' की क्यों ऐसी की तैसी हो जाती है? क्यों उनकी अपनी 'सत्ता' पर खतरा मंडराता नजर आता है। सिर्फ इसलिए कि बहला-फुसलाकर या किसी भी तरह से धोखे से प्रेमजाल में फंसाने का एकाधिकार एक मात्र पुरुष को है। किसी स्त्री को प्रेमजाल में फंसाने के लिए पुरुष किस हद तक गिर सकते हैं, शायद यह किसी पुरुष से नहीं छिपा कि कभी-कभी पुरुष बेहद बचकानी और बेसिर-पैर की बातें करते हैं। कभी-कभार उनके बुद्धिजीवी होने पर भी शक होने लगता है। जैसे हमारे यहां एक प्रेम के कवि हैं। दरअसल, प्रेमी कवि। वह अपने आपको रीतिकालीन और *कुमारसंभव* के बाद का एकमात्र दूसरा कवि मानते हैं। किसी भी स्त्री से मिलते ही प्रेम निवेदन करना उनका शौक है। दादा-नाना बन चुके हैं। घर में पत्नी, बेटे-बहू के अलावा पोते-पोती हैं और वे अपने आपको अकेला महसूस करते हैं। जो कोई स्त्री सामने पड़ती है अपने अकेलेपन और जीवन में प्रेम के अभाव के गीत गाने लगते हैं। आदतन अपने प्रेम का प्रस्ताव देते हुए किसी स्त्री से कहा कि 'विदेशों में रात्रिकालीन भोजन के बाद अगर उस स्त्री को 'सेक्स' के लिए आमंत्रित न किया जाए तो यह पुरुष की अशिष्टता समझी जाती है।' अब बताइए कि यह कहां तक सच है। हममें से अधिकांश लोग विदेश जा चुके हैं।

जो नहीं भी गए हैं तो विदेशी सभ्यता के बारे में तो जरूर जानते हैं। क्या हमारे उपर्युक्त विद्वान कवि का ज्ञान सही है? दरअसल, एक पुरुष जब गिरता है तो वह वेश्याओं से भी ज्यादा गिर जाता है। वेश्याएं तो कम से कम ईमानदार भी होती हैं जो भी करती हैं, डंके की चोट पर करती हैं पर पुरुषों में अभी तक वह साहस नहीं देखा गया। पुरुष अपने झूठे ज्ञान के प्रचार-प्रसार में अधकचरे ज्ञान से औरतों को लुभाने की कोशिश करते हैं। यह क्या नैतिकता है? एक शिकारी की भांति (हुई शाम उनका खयाल आ गया...) अपने शिकार पर निकल पड़ते हैं। हरेक दिशा में अपना निशाना साधते हैं। जहां कहीं भी निशाना सध जाए और शिकार मिल जाए। शिकार फंसने से मतलब है। वह भला कोई भी हो, यानी कोई अपनी बराबरी, उम्र, ओहदे की परवाह नहीं। एक विद्वान को कैसी भी स्त्री (चाहे वह मूर्ख ही क्यों न हो। यहां मैं किसी स्त्री का अपमान नहीं कर रही) चलती है। भीष्म पितामह को पुत्री के बराबर लड़कियों से भी कोई गुरेज नहीं। क्या यह नैतिक है? अगर पुरुष के लिए है तो स्त्री के लिए क्यों नहीं? आप जिस चीज को करने की आजादी अपनी मां, बहन, बहू-बेटी को नहीं दे सकते, वैसी कोई आजादी आपके लिए भी प्रतिबंधित होनी चाहिए। वह काम आपको कभी नहीं करना चाहिए। यह कैसे हो सकता है कि स्त्रियां ऐसा कुछ करें तो अनैतिक और स्वयं पुरुष करें तो नैतिक यानी कृष्ण करे तो रास! हम करें तो पाप। एक प्रसंग का जिक्र करना चाहूंगी—जब मेरा विवाह हुआ तब मेरे पति उम्र में मुझसे दुगने बड़े थे। जाहिर है कि इतनी उम्र तक उन्होंने 'कौमार्य' का पालन नहीं किया होगा। बतौर उनके मुताबिक उनकी कई सहेलियां (महिला मित्र) थीं और उनके शारीरिक संबंध भी थे। लेकिन विडंबना देखिए कि वह मेरे कौमार्य का पता लगाना नहीं चूके। डॉक्टरी जांच नहीं कराई लेकिन अन्य दूसरे तरीकों से मेरे कौमार्य के परीक्षण के बाद ही उन्हें तसल्ली हुई बल्कि एक गर्व का भाव कि एक खानदानी और सभ्य लड़की को शादी से पूर्व पूरी तरह वर्जिन होना चाहिए और उन्हें ऐसी लड़की मिली जिसका कौमार्य भंग करने का सुनहरा अवसर उन्हें प्राप्त हुआ क्योंकि पत्नी का कौमार्य भंग करने का पूरा अधिकार (ठेका) मात्र पति का है। चाहे उसने कितनों के कौमार्य भंग किए हों बिना विवाह जैसी किसी रस्म या परंपरा के।

मेरे विवाह के करीब पांच साल बाद मेरे जेठ (पति के बड़े भाई) के बेटों की शादियां अलग-अलग देशों की लड़कियों से हुईं, चूंकि वे लोग लंदन में रहते हैं। बच्चों की परवरिश वहीं हुई। परिवार में सबकी बड़ी तमन्ना थी कि बेटे भारत आकर अपनी बिरादरी में शादी रचाएं। अपनी लड़की की शादी उन्होंने भारत में

बहुत भ्रमण करने के बाद ठोंक-बजाकर भारतीय और अपनी बिरादरी के लड़के से की लेकिन बेटों पर कोई जोर न चल सका। विदेशों में बेटों-बहुओं का ब्याह रचाकर शादी का भव्य 'रिसेप्शन' भारत आकर दिया। पूरा परिवार-खानदान बहुत खुश था। मेरे पति अपनी विदेशी बहुओं पर बहुत इतरा रहे थे। उन्हें नाज हो रहा था अपने बेटे और बहू की जोड़ी पर। मैं अपमान नहीं करना चाहती थी बस ऐसे ही सवाल कर बैठी—'क्या आपने अपनी बहुओं की 'वर्जीनिटी' का पता लगाया? आर दे वर्जिन?'

उस वक्त उनके चेहरे की जो प्रतिक्रिया हुई काश वह मैं यहां दर्शा पाती! पति बड़े आदर्श भाव से बोले—'विदेशों में तो 'वर्जीनिटी' का कोई 'कॉन्सेप्ट' नहीं हैं। तेरह साल की उम्र से लड़कियों का सेक्स संबंध स्थापित हो जाता है।'

व्यक्तिगत प्रसंग लिखने की खास वजह यह है कि एक ही परिवार या व्यक्ति के लिए दो अलग-अलग मूल्य क्यों? और यह दोहरा मूल्य और ढकोसला हर जगह है। धर्म ग्रंथों में भी पति के अतिरिक्त अन्य पुरुष से प्रेम करने वाली नारी को सबसे भयानक नरक भोगने की व्यवस्था थी, परंतु कई पत्नियां तथा दासियां रखने वाले पुरुषों को नहीं। अगर सिर्फ देह की परिभाषा के आधार पर स्त्री को नैतिकता का जामा पहनाया जाता है तो क्या कत्ल और धोखा नैतिक है? क्या बड़े से बड़ा नेता जो आज देश के लिए कर रहा है नैतिक है? देह के आधार पर ही किसी स्त्री की नैतिकता की कसौटी होनी है तो यही सही लेकिन पुरुष के लिए नैतिकता का मापदंड क्या होना चाहिए और उसे कौन तय करेगा। या फिर ऐसा तो नहीं कि पुरुषों से धर्म, संस्कार, मर्यादा या नैतिकता का भार नहीं संभलता इसीलिए इसकी सारी जवाबदेही स्त्रियों के कंधे पर है?

●●●